共同犯罪的司法认定

沈琪 著

中国刑法司法适用疑难问题研究丛书

总主编 陈兴良 周光权

中国人民大学出版社
·北京·

总　序

　　我国刑法理论的发展存在两个面向：第一是体系化和学术化，第二是专业化和技术化。所谓体系化和学术化，是指我国刑法理论应当进一步提升自身的学术水平，建构与我国刑法相融洽的刑法教义学体系。而所谓专业化和技术化，是指我国刑法理论应当面向司法实践，将刑法理论资源转化为解决司法实践中疑难问题的专业技术，实现刑法教义学的实践理性。如果说，前者是我国刑法理论的"上天"，那么，后者就是我国刑法理论的"入地"。只有同时从这两个面向推进我国刑法理论向前发展，才能使我国刑法理论不辱使命，成为法学中的显学。

　　应该说，刑法理论的体系化和学术化与专业化和技术化这两个面向并不是互相抵牾的关系，而是相互促进的关系。刑法教义学的研究成果处在刑法理论的尖端，对于刑法理论的发展具有引导功能。近年来，随着德日刑法教义学原理的引入和推行，我国刑法理论得到了长足的进步。当然，德日刑法教义学如何与我国刑法相契合，仍然存在需要进一步完善的地方。每个国家的刑法理论都和其刑法的立法与司法密切相关，具有这个国家的气质与禀赋。因此，我国不可照抄照搬德日刑法教义学的原理。当然，刑法理论本身具有跨越国境的性质，尤其是刑法的一般原理，它是从哲学、历史和伦理的深处生长出来的，反射人类精神生活，因而是值得学习和借鉴的。我国切不可闭关锁国，隔断与人类文明的精神通道。另外，刑法教义学的本土化是较为重要的，刑法理论只有植根于我国的司法实践才具有生命力。这就需要将刑法理论与刑法司法紧密地结合起来，充分发挥刑法教义学所具有的应用价值。因此，中国刑法学者应当立足于我国的刑法立法与司法现实基础，从中汲取学术养分，并将刑法理论作用于司法实践，解决刑法适用中的疑难复杂问题。

　　"中国刑法司法适用疑难问题研究丛书"是中国人民大学出版社邀请我和周光权教授共同主编的一套面向司法实践的大型理论著作丛书。这套丛书的编辑宗旨是将近些年来已经在我国司法实践中采用和采纳的刑法教义学进一步推向司法实践，为司法工作人员提供刑法教义学的方法和工具，从而进一步提升我国司法工作人员解决刑法适用疑难问题的能力。被收入本丛书的作品需具有较高的刑法理论水准，同时又能够解决刑法各个领域所经常遇到的疑难问题，因而是推进我国刑法司法实务能力的知识更新与理论变革之作。

本丛书以司法实践中的疑难问题为主要研究对象，除了我和周光权教授主编的《案例刑法研究（总论）》（上下卷）涉及刑法总论全部内容以外，其他作品都是专题性研究著作，对存在于刑法各个领域的疑难问题进行了深入和细致的刑法教义学研究。这也是本丛书与以往出版的刑法作品的主要区别之所在。因此，面向司法现实是本丛书的基本特色，解决刑法的司法适用问题是本丛书的根本使命。

作为刑法学者，我们当然要有对刑法理论的钻研精神，同时要有直面现实的正确态度。司法实践中每时每刻发生的各种疑难问题，都等待着我们去解决。因此，刑法司法实践才是刑法教义学理论的源泉。离开了司法实践，刑法理论就会成为无源之水、无本之木。具体来说，刑法司法适用过程中，会出现大量疑难案例，这些疑难案例正是刑法司法实务中疑难问题的载体。如何解决这些疑难案例，就成为检验刑法教义学理论的试金石。以下，我以骗取更名案为例进行说明。

甲是某公司房产销售人员，乙通过甲购买了该公司一处房产，交付全部购房款34万元。后甲欺骗乙签订了更名申请承认书，将该房产以35万元出卖给丙，并为丙办理了房产证，而且丙实际占有了房屋。

骗取更名案的案情非常简单，只有短短几行字，基本上就能把案情说清楚。然而，对骗取更名案的分析并不容易，涉及十分复杂的理论问题。在骗取更名案中，被害人是谁？对此其说不一：有的人认为被害人是乙，有的人认为被害人是丙。此外，在骗取更名案中，财产损失人是乙还是丙？诈骗数额是34万元还是35万元？对这些问题都存在不同意见。我们以行为分析法进行分析，就会发现骗取更名案中存在两个行为：第一个行为是甲欺骗乙签订更名申请承认书，第二个行为是甲利用更名申请承认书将房屋出卖给丙。这两个行为前后发生，并互为因果。甲在骗取乙的更名申请承认书以后，才能根据该承认书办理更名手续，将购房人由乙变更为丙，并为丙办理了房产登记。下面，我对这两个行为进行法教义学的分析。

第一个行为是甲骗取乙签署更名申请承认书，这是一种欺骗行为。从后果上看，正是这份材料使乙丧失了已经购买的房产。那么，能否据此将本案涉及的罪名认定为诈骗罪呢？诈骗行为是指虚构事实，导致他人产生认识错误，基于认识错误而交付财物。但在本案中，甲虽然实施了欺骗行为，但欺骗行为并没有使甲直接获得房产，乙也没有交付房产的意思和行为，因而，并不符合诈骗罪的直接性原则，不能将甲的行为认定为诈骗罪。那么，这份更名申请的性质是什么呢？从民法角度来说，更名申请的性质属于债权转让。

在更名之前，乙和开发商之间签订房屋买卖合同，并交付购房款 34 万元，由此形成乙对开发商的债权。因此，更名的性质不是退房，退房属于解除房屋买卖合同。更名是在购房合同有效的前提下，改变买受人，因而属于债权转让。

第二个行为是甲利用骗取的更名申请承认书将乙的债权转让给丙，并取得 35 万元购房款。在更名以后，甲将乙对开发商的债权转让给了丙。丙并不是无对价取得债权，而是向甲交付了 35 万元。在这一债权转让过程中，开发商是无过错第三人。甲的更名虽然以乙签名的更名申请承认书为依据，但该承认书是甲骗取的，其内容并没有得到乙的许可。因此，甲是在乙不知情的情况下，处分乙的债权。在盗窃罪的客体包括债权或者其他财产性利益的情况下，这一行为具有盗窃的性质。

通过以上分析可以看出，在司法实践中对于那些多种行为交织、纠缠在一起的复杂案件，应当逐个对行为的法律性质加以判断，最后才能完成定罪的过程。而且，在对财产犯罪进行定罪的时候，还应当结合民法的知识。例如，在骗取更名案中，涉及物权与债权的区分。从上述对案情的描述来看，司法工作人员就没有区分物权和债权，例如，将乙与开发商签订房屋购买合同描述为乙购买了房产，又把甲对房屋购买合同的更名说成是将乙的房产卖给丙。这些描述，从日常生活理解来看并没有错误。然而，从法律的角度来说，乙虽然与开发商签订了房屋购买合同，但合同并未最终履行，因而乙向开发商交付 34 万元，只是获得了以开发商交付房产为内容的债权。而甲也只是将乙的债权转让给丙，此后通过开发商履行债权，丙才获得了房产。由此可见，以房产交付为内容的债权和物质化的房产之间是存在区别的，不可混为一谈。这一从物权与债权的区分中所得出的结论，对于分析骗取更名案具有一定的参考价值。

物权包括所有权、用益物权、担保物权等，《民法典》对此都作了规定。值得注意的是，《民法典》没有规定债，取而代之的是合同，合同是具体之债。在民法学中，债是按照合同的约定或依照法律规定，在当事人之间产生的特定的权利和义务关系。《民法典》规定了各种典型合同，其中包括借款合同，债权与债务关系一般出现在借款合同之中。这个意义上的债比较符合生活中的债的含义。然而，《民法典》中的债，除了生活中的债，还包括其他合同所产生的债。例如，《民法典》规定的买卖合同，也是债的关系。债的关系中，享有权利的人被称为债权人，履行义务的人被称为债务人。刑法关于财产犯罪的规定，不仅保护物权而且保护债权。然而，我国刑法在关于财产犯罪的具体规定中，只涉及财物的概念，并没有涉及债权的概念。因此，就我国刑法关于财产犯罪的规定是否保护债权，在刑法教义学中是存在争议的，这种争议主要表现为：财产性利益是否属于财产犯罪的保护法益？这里的财产性利益就是指民法中的债权。

现在我国较为通行的观点是肯定说，认为刑法中的财物不仅包括物权，而且扩大解释为包括债权。在前述案件中，在对甲的行为进行分析的时候，如果采用债权债务的概念，分析乙与开发商之间的法律关系，以及更名所带来的这种法律关系的变更，是更容易让人接受的。例如，甲的第一阶段行为，仅骗取乙的更名申请承认书，并没有实际骗取房产，而且房产尚未交付与登记，客观上也不存在骗取房产的可能性。只有第二阶段的行为实际处分了乙的债权，侵害了乙的债权，因而具有法益侵害性。因此，该行为才是构成要件行为，应当根据该行为对甲的行为进行定性。这种未经他人同意处分他人债权的行为，与盗窃罪的性质最相接近，因此，将甲的行为认定为盗窃罪是合适的。

骗取更名案比较复杂，我们可以用一个简化版的案例来说明：甲以非法占有为目的，欺骗乙，让乙把手机借给甲使用。甲拿到手机以后，假装打电话，乘乙不备，拿着手机潜逃，将乙的手机据为己有。这就是骗打手机案，在司法实践中多有发生。在此，存在两个行为：第一个是骗取手机，第二个是占有手机。在分析这个案件的时候，容易发生的错误是根据骗取手机的行为将甲的行为认定为诈骗罪。但这里的骗取手机行为之所以不能被认定为诈骗罪，就是因为不存在交付行为，占有没有发生转移。乙将手机交给甲，只是让甲在乙的监视下使用手机，因此，手机仍然处在乙的占有之下，占有转移没有发生。只有第二个行为，才导致乙丧失对手机的占有，而该行为具有秘密窃取的性质，构成盗窃罪。我们将骗打手机案和前述骗取更名案相比较，可以发现，在骗打手机案中犯罪的对象是手机，属于物的范畴，受侵害的是物权，而骗取更名案中犯罪的对象是债权。另外，骗打手机案中只有甲与乙两人，而在骗取更名案中还存在第三人，即开发商。因此，骗取更名案是更为复杂的，但这两个案件所涉及的原理基本上是相同的。

骗取更名案，可以说是一个疑难案件。对于该案仅仅凭借生活常识，是很难得出正确结论的。反之，从刑法教义学出发得出的结论，则往往是与公众常识相抵牾的。对于骗取更名案，基于生活常识容易得出诈骗罪的定罪结论。然而，生活中的欺骗不能等同于刑法中的诈骗。刑法中的诈骗罪，不仅要有欺骗行为，而且要求该欺骗行为造成他人产生认识错误，并且基于认识错误而交付或者处分财物。在骗取更名案中，虽然存在欺骗行为，但甲的欺骗行为与乙的债权灭失之间并不存在直接关联。而欺骗行为与财产损失之间存在直接关联，是构成诈骗罪的必要条件。同时，将骗取更名案认定为盗窃罪，社会公众也是不容易接受的，因为它与典型的盗窃行为之间还是存在一定差异的。然而，对于盗窃罪不能仅仅根据其表面特征，而是还要把握其本质特征，这就是未经他人同意或者许可，私下将他人财物据为己有。骗取更名案中，甲的行为符合盗窃罪的本质特征。虽然从表面来看，甲直接将房屋买卖合同的买方从乙变更为丙，从而完成了债权的转让。然而，在此过程中甲利用更名申请承认书控制了乙的债权，这是甲处分乙的债权的逻辑前提。在此基础上，才可能发生将债权确定在丙的名下的事实。因此，甲利用骗取的更名申请承认书为其窃取乙的债权制造了条件，只有将债权转移到丙的名下，盗窃行为才最终完成。至于债权能否成为盗窃罪的保护法益，也是该案中可能会涉及的问题，而这个问题又可以被转换成财产性利益是否可以成为盗窃罪的对象的问题。在日本刑法中，财产性利益被明确规定为诈骗罪的对象，在盗窃罪的对象不包括财产性利益的情况下，可以合理地推论，财产性利益不能成为日本刑法中盗窃罪的对象。那么，我国刑法又如何看待这个问题呢？我国刑法将财产犯罪的对象都规定为财物，没有涉及财产性利益。然而，在我国司法实践中，一般都认定刑法关于财产犯罪的规定不仅保护物权，而且也保护债权。例如，盗窃借据可以被认定为盗窃罪，使用暴力迫使他人出具借据的行为可以被认定为抢劫罪。此外，关于受贿罪，刑法规定的犯罪对象是财物，但司法解释将财产性利益解释为财物。例如，2016 年 4 月 18 日最高人民法院、最高人民检察院《关于办理贪污贿赂刑事案件适用法律若干问题的解释》第 12 条明确规定：贿赂犯罪中的"财物"包括货币、物品和财产性利益。财产性利益包括可以被折算为货币的物质利益如房屋装修、债务免除等，以及需要支付货币的其他利益如会员服务、旅游等。由此可见，我国刑法中的财物在一定意义上包括财产性利益。在这种情况下，将债权解释为财物应当没有法律上的障碍。

司法适用中的疑难问题，并不是刑法学者的主观臆想，而是从活生生的案例中呈现出来或者提炼出来的。面对疑难问题，找出解决之道，这就是刑法教义学方法。不得不指出，在相当长的一个时期里，有相当一些人还是凭经验和感觉处理刑法司法适用中的疑难问题。这里涉及司法经验和刑法理论之间的关系。刑法不仅是一门学问，而且是一门技艺，因此，司法经验的积累和应用是十分重要的。然而，某些司法适用中的疑难问题是超越经验的，换言之，按照日常经验是难以解决的。在这种情况下，就需要借助刑法教义学的原理，因为只有这些原理才能回应司法实践的需要。而且，刑法理论本身也要面向司法实践，以问题为导向，解决实际问题。

"中国刑法司法适用疑难问题研究丛书"立足于理论，面向司法实践，因而不仅具有理论价值，而且具有现实意义。值得一提的是，其作品被收入本丛书的作者都是我国中青年一代刑法学者，这些青年才俊不仅具有年龄优势，而且具有知识优势。其中，有些作者除了在国内接受法学教育，还有出国留学深造的经历，有的作者还获得了国外的博士学位。因此，这些作者同时具有中国的问题意识和世界的学术视野，是我国刑法学界的新兴力量。他们将来对我国刑法理论发展的学术贡献是值得期待的。

值此"中国刑法司法适用疑难问题研究丛书"即将出版之际，聊缀以上数语，是为序。

陈兴良

谨识于昆明滨江俊园寓所

2020 年 8 月 20 日

序　言

沈琪的《共同犯罪的司法认定》一书被纳入我和周光权主编、中国人民大学出版社出版的"中国刑法司法适用疑难问题研究丛书",即将出版问世。这是令人高兴的。沈琪邀我为其著作写序,我欣然应允。

沈琪曾在中国政法大学读博,师从曲新久教授,此后长期在杭州师范大学从事刑法的教学与科研工作。沈琪对共同犯罪问题素有研究,曾经发表过关于共同犯罪司法认定的论文。考虑到沈琪的前期研究成果符合本丛书的编辑宗旨,我约请沈琪就共同犯罪的司法认定问题撰写本书。经过数年写作,现在,沈琪的著作即将出版,与读者见面。为写本序,我拜读了本书,感到虽然本书不是关于共同犯罪的体系性论著,但本书选择对共同犯罪司法认定中的疑难问题进行论述,对于在司法实践中正确解决共同犯罪的定罪和处罚疑难问题具有较大的参考价值。通读本书后,我认为本书具有以下三个特色:

第一,以共同犯罪司法认定为核心展开本书的论述,在一定程度上回应了司法实践对共同犯罪的理论需求。共同犯罪是刑法教义学中的一个重大理论问题,其内容的宏大、体系的缜密,为共同犯罪教义学知识在司法实践中的运用带来了一定的难度。共同犯罪一直是我的研究主题之一,对于共同犯罪在司法认定中的疑难问题我也较为了解,因而对本书在运用共同犯罪原理解决司法实践中的各种疑难问题方面所作出的努力和拟达到的目标,我是有深刻体认的。例如,本书第三章关于身份犯的共同犯罪的认定问题,涉及共犯与身份犯竞合的理论问题。德日刑法通常都对共犯与身份犯问题作了明文规定,我国刑法则无此规定,而且我国刑法中的身份犯较之德日刑法中的身份犯更为复杂。在德日刑法中,共犯与身份犯之间一般都是单一关系,只在极个别情况下存在双重身份犯问题。但我国刑法则不然:我国刑法在设置罪名的时候,往往存在针对同一行为,根据不同身份而设置不同罪名的立法例,例如贪污罪和职务侵占罪、受贿罪和非国家工作人员受贿罪、挪用公款罪和挪用资金罪等。这种情况加大了身份犯的共犯认定的复杂程度。例如,2000

年最高人民法院《关于审理贪污、职务侵占案件如何认定共同犯罪几个问题的解释》第1条和第2条分别对贪污罪的共犯和职务侵占罪的共犯作了规定，这是对无身份的人与有身份的人共同犯罪，以身份犯的共犯论处的规定。其第3条则规定："公司、企业或者其他单位中，不具有国家工作人员身份的人与国家工作人员勾结，分别利用各自的职务便利，共同将本单位财物非法占为己有的，按照主犯的犯罪性质定罪。"这是对具有不同身份的人共同犯罪的定罪规则，即依主犯的犯罪性质定罪。在此，该司法解释在不同身份的人共同犯罪的案件中，引入了依主犯的犯罪性质定罪的规则。这是我国刑法所特有而德日刑法所没有的特殊规定。在司法实践中可能出现不同身份的人共同犯罪但无法区分主犯与从犯的情形，因而依主犯的犯罪性质定罪的规则的适用存在障碍。对此，本书引用了2003年《全国法院审理经济犯罪案件工作座谈会纪要》的规定："对于在公司、企业或者其他单位中，非国家工作人员与国家工作人员勾结，分别利用各自的职务便利，共同将本单位财物非法占有的，应当尽量区分主从犯，按照主犯的犯罪性质定罪。司法实践中，如果根据案件的实际情况，各共同犯罪人在共同犯罪中的地位、作用相当，难以区分主从犯的，可以贪污罪定罪处罚。"该规定重申了前述2000年司法解释依主犯的犯罪性质确定共犯性质的基本立场，同时又规定在难以区分主、从犯时可以贪污罪定罪处罚，从而在一定程度上克服了根据主犯的身份确定罪名所可能面临的困难，为司法实务提供了裁判的方向。由此可见，沈琪对共同犯罪和身份犯的定罪量刑问题作了深入细致的研究，为疑难案件的解决提供了规范根据和法理根据，对于司法实践具有指导意义。

第二，本书在以专题为线索的基础上，关注共同犯罪教义学的内在理论逻辑，使叙述具有合理的体系性。如前所述，本书并不是体系性的共同犯罪教义学的理论著作，而是专题性的作品，但本书的结构安排形成了内在的逻辑关系，因而使共同犯罪教义学的基本理论得到全面的关照。本书分为十章，其中第一章"共同犯罪行为的认定"和第二章"共同犯罪故意的认定"属于共同犯罪教义学的本体论的内容，对这两个基本理论问题的论述，为此后章节的具体分析提供了根据。在共同犯罪教义学中，共同犯罪的构成要件被分为共同犯罪行为和共同犯罪故意这两个方面的内容。对此我国《刑法》第25条对共同犯罪的概念作了具体规定。而有关共同犯罪行为的阐述，对于共同犯罪的司法认定具有重要意义。在此基础上，本书第三章至第六章属于共同犯罪形态论，分别对共同犯罪的身份犯、共同犯罪的实行过限、共同犯罪的中止犯、共同犯罪的主从犯等专题进行了具体阐述。这些共同犯罪形态在司法实践中是较为常见的，而且在定罪量刑上都较为复杂。在本书中，沈琪结合共同犯罪教义学的基本原理，对这些专题都作了具有新意的论述，因而具有现实意义。例如关于共犯中主从犯的区分标准问题，1979 年《刑法》的规定是较为明确的，但在 1997 年《刑法》修订过程中，立法机关删除了对主犯应当从重处罚的规定，同时又增加了犯罪集团的首要分子等主犯承担刑事责任的特殊规定。在这种情况下，对主犯究竟如何与从犯相区分？区分以后对主从犯如何分别处罚？这些问题都被提到了台面上。例如，对单位犯罪中直接负责的主管人员和其他直接责任人员是否区分主从犯，就是一个较为复杂的问题。对于这个问题，我国刑法学界存在三种观点的分歧，这就是肯定说、否定说和折中说。本书引用司法解释的相关规定，对折中说作了积极评价。根据折中说，在处理单位犯罪时，对直接负责的主管人员和其他直接责任人员，原则上不区分主从犯，只是按照他们在单位犯罪中所起的作用分别处罚，但在特殊情况下，即不区分主从犯难以做到罪刑相适应的，可以区分主从犯。这一观点对于正确处理单位犯罪的主从犯区分具有指导意义，因而值得肯定。本书第七章至第十章是关于雇佣犯罪、黑恶势力犯罪、毒品犯罪和网络犯罪等具体共同犯罪形态的论述。这四种具体共同犯罪形态涉及刑法分则中的相关罪名，也是司法实践中多发常见的共同犯罪罪名。对此，本书结合具体罪名，对共同犯罪的定罪处罚问题进行了具有针对性的论述。由此可见，本书虽然篇幅不大，但所选的专题具有复杂性和疑难性，因而提升了本书的实践价值。

第三，坚持理论和实践的有机结合，将司法案例和理论叙述这两条线索紧密地联系起来，不仅增强了本书的可读性，而且使本书的内容具有应用性。本书是从司法实务角度对共同犯罪基本原理进行论述的，作者的目标之一就是尽可能将抽象晦涩的共同犯罪原理转化为通俗易懂的语言叙说。本书中穿插了大量的具有典型性和疑难性的共同犯罪案例（有些是指导性案例），并在对这些案例分析的过程中，将共同犯罪理论丝滑地融合进去，从而起到了共同犯罪教义学原理的指导作用。在类似著作的写作中，最大的忌讳就是案例分析和理论论述两张皮，不能有机地整合在一起。但本书解决了这个问题，既从案例中提炼法理问题，又根据共同犯罪原理对案例进行深入分析，由此而使本书内容既具有实践理性，同时又具有法理蕴含。高某明绑架、郭某杭非法拘禁案是分析共同犯罪性质的一个典型案例，我在《判例刑法学》一书中对该案作过专门的研究。沈琪在本书中也引用了本案，以此作为依犯罪共同说、行为共同说和部分犯罪共同说进行辨析的一个案例。部分犯罪共同说认为，犯罪的共同不一定非得是同一构成要件的共同，而是符合一定的构成要件的实行行为的共同，当两个行为的构成要件之间有重合关系时，就可以判定实行行为具有共同性，对共同犯罪的成立就可以肯定。现代的行为共同说也主张，行为的共同并非完全脱离构成要件的行为的共同，而是构成要件行为的共同，且不要求构成要件的全部共同，构成要件的重要部分共同就足够了。可见，部分犯罪共同说和现代行为共同说不仅在个案的最终裁判结论上是一致的，在基本的判断思路上也趋于相同。所以本书认为，在犯罪共同说和行为共同说的见解均有所缓和之后，这两种学说在实践中对立的意义已经非常有限。在本书中，结合具体案例进行论述成为一种写作和叙述的风格，符合本书以司法认定作为主题的写作宗旨。

　　沈琪的博士学位论文的研究主题是刑法推理方法，并且在 2008 年浙江大学出版社出版了沈琪的《刑法推理方法研究》一书。从该书的书名就可以看出，沈琪在从事刑法理论研究初期研究的是刑法的推理方法，这是一个十分抽象的理论问题。在从事刑法研究的过程中，我发现沈琪的学术兴趣逐渐下沉，从高大上到接地气，越来越关注司法实践中的问题。本书是沈琪在过去一个阶段对司法实务问题研究的成果，这是值得嘉许的，也是值得向读者推荐的。我期望沈琪将对刑法的学术研究持之以恒地坚持下去，向读者奉献更多的学术成果。

陈兴良

谨识于云南昆明滨江俊园寓所

2023 年 8 月 7 日

目　录

第一章　共同犯罪行为的认定

我国《刑法》第 25 条第 1 款规定："共同犯罪是指二人以上共同故意犯罪。"据此，二人以上具有共同的犯罪行为和共同的犯罪故意分别是共同犯罪成立的客观条件和主观条件。本章将对共同犯罪行为的认定进行分析。

一、共同犯罪行为的含义

总的来说，所谓共同犯罪行为，是指各共犯人的行为相互协助、相互利用、相互补充，形成一个统一的犯罪活动整体，进而造成法益侵害结果。作为统一的犯罪活动整体的一个组成部分，每个共犯人的行为均与法益侵害结果之间具有直接或间接的因果性，这是各共犯人对法益侵害结果承担既遂责任的客观基础。

关于共同犯罪行为的含义，存在的争议是：所谓共同犯罪行为究竟是指行为的共同还是犯罪的共同？即各共犯人之间具有共同的行为即可，还是必须构成相同的犯罪？在大部分情况下，二人以上实施共同的行为，就会构成相同的犯罪，但在有些情况下，二人以上虽然实施了相同的行为，但可能因为身份、对象、故意内容等的不同而构成不同的犯罪。例如，甲具有国家工作人员身份，乙不具有国家工作人员身份，甲、乙共同利用甲的职务便利窃取甲所保管的公共财物。从甲、乙各自的角度来看，甲因具有国家工作人员身份构成贪污罪，乙因不具有国家工作人员身份构成盗窃罪。再如，甲以杀人故意、乙以伤害故意共同对丙实施暴力，致丙死亡。从甲、乙各自的角度来看，甲因具有杀人故意构成故意杀人罪，乙因具有伤害故意构成故意伤害罪。又如，甲、乙共同雇了一条船走私，甲走私的是汽车，乙走私的是枪支。从甲、乙各自的角度来看，甲构成走私普通货物、物品罪，乙构成走私枪支罪。在这些情形中，甲、乙是否成立共同犯罪，就取决于对共同犯罪行为究竟是行为的共同还是犯罪的共同这一问题的回答。对此，日本刑法理论界向来存在犯罪共同说和行为共同说之间的对立。这种理论范式经我国学者的引介，也已被我国刑法学界普遍采纳。

犯罪共同说认为，共同犯罪必须是数人共同实行特定的犯罪，或者说二人以上只能就完全相同的犯罪成立共同犯罪。[①] "数人一罪"是其核心观点。根据犯罪共同说，在甲以杀人故意、乙以伤害故意共同对丙实施暴力，致丙死亡的场合，甲、乙虽然有共同的行为，但由于触犯不同的罪名而不成立共同犯罪。由此产生的问题是：假设最后只能查明丙是因为甲或乙的暴力行为而死亡，但不能查明究竟是谁的暴力行为导致丙死亡，甲和乙由于不成立共同犯罪，因而只能分别构成故意杀人罪（未遂）和故意伤害罪，均无须对丙的死亡结果负责。可见，犯罪共同说虽然严格限定了共同犯罪的成立范围，但可能会导致对法益的保护不力。

为了克服上述缺陷，犯罪共同说内部发展出了一种所谓的部分犯罪共同说，以区别于之前的完全犯罪共同说。部分犯罪共同说主张，二人以上虽然共同实施了不同的犯罪的，如果这些不同的犯罪之间具有重合的性质时，在重合的限度内成立共同犯罪。[②] 如在上例中，甲、乙的行为虽然分别符合故意杀人罪和故意伤害罪的构成要件，但如果认为杀人行为在内涵上可以包含伤害行为，杀人行为可以被评价为伤害行为，那么甲、乙的行为就仍然可以在故意伤害罪的范围内成立共同犯罪。既然甲、乙的行为在故意伤害罪的范围内成立共同犯罪，那么只要能够证明丙的死亡是由该共同犯罪造成的，就可以将丙的死亡结果归属于甲、乙各自的行为，让甲、乙均对丙的死亡承担刑事责任。有此前提下，甲因具有杀人故意，故成立故意杀人罪既遂；乙因具有伤害故意，故成立故意伤害（致人死亡）罪。这样，通过承认各共犯人的行为在性质重合的故意伤害罪的范围内成立共同犯罪，将最终的侵害结果同时归属于各共犯人，部分犯罪共同说克服了完全犯罪共同说在保护法益不力方面的缺陷。

行为共同说认为，共同犯罪是数人共同实施了行为，而不是共同实施特定的犯罪。[③] "数人数罪"是其核心观点。行为共同说经历了一个从传统到现代的发展过程。传统行为共同说以刑法主观主义为立场，从犯罪是行为人主观恶性的表征的角度出发，认为二人以上有共同行为而实现犯罪的，不管该行为是否符合同一个犯罪构成，都构成共同犯罪。它将共同犯罪中"共同行为"的"共同"理解为和特定犯罪无关的社会事实的共同，因其主观主义的立场而被现代刑法理论扬弃。现代行为共同说以客观主义为立场，虽在共同犯罪不是数人共同实施一个特定犯罪，而是数人通过共同行为实现各自犯罪

---

① 张明楷. 外国刑法纲要. 2版. 北京：清华大学出版社，2007：305.

② 同①306.

③ 同①307.

这一点上，继承了传统行为共同说的思想，但它所说的"共同行为"的"共同行为"，不再是和构成要件无关的作为社会事实的行为的共同，而是作为构成要件的行为的重要部分的共同。如对于上例，现代行为共同说认为，甲、乙分别出于杀人故意和伤害故意对丙共同实施了暴力行为，该暴力行为既是故意杀人罪的实行行为，又是故意伤害罪的实行行为，具有构成要件上的共同性，故甲、乙成立共同犯罪。既然甲、乙成立共同犯罪，那么无论是谁的行为造成了丙的死亡，该死亡结果均应归属该共同犯罪，再根据"部分实行、全部责任"原则，该死亡结果也应归属甲、乙各自的行为。甲具有杀人的故意，构成故意杀人罪既遂，而乙只具有伤害的故意，构成故意伤害（致人死亡）罪。可见，对于上述案件的处理，现代行为共同说与部分犯罪共同说在最终结论上是一样的。区别在于，部分犯罪共同说是通过认定甲、乙的行为成立故意伤害的共同犯罪来将被害人的死亡结果归责于二行为人的，而现代行为共同说是通过虽承认甲、乙的行为成立共同犯罪但不认定成立何罪的共同犯罪来将被害人的死亡结果归属于二行为人的。

通过以上的简单介绍可见，犯罪共同说与行为共同说之间的对立问题，不仅仅关涉所谓共同犯罪行为是犯罪的共同还是行为的共同这一问题，还涉及对共同犯罪的成立范围、共同犯罪中的结果归属等重要问题的不同理解，故在日本刑法理论中常常被作为共同犯罪的本质问题予以探讨。

我国传统刑法理论并没有对上述问题展开有意识的研究，但从其对共同犯罪成立条件的论述来看，基本可以被归入完全犯罪共同说的范畴。如权威教科书指出："从犯罪的客观方面来看，构成共同犯罪必须二人以上具有共同的犯罪行为。所谓共同的犯罪行为，指各行为人的行为都指向同一犯罪，互相联系，互相配合，形成统一的犯罪活动整体。""实施犯罪时故意内容不同的，不构成共同犯罪。例如，甲、乙共同用木棍打击丙，甲是伤害的故意，乙是杀人的故意，结果由于乙打击丙的要害部位致丙死亡，由于没有共同的犯罪故意，不能按共同犯罪处理，只能按照个人的主客观情况分别定罪，即甲定故意伤害罪，乙定故意杀人罪。"[1] 这种观点曾经也得到了司法实务的认可。

［案例1-1］高某明绑架、郭某杭非法拘禁案[2]

被告人高某明曾与被害人沈某良、史某明、高某来合伙做生意，但因生

---

① 高铭暄，马克昌. 刑法学. 5版. 北京：北京大学出版社，高等教育出版社，2011：163，166.

② 国家法官学院，中国人民大学法学院. 中国审判案例要览：2001年刑事审判案例卷. 北京：中国人民大学出版社，2002：59.

意失败而遭受经济损失。后经人介绍，高某明认识了方某通、方某均、赵某荣、赵某康等人（均另案处理），高某明提出让方某通等人帮助其向三被害人追讨生意上的损失费，并商定以关押三被害人的方式索讨。2000年4月17日中午，由高某明出面，以做生意为名，将三被害人骗至诸暨，随后方某通、方某均、赵某康、赵某荣等人将三被害人强行带至三都山上一小屋关押，后又将三被害人转移至诸暨市五泄风景区的一间小木屋等地。在此期间，高某明等人采用暴力、胁迫的方法共向三被害人勒索人民币20.03万元。在三被害人被关押期间，被告人郭某杭明知方某通等人在为高某明追讨生意上的损失费，仍为高某明等人送饭并负责看管三被害人。

浙江省绍兴市越城区人民法院审理后认为，被告人高某明以勒索钱财为目的，伙同他人使用暴力、胁迫方法绑架他人，其行为已构成绑架罪。被告人郭某杭在事前与高某明并不相识，事中在得知被告人高某明等人在追讨债务的情况下，仍对高某明所关押的人施行看管，其行为已构成非法拘禁罪。因被告人郭某杭主观上以帮助他人索取债务为目的，而不明知被告人高某明是以勒索钱财为目的，其与高某明没有共同的犯罪故意，故两被告人不属共同犯罪。一审法院判决被告人高某明犯绑架罪，判处有期徒刑12年；判决被告人郭某杭犯非法拘禁罪，判处有期徒刑1年6个月。

一审宣判后，高某明以原判定罪错误，其所犯的是非法拘禁罪，并非绑架罪为由提起上诉。

浙江省绍兴市中级人民法院审理后认为，上诉人高某明以勒索钱财为目的，伙同他人使用暴力、胁迫方法绑架他人，其行为已构成绑架罪。原审被告人郭某杭在事前与高某明并不相识，事中在得知高某明等人在追讨债务的情况下，仍对高某明所关押的人施行看管，其行为已构成非法拘禁罪。高某明与郭某杭虽对同一对象共同实施了犯罪行为，但二人的犯罪故意和目的不同，故不属于共同犯罪。二审法院裁定驳回上诉，维持原判。

本案中，一、二审法院均以高某明、郭某杭的犯罪故意和目的不同为由否认二人成立共同犯罪，很明显在对共同犯罪行为的理解上采取的是完全犯罪共同说的观点。如果依照部分犯罪共同说或现代行为共同说的观点，由于绑架罪中包含了非法拘禁行为，绑架只是一种以勒索财物或满足其他不法要求为目的的特殊的非法拘禁行为，两者在非法拘禁的范围内是重合的，在构成要件的重要部分是共同的，故高某明、郭某杭可以成立共同犯罪；在此基础上，由于高某明是出于勒索财物的目的拘禁被害人，而郭某杭没有基于勒索财物的目的拘禁被害人，故应对高某明定绑架罪，对郭某杭定非法拘禁罪。虽然最终的定罪结果和法院的裁判是一样的，但正如陈兴良教授所指出的："如果不承认高某明和郭某杭在非法拘禁罪上存在共同正犯的关系，则不利于解决高某明、郭某杭的定罪量刑问题。因为郭某杭是在高某明伙同他人将被害人劫持以后才对被害人看管的，如果郭某杭是非法拘禁罪的单独正犯，则其非法拘禁的实行行为是不完整的，其对高某明的劫持被害人的行为承担刑事责任，就缺乏足够的法理根据。此外，就量刑而言，如果不把高某明的行为与郭某杭的行为视为一个整体，难以区分各自在共同犯罪中的作用，无法区分主犯与从犯，这也不利于公正地解决刑事责任的分担问题。"① 因此，采取部分犯罪共同说或现代行为共同说的观点，承认高某明和郭某杭成立共同犯罪，能够更加合理地解决对本案被告人，尤其是对郭某杭的定罪量刑问题。

　　到了 21 世纪初，受日本刑法理论的影响，张明楷教授在我国学界倡导部分犯罪共同说②，该说迅速得到了众多学者的支持，甚至一度成为学界的有力学说。但随后不久，同样是受日本刑法理论趋势的影响，黎宏教授开始倡导（现代）行为共同说③，也得到不少学者的支持。颇有意思的是，张明楷教授本人后来亦倒戈转向了行为共同说。④ 所以，到目前为止，在我国刑法学界，关于共同犯罪是犯罪的共同还是行为的共同这一问题，主要表现为部分犯罪共同说和行为共同说之间的对立。

　　然而，笔者认为，以上理论观点之间的差异，对于司法实务而言，其意义是有限的。可以看到，犯罪共同说从完全犯罪共同说发展到部分犯罪共同说，行为共同说从传统行为共同说发展到现代行为共同说之后，观点之间的对抗得到了缓和，且各观点趋于接近。部分犯罪共同说认为，犯罪的共同不一定非得是同一构成要件的共同，只要是符合一定的构成要件的实行行为的共同即可，两个行为的构成要件之间有重合关系时，就可以判定实行行为具有共同性，共同犯罪的成立就可以肯定。现代行为共同说也主张，行为的共同并非完全脱离构成要件的行为的共同，而是构成要件行为的共同，且不要求共同构成要件全部的共同，共同构成要件重要部分的共同就足够了。可见，部分犯罪共同说和现代行为共同说不仅在个案的最终裁判结论上是一致的，在基本的判断思路上也趋于相同。所以可以说，在犯罪共同说和行为共同说的见解均得到发展之后，两种学说的对立意义已经是非常有限的了。

　　无论是部分犯罪共同说还是现代行为共同说，均主张二人以上实施相同的行为虽然符合不同的构成要件，但只要构成要件之间存在规范性质上的重合关系，就可以成立共同犯罪。不同犯罪构成要件之间的重合关系，大致可以包括以下几种情形：（1）当两个犯罪之间存在法条竞合关系时，由于特别

　　① 陈兴良. 判例刑法学：上卷. 北京：中国人民大学出版社，2009：422.
　　② 张明楷. 部分犯罪共同说之提倡. 清华大学学报（哲学社会科学版），2001（1）.
　　③ 黎宏. 刑法总论问题的思考. 北京：中国人民大学出版社，2007：472.
　　④ 张明楷. 刑法学. 4 版. 北京：法律出版社，2011：357-360.

法条包容普通法条，故存在重合关系，行为人之间可以成立共同犯罪。例如，共谋后基于强奸故意的甲和基于强制猥亵故意的乙共同对被害人实施暴力，甲、乙成立共同犯罪；共谋后具有牟利目的的甲和不具有牟利目的的乙共同传播淫秽物品，甲、乙成立共同犯罪。(2) 当一个犯罪所侵害的法益包含了另一个犯罪所侵害的法益时，存在重合关系，行为人之间可以成立共同犯罪。例如，共谋后基于抢劫故意的甲和基于杀害故意的乙共同对被害人实施暴力，甲、乙成立共同犯罪；甲教唆乙入室盗窃，乙却入室抢劫，甲、乙成立共同犯罪。(3) 在转化犯的场合，数人共同实施了转化前的犯罪，部分人实施了转化行为，且其他人不知情，应就转化前的犯罪成立共同犯罪。例如，甲、乙共同非法拘禁丙，在此过程中，甲对丙实施暴力，过失致丙死亡，而乙对此不知情，甲、乙成立非法拘禁罪的共同犯罪。

[案例 1-2] 陈某国、余某华故意杀人案①

余某华案发前在浙江省温州市瓯海区娄桥镇娄南街某鞋业有限公司务工。2005 年 9 月 29 日晚，余某华因怀疑同宿舍工友王某义窃取其洗涤用品而与王某义发生纠纷，遂打电话给亦在温州市务工的被告人陈某国，要陈某国前来"教训"王某义。次日晚上 8 时许，陈某国携带尖刀伙同同乡吕某双（另案处理）来到某鞋业有限公司门口与余某华会合，此时王某义与被害人胡某旺及武某刚正从门口经过，经余某华指认，陈某国即上前责问并殴打胡某旺，余某华、吕某双也上前分别与武某刚、王某义对打。其间，陈某国持尖刀朝胡某旺的胸部、大腿等处连刺三刀，致被害人胡某旺左肺破裂，急性失血性休克死亡。

浙江省温州市中级人民法院审理后认为，被告人陈某国、余某华因琐事纠纷而共同故意报复杀人，其行为均已构成故意杀人罪。一审法院判处陈某国死刑，剥夺政治权利终身；判处余某华有期徒刑 15 年，剥夺政治权利 5 年。

一审宣判后，陈某国、余某华均以没有杀人的故意、定性不准，量刑过重为由提起上诉。

浙江省高级人民法院经审理认为，上诉人陈某国事先携带尖刀，在与被害人争吵中，连刺被害人三刀，其中左胸部、左大腿的两处创伤均为致命伤，足以证明陈某国对被害人的死亡后果持放任心态，原审据此对陈某国定故意杀人罪并无不当。上诉人余某华、陈某国均供述余某华仅要求陈某国前去"教训"被害人，没有要求陈某国携带凶器；在现场斗殴时，余某华没有与陈

---

① 最高人民法院刑事审判一、二、三、四、五庭. 中国刑事审判指导案例：第 2 卷. 北京：法律出版社，2017：465-467.

某国作商谋，且没有证据证明其知道陈某国带着凶器前往；余某华也没有直接协助陈某国殴打被害人。原判认定余某华有杀人故意的依据不足，应对其以故意伤害罪判处。二审法院驳回上诉人陈某国的上诉；撤销原审判决中对上诉人余某华的定罪量刑部分；判决上诉人余某华犯故意伤害罪，判处有期徒刑15年，剥夺政治权利5年。

本案中，二审法院虽然改变了余某华的罪名，即从故意杀人罪改为故意伤害罪，但仍然判处其有期徒刑15年。从该宣告刑可以看出，法院认定余某华的行为属于故意伤害致人死亡，即在认定陈某国杀死了被害人的前提下，仍然将被害人的死亡结果归责于余某华的伤害行为。而要实现这一归责，就不能以完全犯罪共同说为基础。因为如果根据完全犯罪共同说，由于陈某国和余某华的罪名不同，故不成立共同犯罪；既然二人不成立共同犯罪，在证据能够证明是陈某国的杀人行为导致被害人死亡的情况下，就只能将该死亡结果归属于陈某国的行为，而不能归属于余某华的行为。相反，根据部分犯罪共同说或现代行为共同说，由于针对同一被害人而言，故意杀人罪和故意伤害罪是法条竞合关系，杀人行为包容伤害行为，故陈某国和余某华成立共同犯罪，根据"部分实行、全部责任"原则，被害人的死亡结果应归属于该共同犯罪，从而也应归属于各行为人的行为。在此前提下，由于陈某国具有杀人故意，故其构成故意杀人罪既遂，由于余某华具有伤害故意，故其构成故意伤害（致人死亡）罪。由此可见，尽管本案二审法院在裁判理由中并未论及陈某国与余某华是否成立共同犯罪的问题，但二审法院将被害人的死亡结果归属于余某华的行为，实际上是承认了二人成立共同犯罪。而要承认二人成立共同犯罪，就不可能在对"共同犯罪行为"的理解上采取完全犯罪共同说，而只能采取部分犯罪共同说或行为共同说。

综上，所谓共同犯罪行为，既不是指二人以上的行为在裸的事实层面相同，也不是指在构成要件上完全相同，而是指在构成要件的重要部分上相同。二人以上实施的行为虽然符合不同犯罪的构成要件，但只要这些构成要件之间具有重合性质，就可以认定二人以上实施了共同的犯罪行为。

二、共同犯罪行为的分工

共同犯罪的成立要求二人以上具有共同的犯罪行为，但这并不意味着各共犯人在共同犯罪中的具体分工必须相同。按照共犯人在共同犯罪中的分工，共同犯罪行为可以分为四种类型：（1）实行行为，即刑法分则所规定的某一具体犯罪的构成要件行为；（2）组织行为，即组织、策划、指挥共同犯罪的行为；（3）教唆行为，即以劝说、收买、威胁等方式唆使他人实施犯罪的行为；（4）帮助行为，即以提供信息、工具，传授犯罪方法等方式协助他人实施犯罪的行为。理论上将实施实行行为的人称为正犯或实行犯，将实施组织、教唆或帮助行为的人分别称为组织犯、教唆犯和帮助犯。当一个共同犯罪中的所有人都是实行犯时，理论上称之为简单共同犯罪；当一个共同犯罪中既有实行犯又有组织犯、教唆犯或帮助犯时，理论上称之为复杂共同犯罪。

（一）实行行为

所谓实行行为，是指刑法分则所规定的某一具体犯罪的构成要件行为，如故意杀人罪中的杀害行为、盗窃罪中的窃取行为等。犯罪是危害社会的依照刑法应当受到刑罚处罚的行为，其载体是行为，故刑法分则主要通过对行为的规定来界定各种犯罪的构成要件，实行行为是使各种犯罪的构成要件具有自身特色的最主要因素。因此，对实行行为的认定应以犯罪构成为标准，只有某一犯罪的犯罪构成中所规定的行为才是实行行为，除此之外的都是非实行行为。例如，组织他人盗窃，他人实施的盗窃行为是实行行为，而组织行为是非实行行为；教唆他人强奸，他人实施的强奸行为是实行行为，而教唆行为是非实行行为；帮助他人杀人，他人实施的杀人行为是实行行为，而帮助行为是非实行行为。

但是，说"实行行为是某一犯罪的犯罪构成所规定的行为"，还只是从形式上回答了什么是实行行为，在个案裁判中，需要进一步回答的问题是：被告人的行为究竟是否属于某一犯罪的犯罪构成所规定的行为？例如，甲欲杀乙，乙迅速逃跑，甲在追赶途中，掏出手枪，然后瞄准乙，接着开枪射击，但未能击中乙。在甲的这一系列行为环节中，究竟哪一个行为环节是故意杀人罪犯罪构成中的"杀人行为"？对此，往往需要作进一步的实质判断。犯罪的本质是侵害法益，没有侵害法益的行为不可能构成犯罪，当然也不可能成为实行行为；另外，我国刑法处罚犯罪预备行为，犯罪预备行为具有侵害法益的危险性，只是这种危险程度还较低，因此，即使某种行为具有侵害法益的危险性，但如果这种危险程度还较低，该种行为也不可能是实行行为。所以从实质的角度来说，实行行为是具有侵害法益的紧迫危险性的行为。[①] 在上述例子中，应通过考虑在甲的这一系列行为环节中，哪一个行为环节开始对乙的生命法益造成了紧迫危险来认定其何时实施了"杀人"行为。

1. 单独实行行为与共同实行行为

在共同犯罪中，实行行为既可能由其中一个正犯实施，也可能由两个以

---

① 张明楷. 刑法学：上. 6 版. 北京：法律出版社，2021：441.

上的正犯共同实施。前者为单独实行行为，后者为共同实行行为；前者场合的正犯被称为单独正犯，后者场合的正犯被称为共同正犯。

在两个以上正犯共同实施实行行为的场合，既可能是各正犯均实施了完整的实行行为，也可能是各正犯各自分担了一部分实行行为。前者如甲、乙合谋杀害丙，各自持枪向丙射击，致丙死亡，甲、乙均实施了完整的杀人行为；后者如甲、乙合谋抢劫丙，先由甲对丙实施暴力，再由乙劫取丙的财物，甲、乙分别实施了抢劫罪的手段行为和目的行为。

在两个以上正犯共同实施实行行为的场合，无论是均实施完整的实行行为，还是各自分担实行行为的一部分，各正犯均对其他正犯实施相应的行为具有物理或心理上的因果性，从而使各正犯的行为相互支持、相互协助共同造成法益侵害结果，所以各正犯均要对其他正犯实施的行为及其造成的法益侵害结果承担责任，此即"部分实行、全部责任"原则。

[案例1-3] 魏某、吕某等强奸案①

2015年10月10日14时许，被害人张某（案发时系15周岁）、于某（案发时系16周岁）到被告人吕某、魏某、袁某工作的饭馆吃饭。后吕某、魏某、袁某预谋与张某、于某发生性关系。当日18时许，吕某在袁某授意下将二被害人带至北京市西城区×××301房间（以下简称301房间）。在该房间内，吕某强行与张某发生性关系后离开。20时许，袁某回到301房间，欲强行与于某发生性关系，因发现于某处于生理期，自动放弃强奸行为后离开。23时许，吕某、魏某、袁某先后回到301房间。魏某、吕某使用暴力、胁迫的方式先后强行与张某发生性关系。此后，魏某欲强行与于某发生性关系，因于某反抗，未得逞。

北京市西城区人民法院审理后认为，被告人吕某伙同魏某、袁某违背妇女意志，强行与被害人发生性关系，已构成强奸罪。被告人吕某伙同魏某先后强行与同一被害人发生性关系，系轮奸。被告人袁某与被告人吕某、魏某之间不构成轮奸，且袁某系强奸犯罪中止。

一审宣判后，北京市西城区人民检察院提出抗诉，认为一审法院判决适用法律错误导致对被告人袁某的定罪错误，影响量刑。理由如下：（1）一审判决认定"被告人袁某的行为系强奸犯罪中止"属于法律适用错误。袁某与吕某、魏某构成强奸共犯，根据《中华人民共和国刑法》第25条第1款之规定及司法实践中通用的共同犯罪理论，二人以上共同实施犯罪的，其中一人犯罪既遂，则全案犯罪既遂，而一审判决认定袁某仅承担对被害人于某的犯罪行为，明显法律适用错误。（2）一审判决将整个犯罪过程分割开来分别认

① 参见北京市第二中级人民法院（2017）京02刑终155号刑事判决书。

定，法律适用错误。在三被告人从犯意产生到彼此间进行意思联络，从分工将二被害人带至案发地到多次实施性侵害行为的过程中，二被害人始终处于三被告人的实际控制下，一审法院将不同被告人依次对二被害人实施犯罪的行为机械地分割开来分别认定的做法，显然不妥。在同一地点、一定时间段内对两名被害人实施性侵害行为的过程中，三被告人之间对于奸淫二被害人始终存在意思联络，三被告人的犯罪行为是在共同实施轮奸，故袁某构成强奸罪中轮奸这一加重情节的共犯。

北京市第二中级人民法院审理后认为，吕某、魏某、袁某违背妇女意志，强行与被害人发生性关系，其行为均已构成强奸罪，且系共同犯罪。根据共同犯罪"部分实行、全部责任"的原则，袁某亦应对吕某、魏某二人强奸被害人张某既遂的犯罪后果负责。吕某、魏某还先后强行与被害人张某发生性关系，系轮奸。在吕某、魏某对张某实施轮奸行为时，袁某虽然在现场，但既没有实施强奸或帮助吕某、魏某轮奸张某的具体行为，也没有明确表示要与吕某、魏某轮奸张某的共同故意，虽然袁某与吕某、魏某有共同的强奸故意，但现无证据证明袁某与吕某、魏某有共同的轮奸故意或行为，故袁某不构成轮奸。

本案中，存在争议的是对袁某行为性质的认定问题：一是袁某的行为属于强奸既遂还是中止？二是袁某的行为属于轮奸还是普通强奸？关于第一个问题，一、二审法院虽然均认定袁某与吕某、魏某构成强奸罪的共同犯罪，但对于袁某在发现于某处于生理期后自动放弃了强奸行为能否被认定为其成立强奸中止持不同观点。一审法院持肯定观点，而二审法院则根据共同正犯的"部分实行、全部责任"处理原则，认为既然袁某是强奸罪的共同正犯，就应当对吕某、魏某的强奸行为及其结果承担责任，吕某、魏某的强奸行为已经既遂，那么袁某也应构成强奸既遂。可见，一、二审法院在均认定袁某成立强奸罪共同犯罪的前提下，对其是否适用"部分实行、全部责任"处理原则存在不同看法。这背后涉及的其实是对强奸罪性质的不同认识，即强奸罪是否属于亲手犯。所谓亲手犯，是指必须由正犯自己直接实行而不可能由其他人代替实行的犯罪。如果认为强奸罪是亲手犯，则应注重行为人的亲身感受性和自我满足性，每个参与者的强奸行为都具有亲自参与性和不可替代性，他人实施的强奸行为不能被直接评价为自己的强奸行为，他人强奸既遂不等于自己强奸既遂。反之，如果认为强奸罪不是亲手犯，则无须关注行为人的亲身感受性和自我满足性，只要其他共犯人完成了奸淫行为，该行为就可以归属于共犯中未施行强奸行为的行为人，该行为人也构成强奸既遂。就是说，强奸罪是否属于亲手犯的认定，会直接决定对强奸罪的共同犯罪能否适用"部分实行、全部责任"原则。对此，正如本案二审判决所显示的，我国司法实务大多不认为强奸罪不是亲手犯，对强奸罪的共同犯罪适用"部分实行、全部责任"原则，即一人强奸既遂、全部既遂。在理论上，也有学者明确否定强奸罪是亲手犯①，或认为强奸共同犯罪中一人既遂全部既遂。②

关于第二个问题，检察院认为三被告人之间对于奸淫二被害人存在共同故意，且共同实施了轮奸行为，故袁某应与其他二被告人构成轮奸。而一、二审法院则均认为，在吕某、魏某对张某实施轮奸行为时，袁某虽然在现场，但既没有实施强奸或帮助吕某、魏某轮奸张某的具体行为，也没有明确表示要与吕某、魏某轮奸张某的共同故意，虽然袁某与吕某、魏某有共同的强奸故意，但现无证据证明袁某与吕某、魏某有共同的轮奸故意或行为，故袁某不构成轮奸。对此，笔者认为，根据在案证据，并不能充分证明袁某与吕某、魏某之间具有共同轮奸的故意和行为，从有利于被告人的角度，一、二审法院的认定是合理的。

2. 直接实行行为与间接实行行为

在共同犯罪中，正犯既可能自己亲手实施实行行为，也可能通过强制或欺骗他人，将他人作为工具加以利用从而实施实行行为。前者为直接实行行为，后者为间接实行行为；前者场合的正犯被称为直接正犯，后者场合的正犯被称为间接正犯。

间接正犯在实务中最为常见的是利用无刑事责任能力者来实行犯罪，如利用幼儿、严重精神病患者实行犯罪。

［案例1-4］刘某故意杀人案③

被告人刘某因与丈夫金某不和，离家出走。一天，其女（时龄12周岁）来刘某住处，刘某指使其女用家中的鼠药毒杀金某。其女回家后，即将鼠药拌入金某的饭中，金某食用后中毒死亡。

最高人民法院刑事审判庭在对本案的释疑中认为，本案被告人刘某唆使不满14周岁的人投毒杀人，由于被唆使人不具有刑事责任能力，因此唆使人与被唆使人不能形成共犯关系，被告人刘某非教唆犯，而是间接正犯，故对刘某不能直接援引有关教唆犯的条款来处理，而应按其女实行的故意杀人行为定罪处刑。

本案中，刘某女儿时龄12周岁，对自己行为的性质和社会意义还不具有足够的辨认能力，在刘某的唆使下将鼠药拌入金某的饭中致使金某死亡，属

---

① 张明楷. 刑法学：上. 6版. 北京：法律出版社，2021：532.
② 周光权. 刑法各论. 6版. 北京：中国人民大学出版社，2021：37.
③ 最高人民法院刑事审判第一庭、第二庭. 刑事审判参考：总第16期. 北京：法律出版社，2001：74-77.

于被刘某利用而实施了杀人行为。刘某并未亲手实施杀人行为，而是利用没有辨认能力的女儿实施杀人行为，成立故意杀人罪的间接正犯。

不过，在最高人民法院刑事审判庭关于本案的释疑中，有两点值得关注：第一，释疑认为，在被唆使人不具有刑事责任能力时，唆使人与被唆使人之间不能形成共同犯罪关系。但理论上有一种观点则认为，共同犯罪只是一种违法类型，和各行为人是否具有责任能力无关，各行为人之间只要有共同的违法行为就可以成立共同犯罪，责任能力影响的是在共同犯罪成立之后各行为人是否应当最终对该共同犯罪承担责任。① 按照这种观点，在唆使不具有刑事责任能力的人实行犯罪时，虽然唆使者属于间接正犯，但其与被唆使者之间仍然成立共同犯罪，被唆使者只是由于不具有刑事责任能力而无须对该共同犯罪承担刑事责任。第二，释疑认为，在唆使者成立间接正犯时，就不能再援引刑法有关教唆犯的条款来处理，即认为间接正犯和教唆犯之间是对立关系，一旦成立间接正犯，就不能再成立教唆犯。理论界也有不少学者持相同观点，如陈兴良教授在解释《刑法》第29条第1款"教唆不满十八周岁的人犯罪的，应当从重处罚"的规定时曾指出："这里所谓教唆不满18周岁的人犯罪，应当是指教唆已满16周岁的人犯刑法分则所规定之罪，或者教唆已满14周岁不满16周岁的人犯刑法第17条第2款所规定之罪。这时才能成立教唆犯。如果教唆不满14周岁的人或者教唆已满14周岁不满16周岁的人犯刑法第17条第2款规定之外的犯罪，在这种情况下，教唆犯应当成立间接正犯，应当以间接正犯论处，就不是这里所讲的教唆犯。"② 但也有不少学者认为，间接正犯与教唆犯之间并不是对立关系，而是包容关系，成立间接正犯也完全符合教唆犯的成立条件，所以对间接正犯仍可以援引刑法关于教唆犯的条款来进行处罚。如张明楷教授就认为，《刑法》第29条第1款中的"不满十八周岁的人"包括没有达到法定年龄的人，如教唆13周岁的人犯罪的，应当从重处罚。尽管这种情形中的教唆者成立间接正犯，但由于间接正犯与教唆犯并不是对立关系，间接正犯也完全符合教唆犯的成立条件，故应当对其适用上述规定。③ 笔者认为第二种观点更具合理性。按照这种观点，在上述案件中，对刘某可以适用《刑法》第29条第1款的"教唆不满十八周岁的人犯罪的，应当从重处罚"的规定。

另外需要注意的是，理论上一般认为，利用无刑事责任能力的人犯罪，并非均成立间接正犯。如果被利用者完全缺乏辨认和控制能力，利用者对被利用者具有支配性作用，成立间接正犯；但如果被利用者具有一定的辨认和

① 张明楷. 刑法学：上. 5版. 北京：法律出版社，2016：383-384.
② 陈兴良. 口授刑法学. 北京：中国人民大学出版社，2007：341.
③ 同①454.

控制能力，利用者并未支配被利用者，利用者就不成立间接正犯，而是成立教唆犯。例如，15周岁的甲非法侵入某尖端科技研究所的计算机信息系统，18周岁的乙对此知情，仍应甲的要求为其编写侵入程序。甲虽然不具有刑事责任能力，但已经15周岁，且有能力非法侵入某尖端科技研究所的计算机信息系统，说明其对自己的行为已经具有较高程度的辨认和控制能力，不可能成为乙实施犯罪的工具，故乙不成立非法侵入计算机信息系统罪的间接正犯。

　　除了上述典型情形，间接正犯还可以包括以下几种类型。

　　（1）利用他人的自损行为。例如，甲强迫乙自杀。乙杀害自己，由于自己不是故意杀人罪的行为对象，故乙不构成故意杀人罪；但对甲而言，乙可以成为故意杀人罪的行为对象，甲通过强迫乙的方式将乙作为犯罪工具实施杀害乙的行为，成立故意杀人罪的间接正犯。

　　（2）利用无特殊身份的他人的行为。例如，国家工作人员甲向不具有国家工作人员身份的妻子乙说明受贿的事实真相后，指使乙接受贿赂。对于这种情形中的甲是否成立受贿罪的间接正犯，理论上是存在争议的。多数观点认为，因为乙欠缺国家工作人员身份，所以其实施的接受贿赂的行为不是受贿罪的实行行为，其不能成为受贿罪的正犯，甲也就不能成立教唆犯，只能被认定为间接正犯。还有一种观点则认为，受贿罪的构成要件行为并不是单纯地接受财物，而主要是利用职务上的便利，具体说就是以职务行为与他人的财物进行交换。甲虽然没有直接接受财物，但利用了职务上的便利与他人的财物进行交换，所以应属于直接实施了受贿罪构成要件行为的直接正犯，而非间接正犯，乙是帮助犯。笔者赞同第二种观点。

　　（3）利用他人属于违法阻却事由的行为。例如，甲为了使乙死亡，以如乙不听命就将其杀害相威胁，逼迫乙攻击丙，丙正当防卫杀了乙。甲利用了丙的正当防卫行为杀害了乙，是故意杀人罪的间接正犯。

　　需注意以下情形：甲教唆乙对丙进行不法侵害，丙正当防卫杀了乙。本案中，甲是教唆乙不法侵害丙，并没有控制或支配乙的行为，所以不能被认定为间接正犯，但可以成立对乙伤害丙的教唆犯。

　　（4）利用他人缺乏犯罪故意的行为。例如，甲将毒品说成是药品，利用不知情的乙运输毒品，甲构成运输毒品罪的间接正犯；医生甲指使不知情的护士乙给患者注射毒药，甲构成故意杀人罪的间接正犯；甲明知前方为人，却对乙谎称是野兽，将自己的猎枪给乙射击，乙开枪射击导致他人死亡，甲是故意杀人罪的间接正犯。

　　（5）利用他人有犯罪故意但无目的的行为。例如，甲以牟利的目的利用没有牟利目的的乙传播淫秽物品，如果乙不但自己没有牟利目的，而且不知道甲有牟利目的，则甲成立传播淫秽物品牟利罪的间接正犯。

（6）利用他人有其他犯罪故意的行为。例如，甲明知丙坐在某贵重财物的后面，而乙不知情，甲唆使乙开枪毁坏该贵重财物，乙开枪致丙死亡。乙虽然具有毁坏财物的故意，但没有杀人的故意，甲构成故意杀人罪的间接正犯。再如，甲将头痛粉冒充海洛因欺骗乙，让乙出卖"海洛因"，然后二人均分所得款项。乙出卖后获款 4 000 元。甲是诈骗罪的间接正犯，乙是不能犯。

（7）利用他人缺乏违法性认识可能性的行为。例如，司法工作人员甲欺骗长期居住国外而刚回国的乙说："捕杀麻雀是合法行为，你可以大量捕杀。"乙信以为真，实施捕杀行为。甲成立危害珍贵、濒危野生动物罪的间接正犯。

（二）组织行为

所谓组织行为，是指组织、领导、策划、指挥共同犯罪的行为。组织行为既可能发生在集团犯罪中，也可能发生在非集团犯罪中。前者是指组织建立相对稳定的以长期实施某种犯罪为目的的犯罪组织，并在该犯罪组织中领导、策划、指挥相应的犯罪活动；后者是指纠集、领导、策划、指挥他人实施一次或数次犯罪活动，但并未形成相对稳定的组织结构，犯罪完成后即告解散。

组织行为具有不同于实行行为的特点，它一般不是由刑法分则所规定的，对其处罚要以刑法总则关于共同犯罪的规定和刑法分则关于其组织的犯罪的规定为依据。如组织他人走私，组织者可能不直接实施走私行为，只在幕后起组织、领导、策划或指挥作用，这种组织行为就不是刑法分则所规定的走私罪的实行行为。对于这种组织行为，必须把刑法总则关于共同犯罪的规定与刑法分则关于走私罪的规定结合起来进行定罪和处罚。但是，如果某种组织行为已由刑法分则作了规定，即刑法分则将其直接规定为犯罪，那么这种组织行为就属于刑法分则规定的犯罪的实行行为。例如，《刑法》第 120 条规定的组织、领导恐怖活动组织罪和第 294 条规定的组织、领导黑社会性质组织罪中的组织行为，就属于这两个犯罪的实行行为，对其处罚可以直接援引刑法分则的相应规定。

（三）教唆行为

所谓教唆行为，是指唆使他人实行犯罪的行为。

教唆行为的方式既可以是口头的，也可以是书面的，还可以是示意性的（如使眼色、做手势等）。

［案例1-5］朱某某、姜某、武某某故意伤害案①

被告人朱某某与被告人姜某于 2014 年 10 月认识。后经被告人姜某引见，

---

① 参见甘肃省民勤县人民法院（2016）甘 0621 刑初 98 号刑事判决书。

被告人朱某某与被告人武某某认识。在本案之前，被告人姜某、武某某与被害人民勤县第一中学高三（5）班学生李某某不相识，亦无矛盾。2014 年 12 月 6 日 21 时许，李某某在民勤县城"英明网吧"上网，因没有关闭好网吧门，引起在该网吧上网的民勤职中学生马某和该网吧管理员张某某的不满，马某与李某某在网吧门外发生语言冲突。在该网吧上网的朱某某因不满李某某与马某、张某某二人说话的语气，与李某某发生争执并相互撕扯在一起。正在附近就餐的被告人姜某、武某某见状到网吧门前观看，马某与张某某也从网吧出来观看。被告人朱某某在与李某某撕扯中，向姜某、武某某挤了几下眼睛，又将头朝李某某扭了一下，并点了两下头。被告人姜某、武某某确信被告人朱某某的上述动作是让他们殴打李某某，遂相继上前用拳脚殴打李某某，马某、张某某也上前在李某某身上乱踢，致李某某鼻骨骨折、左侧气胸、右 7 肋骨骨折、第一腰椎横突骨折。经民勤县公安法医学鉴定，被害人李某某的损伤为轻伤二级。

甘肃省民勤县人民法院审理后认为，被告人朱某某教唆被告人姜某、武某某殴打他人，致一人轻伤，三被告人的行为均已构成故意伤害罪。被告人朱某某撕扯被害人李某某衣服，向姜某、武某某挤了两下眼睛，并将脖子朝李某某扭了一下，意思是让二人打李某某。因此，被告人朱某某主观上有教唆被告人姜某、武某某殴打被害人李某某的故意，客观上实施了向姜某、武某某二被告人使眼色等教唆行为，且被告人姜某、武某某亦实施了朱某某教唆殴打被害人的行为，被告人朱某某的行为具备教唆犯罪的特征。

教唆行为的形式既可以是授意、劝说、请求、收买、引诱等，也可以是命令、威胁、强迫等。但是，以命令、威胁、强迫等方法进行教唆的，不能致使被教唆者丧失意志自由，否则教唆者成立间接正犯。

［案例 1-6］焦某根、焦某林故意杀人案①

被告人焦某根、焦某林系同胞兄弟，与家人共同经营管理并不属于其家所有的安徽省黄山市黄山区耿城镇城澜村中棚组"小岭洞"山场。1999 年前后，焦某林与被害人唐某明于炒股时相识。焦某林为谋取唐某明的房产，于 2007 年 11 月 14 日虚构"中林国际集团有限公司"，并许诺优厚条件任命唐某明为该公司财务总监，以骗取唐某明的信任。2008 年 3 月 22 日，焦某林谎称公司要给唐某明分房及年薪人民币 10 万元，让唐某明书写收到购房款 50 万元的收条以便公司会计做账。在唐某明出具收条后，焦某林私自在收条的空白处添加内容，伪造了房屋买卖协议书，企图找机会凭此协议书侵占唐某明

---

①　最高人民法院刑事审判第一、二、三、四、五庭. 中国刑事审判指导案例：第 1 卷. 北京：法律出版社，2017：145-148.

的房产。焦某林明知焦某根极力反对村委会将"小岭洞"山场转与他人开发经营，便欲利用焦某根的心理谋取唐某明的房产。2008年春节之后，焦某林多次哄骗焦某根，称有人要买"小岭洞"山场，焦某根表示"谁来买山场就干掉谁"，焦某林默认。2008年4月9日，焦某林再次对焦某根提及有人要来买山场，焦某根让焦某林将要买山场的人带来。次日7时许，焦某林以"中林国际集团有限公司"要开发"小岭洞"山场为由，约唐某明下班后到城澜村中棚组看山场。同日16时许，焦某林告知焦某根将有一"老板"前来看山场，焦某根仍表示"谁来买山场就干掉谁"，并携带柴刀到"小岭洞"山场等候。同日17时许，焦某林带唐某明来到"小岭洞"山场，行至山场一小木棚处时，遇到在此等候的焦某根，焦某林故意与唐某明谈论买山场之事让焦某根听到。焦某根听见后立即上前辱骂并殴打唐某明，将唐某明打倒在地，后骑在唐某明的背上，向后猛勒唐某明的领带，致唐某明机械性窒息死亡。其间，焦某林假意劝阻焦某根不要殴打唐某明。焦某根恐唐某明未死，又用石头砸击唐某明的背部数下，并用事先准备的钢丝绳套在唐某明的颈部扎紧，用唐某明的皮带捆扎唐某明的双脚。之后，焦某根让焦某林回家取来锄头和铁锹，与焦某林一起将唐某明的尸体驮至附近的"封门口"山场的一烧炭洞处，用柴刀将唐某明的衣裤割开脱下后烧毁，将尸体放入烧炭洞中掩埋。随后，焦某根、焦某林携带从唐某明身上搜出的手机、钥匙、铂金戒指、水果刀等物品回到家中。

安徽省黄山市中级人民法院审理后认为，被告人焦某根故意非法剥夺他人生命，其行为构成故意杀人罪。被告人焦某林为达到谋取他人房产的目的，利用被告人焦某根非法剥夺他人生命，其行为构成故意杀人罪。一审法院判处被告人焦某根死刑，剥夺政治权利终身；判处被告人焦某林死刑，缓期二年执行，剥夺政治权利终身。

一审宣判后，被告人焦某林以没有精心策划杀人等理由提起上诉。

安徽省高级人民法院经二审审理认为，被告人焦某林为达到谋取他人房产的目的，哄骗被害人到偏僻的山场，利用被告人焦某根具体实施非法剥夺被害人生命的行为，达到谋财害命的目的，焦某林和焦某根的行为均构成故意杀人罪。二审法院裁定驳回上诉，维持原判，并依法报请最高人民法院核准。

最高人民法院经复核认为，被告人焦某根故意非法剥夺被害人生命，其行为构成故意杀人罪。焦某根唯恐自家山场被人买走，曾经扬言"谁来买山场就干掉谁"，并让焦某林将被害人带到山场，直接将被害人杀死，在共同犯罪中起主要作用，系主犯，应按照其所参与的全部犯罪处罚。焦某根在用被害人的领带勒死被害人后，唯恐被害人未死，又用石头砸击被害人背部，作案后掩埋尸体，焚烧被害人衣服，藏匿被害人物品，犯罪情节恶劣，手段残忍，后果和罪行极其严重，应依法惩处。第一审判决、第二审裁定认定的事实清楚，证据确实、充分，定罪准确，量刑适当，审判程序合法。最高人民法院裁定核准安徽省高级人民法院维持第一审判决以故意杀人罪判处被告人焦某根死刑，剥夺政治权利终身的刑事裁定。

本案中，焦某林没有直接动手实施杀人行为，但其以欺骗的方式诱使、刺激焦某根形成杀人故意，并将被害人唐某明骗至山场，故意与唐某明谈论购买山场之事，使唐某明特定化为焦某根杀害的对象，焦某林的行为属于故意杀人罪的教唆行为。同时，焦某林将被害人唐某明骗至山场，为焦某根杀害唐某明创造了条件，这也是一种帮助行为。所以，虽然焦某林在本案中没有实施故意杀人罪的实行行为，但其以教唆和帮助行为参与了焦某根的故意杀人罪行为，二人构成故意杀人罪的共同犯罪。

值得注意的是，焦某林借焦某根之手杀死被害人唐某明，近似于间接正犯但不属于间接正犯。间接正犯的本质是将他人作为工具来实现自己的犯罪意图，而被利用者通常缺乏刑事责任能力或者犯罪故意。如果被利用者具有刑事责任能力和犯罪故意，即使被利用者系受到欺骗而实施犯罪行为，但因其具有自由意志，不属于被利用的犯罪工具，则不能认定利用者属于间接正犯。虽然本案被告人焦某根因缺乏理性判断而被焦某林利用，表面上成为焦某林试图侵占被害人唐某明房产的工具，但焦某根具有完全刑事责任能力，在焦某林的欺骗下也产生了独立的犯罪故意，其意志和行为未受到焦某林的支配，故并不完全属于焦某林犯罪的工具。因此，焦某林不属于间接正犯。

教唆行为的对象必须是具有一定辨认、控制能力的人。如果教唆的是完全没有辨认、控制能力的无责任能力人，则教唆者成立间接正犯。

教唆行为的特点是使他人产生犯罪故意进而实施相应的犯罪行为。如果被教唆者本来已经具有犯罪故意，教唆者就不成立教唆犯，而是成立帮助犯。例如，乙因妻丙有外遇而决意杀之。甲对此不知晓，出于其他原因怂恿乙杀丙。后乙杀害丙。甲不构成故意杀人罪的教唆犯，而成立帮助犯。

构成教唆行为不要求行为人就具体的犯罪时间、地点或方法作出指示。如果行为人不仅唆使他人实行犯罪，而且传授他人犯罪的方法，则应按照所教唆的犯罪和传授犯罪方法罪从一重罪论处。

如果某种教唆行为已经由刑法分则作了规定，即刑法分则把这种教唆行为直接规定为犯罪，那么，这种教唆行为就属于刑法分则所规定的犯罪的实行行为。例如，《刑法》第 373 条规定的煽动军人逃离部队罪中的煽动，实际上就是教唆军人逃离部队，由于刑法分则直接将其规定为犯罪，所以该教唆行为就是该犯罪的实行行为。

（四）帮助行为

所谓帮助行为，是指帮助他人实行犯罪的行为。

帮助行为的形式既包括物理性帮助，也包括心理性帮助。前者如提供犯罪工具、犯罪场所等，后者如提供犯罪建议、强化犯意等。

帮助行为对正犯行为具有因果性，是帮助者构成犯罪或者说成立帮助犯的前提。这里的因果性，不是指没有帮助行为就没有正犯行为，而是指帮助行为促进了正犯行为的实施或者为正犯行为的实施提供了便利，使得正犯行为更容易被实行。帮助行为要具有这种因果性，其本身必须具有法益侵害的危险性，也即具有可能的帮助作用。例如，甲绑架了乙的小孩丙，然后让保姆照料丙，给丙做饭洗衣，并告知保姆丙被绑架的事实。保姆不构成绑架罪的帮助犯，因为照料行为有益于丙。如果帮助行为对正犯行为没有促进作用，则帮助者不成立帮助犯。例如，乙欲盗窃汽车，让甲将用于盗窃汽车的钥匙放在乙的信箱里。甲同意，但错将钥匙放入丙的信箱，后乙用其他方法将车盗走。甲的行为对乙的盗窃行为不具有任何因果性，甲不成立盗窃罪的帮助犯。

帮助行为对正犯行为的结果具有因果性，是帮助者承担既遂责任的条件。例如，甲为乙提供盗窃金库的钥匙，乙使用该钥匙时因用力过猛，导致钥匙断在锁中，乙便用其他方法打开金库，盗走了巨额现金。再如，乙欲前往张某家中盗窃。甲送乙一把擅自配制的张家房门钥匙，并告乙说，张家装有防盗设备，若用钥匙打不开房门就必须放弃盗窃，不可入室。乙用钥匙开张家房门，无法打开，本欲依甲告诫离去，但又不甘心，思量后破窗进入张家窃走数额巨大的财物。在以上两例中，甲的帮助行为对乙的实行行为具有因果性，故甲成立帮助犯；但对乙的行为结果没有因果性，故甲仅成立未遂的帮助犯。值得注意的是以下例子：乙欲盗窃汽车，向甲借得盗车钥匙一把，自己也准备了一把，最后乙用自己的钥匙盗走了汽车。虽然乙未使用甲提供的钥匙，但甲提供钥匙的行为提高了乙盗窃成功的概率，增强了乙盗窃成功的信心，故与盗窃结果之间具有因果性，甲成立盗窃既遂的帮助犯。

对于实施所谓的"中立的帮助行为"，如出租车司机明知他人要前往某地实施杀人行为仍然将其运往该地，杂货店的老板明知他人买菜刀是要去杀人仍然向其出售菜刀，是否成立帮助犯，应通过综合考虑正犯行为的紧迫性、帮助者对正犯行为确实性的认识、帮助行为对法益侵害所起作用的大小等因素作出判断。如果他人的犯行并不紧迫，或者行为人只是大体上估计对方将来可能实施犯罪行为，而行为人的行为又属于日常生活行为，不宜认定行为人为帮助犯。如果行为人主观上明知对方确实要实施犯罪，客观上对对方犯罪起到了实质性的促进作用，可以认定行为人为帮助犯。例如，乙为盗窃银行，正在撬银行的铁门，累得口干舌燥、两眼昏花、体力不支、难以继续。甲及时递给乙一杯咖啡，使得乙能够继续撬门。甲构成盗窃罪的帮助犯。再如，乙、丙在五金店门前互殴，店员甲旁观。乙边打边掏钱向甲买一把羊角锤。甲递锤时对乙说"你打伤人可与我无关"。乙用该锤将丙打成重伤。甲构成故意伤害罪的帮助犯。

如果某种帮助行为已经由刑法分则作了规定，即刑法分则把这种帮助行为直接规定为犯罪，那么这种帮助行为就属于刑法分则所规定的犯罪的实行行为。例如，《刑法》第120条之一规定的帮助恐怖活动罪中的帮助行为，实际上是为他人实施恐怖活动提供帮助的行为，由于刑法分则直接将其规定为犯罪，所以该帮助行为就是该犯罪的实行行为。

［案例1-7］于某银、戴某阳故意杀人案①

被告人于某银因与丈夫阚某明关系不睦，2000年外出到济南打工，并与被告人戴某阳相识，后二人同居。同居期间，二人商定结婚事宜。于某银因离婚不成，便产生使用安眠药杀害丈夫的念头，并将此告知了戴某阳。2001年8月，于某银因母亲有病，同戴某阳一起回到山东省成武县田集家中。8月13日上午，于某银与其10岁的儿子及戴某阳在药店买安眠药未果。下午，于某银一人到药店买到6片安眠药后回家，乘其丈夫外出买酒之际将安眠药碾碎，并告诉戴某阳要乘机害死其丈夫阚某明。当晚，于某银、阚某明及其儿子和戴某阳一起喝酒、吃饭，待阚某明酒醉后，于某银乘机将碾碎的安眠药冲兑在水中让阚某明喝下。因阚某明呕吐，于某银怕药物起不到作用，就指使戴某阳将她的儿子带出屋外。于某银用毛巾紧勒酒醉后躺在床上的阚某明的脖子，并用双手掐其脖子，致其机械性窒息死亡。戴某阳见阚某明死亡后，将于某银勒阚某明用的毛巾带离现场后扔掉。次日凌晨，二被告人被抓获归案。

山东省菏泽市中级人民法院认为，被告人于某银为达到与戴某阳结婚生活的目的，使用安眠药，又用毛巾勒、用手掐压阚某明颈部，致阚某明死亡，其行为构成故意杀人罪，且动机卑劣，后果特别严重，应依法惩处。被告人戴某阳明知于某银欲杀死其丈夫，不但不加阻止，反而听从于某银的指使，将于某银的儿子带离现场，以便于某银顺利实施犯罪；在被害人死亡后，戴某阳又将作案用的毛巾带走，与于某银共同逃离现场，毁灭罪证。被告人戴

---

① 最高人民法院刑事审判第一、二、三、四、五庭．中国刑事审判指导案例：第1卷．北京：法律出版社，2017：128-132．

某阳的行为符合共同犯罪的构成要件，其行为已构成故意杀人罪。一审法院判决被告人于某银犯故意杀人罪，判处死刑，剥夺政治权利终身；判决被告人戴某阳犯故意杀人罪，判处有期徒刑10年。

一审宣判后，二被告人均不服，提起上诉。于某银上诉称，其不是为与戴某阳结婚才杀人，戴某阳没有参与杀人。戴某阳及其辩护人上诉称，于某银杀人时其不知道，一直没有进屋，无共同犯罪行为，不构成故意杀人罪。

山东省高级人民法院经审理认为，上诉人于某银因离婚不成，主谋杀害其丈夫，情节恶劣，应予严惩。上诉人戴某阳明知于某银要使用安眠药害死其丈夫，仍辅助其实施，其行为构成故意杀人罪。于某银在共同犯罪中起主要作用，系主犯，应依法惩处；戴某阳在共同犯罪中作用较小，系从犯。一审判决认定事实清楚，定罪准确，量刑适当，审判程序合法，应予维持。二审法院裁定驳回上诉，维持原判。

本案中，对于被告人于某银是否构成故意杀人罪没有疑问，但对于戴某阳是否构成故意杀人罪的共同犯罪，二被告人和法院之间存在分歧。应该说，法院的认定是合理的。被告人戴某阳在明知于某银要杀死其丈夫的情况下，在事前准备阶段与于某银一起去药店买安眠药，因药店没有安眠药而未买到；在事中实施阶段，在知道于某银已经让其丈夫喝下安眠药、准备勒死其丈夫的情况下，又听从于某银的指使，将于某银10岁的儿子带离现场，便利于某银顺利实施犯罪；在被害人死亡后，又隐匿犯罪证据，将作案用的毛巾带离现场。戴某阳的这一系列行为，虽然不属于故意杀人罪的实行行为，但为于某银实施杀人犯罪创造了便利条件，为于某银实施杀人犯罪提供了帮助，属于共同犯罪中的帮助行为，戴某阳在其主观上也具有杀人故意的前提下，与于某银构成故意杀人罪的共同犯罪，应承担故意杀人罪的刑事责任。

三、共同犯罪行为的形式

共同犯罪的成立要求二人以上具有共同的犯罪行为，但这并不意味着各共犯人在共同犯罪中的具体行为形式必须相同。各共犯人的具体行为形式可以包括作为和不作为两种类型。与此相应，共同犯罪行为的形式可以包括共同作为、共同不作为、作为与不作为相结合三种类型。其中，共同作为是比较常见的共同犯罪行为的形式，共同不作为、作为与不作为相结合是相对比较特殊的共同犯罪行为的形式。

［案例1-8］季某凯、黄某梅遗弃案①

被告人季某凯、黄某梅系夫妻关系，两人已育有一儿一女，均尚年幼。被告人季某凯工作维持全家开销，被告人黄某梅在家照顾孩子。2017年12月29日，被告人黄某梅在金华中心医院产二科生下一名男婴。被告人季某凯、黄某梅因经济困难，不愿承担抚养责任，遂商议将该男婴丢弃。被告人季某凯于2018年1月1日22时许将男婴丢弃在金华市婺城区后城里街361号门口一辆电动三轮车的脚踏板处。2018年1月15日，被告人季某凯、黄某梅被公安机关抓获归案，后二人如实供述了涉案事实。

浙江省金华市婺城区人民法院审理后认为，被告人季某凯、黄某梅拒绝抚养无独立生活能力的子女，情节恶劣，均已构成遗弃罪。二被告人系共同犯罪。法院分别判处两名被告人有期徒刑1年，缓刑1年6个月。

本案中，被告人季某凯、黄某梅作为被害人的亲生父母，对被害人负有抚养义务，但因经济困难而不履行抚养义务，将其遗弃，构成遗弃罪的共同犯罪。在共同犯罪行为的形式上，这属于共同不作为。

［案例1-9］吴某海、张某敏、司某坤盗窃案②

2016年12月，被告人吴某海伙同他人盗窃铜精砂，找到曾在铜陵有色金属集团股份有限公司冬瓜山铜矿（以下简称"冬瓜山矿"）工作的被告人张某敏。二人经商议决定，由吴某海等人进入冬瓜山矿实施盗窃，由张某敏提供冬瓜山矿的车间位置信息并联系值班工人放任吴某海等人盗窃。随后，张某敏找到时任冬瓜山矿车间生产班长的被告人司某坤，提出放任吴某海等人盗窃的要求，司某坤默许。吴某海因此支付张某敏5 000元"打点费用"，张某敏将其中的2 000元转交司某坤。之后，吴某海伙同他人，趁司某坤值班期间，先后于2017年1月4日、1月12日、1月29日、2月5日进入冬瓜山矿车间盗窃铜精砂，其中，2017年1月12日凌晨3时许，吴某海伙同他人进入冬瓜山矿车间窃得铜精砂约20公斤，销赃得款8 000元。

安徽省铜陵市铜官区人民法院审理后认为，被告人吴某海、张某敏、司某坤秘密窃取公私财物，数额较大，其行为均构成盗窃罪。在盗窃单位财产的犯罪中，财产监管人员的不作为为行为人的盗窃犯罪提供了机会和方便，是行为人盗窃成功的关键，因此，财产监管人只要在事前或事中与行为人有共谋而不作为，即成立共同犯罪。本案中，被告人司某坤作为冬瓜山矿车间生产班长在事前、事中与吴某海、张某敏进行通谋，并且在其值班期间故意

---

① 参见浙江省金华市婺城区人民法院（2018）浙0702刑初275号刑事判决书。
② 参见安徽省铜陵市铜官区人民法院（2018）皖0705刑初161号刑事判决书。

放任吴某海等人盗窃铜精砂，应成立盗窃罪的共犯。

本案中，如法院的裁判理由所指出的，被告人司某坤作为冬瓜山矿车间生产班长，在值班期间有保护单位财产的义务，却与吴某海、张某敏进行通谋，在其值班期间故意放任吴某海等人盗窃铜精砂，属于以不作为的形式参与共同盗窃犯罪，与吴某海等人成立盗窃罪的共同犯罪。在共同犯罪行为的形式上，这属于不作为与作为相结合。

在以不作为的形式参与共同犯罪的场合，无论是参与他人的不作为犯罪还是参与他人的作为犯罪，关键的问题在于行为人是否负有相应的作为义务。对此的判断和单独不作为犯是基本一致的。大体来说，作为义务的来源可以分为对危险源的监督义务和对脆弱法益的保护义务两大类。① 其中，对危险源的监督义务又包括对危险物的监管义务（如甲、乙共同饲养一条藏獒，在该藏獒咬人时，甲、乙均故意不采取措施加以阻止）、对他人危险行为的阻止义务（如甲、乙为夫妻，他们的儿子丙患有严重精神病，在丙伤人时，甲、乙均故意不阻止）和因先行行为而产生的法益侵害防止义务〔如甲故意伤害丙（女），导致丙重伤昏迷，路过的乙欲强奸丙，甲看到了但不阻止〕三类；对脆弱法益的保护义务又分为基于法规范产生的保护义务（如丈夫乙要将自己的婴儿溺死，妻子甲站着不救助）、基于职务或职业产生的保护义务（如敬老院负责人甲指使员工乙遗弃丧失生活自理能力的孤寡老人）和基于自愿承担而产生的保护义务（如甲将被他人撞成重伤的被害人抱入自己的汽车后，又指使搭乘人乙将被害人移置于隐蔽场所）三类。

值得注意的是，因先行行为而产生的法益侵害防止义务中的先行行为包括了犯罪行为，所以行为人先前实施的犯罪行为或所参与的共犯行为也可能产生阻止其他犯罪人或共犯人的犯罪行为的义务。如在上述甲故意伤害丙（女），导致丙重伤昏迷，路过的乙欲强奸丙，甲看到了但不阻止的场合，甲的故意伤害行为使丙陷入了无力反抗的脆弱状态，故甲有义务阻止乙的强奸行为。甲如果知情但不阻止，就是以不作为的形式参与了乙的强奸犯罪，与乙成立强奸罪的共同犯罪，属于不作为的帮助犯。再如，甲、乙共同抢劫丙（女），将丙打成重伤，乙又要强奸丙，甲看到了但不阻止。甲所参与的抢劫行为使丙陷入了无力反抗的脆弱状态，故甲有义务阻止乙的强奸行为。甲如果知情但不阻止，就是以不作为的形式参与了乙的强奸犯罪，与乙成立强奸罪的共同犯罪，属于不作为的帮助犯。

① 乌尔斯·金德霍伊泽尔. 刑法总论教科书（第六版）. 蔡桂生，译. 北京：北京大学出版社，2015：376-385.

第二章　共同犯罪故意的认定

二人以上具有共同的犯罪行为和共同的犯罪故意分别是共同犯罪成立的客观条件和主观条件。本章将对共同犯罪故意的认定进行分析。

一、共同犯罪故意的含义

所谓共同犯罪故意，是指各行为人通过意思的传递、反馈而形成的，明知自己和他人配合共同实施犯罪，并且明知共同的犯罪行为会发生某种危害社会的结果，而希望或者放任这种危害结果发生的心理态度。[①] 仔细分析共同犯罪故意的含义可知，共同犯罪故意具体可以包括以下三个方面的内容。

（一）各共犯人都是故意犯罪

《刑法》第 25 条第 1 款规定："共同犯罪是指二人以上共同故意犯罪。"据此，我国刑法中的共同犯罪仅存在于故意犯罪领域，要求每个共犯人都是故意犯罪，即要求每个共犯人都认识到共同犯罪行为会造成危害社会的结果，并且希望或者放任这种危害结果的发生。

如果部分成全部共犯人是过失犯罪就不成立共同犯罪。《刑法》第 25 条第 2 款规定："二人以上共同过失犯罪，不以共同犯罪论处；应当负刑事责任的，按照他们所犯的罪分别处罚。"二人以上共同过失犯罪的现象，在现实生活中是可能发生的。例如，甲、乙共商杀死森林中的一只大熊，甲见树林中有动静，误以为是该熊，大喊一声："那边有熊！"两人立即同时向林中开枪，事后发现被打死的并非熊而是人。在本例中，甲、乙均实施了开枪行为，共同导致了被害人的死亡，对被害人的死亡结果在主观上都是过失，属于共同过失犯罪。但刑法明确规定了对共同过失犯罪不以共同犯罪论处，即不能适用刑法总则关于共同犯罪的规定来追究甲、乙的刑事责任，只能分别追究他们各自的过失责任。当然，对共同过失犯罪不以共同犯罪论处，

① 《刑法学》编写组. 刑法学：上册. 总论. 北京：高等教育出版社，2019：230.

在有些案件中可能会面临一定的问题。如在上例中，假设只能证明被害人是被甲、乙其中一人打死的，但无法证明究竟是被谁打死的，在分别追究甲、乙的刑事责任时，由于不能证明究竟是谁的行为造成了被害人死亡的结果，根据存疑有利于被告人原则，被害人的死亡结果不能归属于甲或乙的行为，甲、乙都只构成过失致人死亡的未遂，最终只能均被认定为无罪。这样的结论往往无法让人接受。正因如此，有一些学者主张对共同过失犯罪也应当以共同犯罪论处，并试图通过对《刑法》第25条进行各种解释来论证这种主张符合刑法规定。① 不过，笔者认为，现有的各种解释结论都难言成功，在我国目前的共同犯罪立法体例下，共同犯罪仍然只能是共同故意犯罪，对共同过失犯罪以共同犯罪论处，明显违背罪刑法定原则。

[案例2-1] 丛某波、谭某、丛某、隋某过失致人死亡案②

　　2013年4月26日19时30分许，在威海市火炬高技术产业开发区某洋酒行工作的被告人丛某波纠集被告人谭某、丛某、隋某等人在火炬高技术产业开发区海悦建国饭店一楼大厅与梁某、王某商谈啤酒代理问题，后因言语不合，丛某波、谭某对梁某、王某拳打脚踢。在他人报警后，丛某波、谭某二人驾车离开，丛某波安排该洋酒行司机丛某在原地等候。在梁某驾车载王某离开后，被告人丛某指挥被告人隋某驾驶白色金杯面包车在后跟随，并电话通知丛某波，丛某波指挥谭某驾驶中华轿车对梁某驾驶的车辆进行拦截，在该车辆行至古寨西路、古寨南路时，丛某波将车窗摇下，用言语并持棍棒威胁梁某。被告人谭某驾驶车辆多次欲逼停梁某的车辆，被告人隋某驾驶的金杯面包车也紧随谭某的车对梁某的车进行追逐。在行至世昌大道成彬加油站东侧时，因避让不及，梁某驾驶的面包车与横过道路的行人赵某相撞，导致其当场死亡。

　　山东省威海市火炬高技术产业开发区人民法院审理后认为，被告人丛某波安排丛某跟踪梁某等人，指挥谭某拦截梁某驾驶的车辆，并用言语威胁、棍棒敲打的方式，欲逼停梁某的车辆；被告人谭某驾驶车辆紧跟梁某的车辆，多次别车拦截；被告人丛某听从丛某波的安排，跟踪梁某的车辆并报告信息，指挥被告人隋某随后拦截梁某的车辆，并停车殴打他人、毁坏财物；被告人隋某在丛某的指挥下，亦实施了跟踪、拦截他人车辆的行为。上述四被告人的行为导致梁某因躲避拦截而发生交通事故，致被害人死亡。被告人丛某波、谭某、隋某、丛某共同过失致一人死亡，其行为均构成过失致人死亡罪，应按照他们所犯的罪分别处罚。因四被告人系共同

① 张明楷. 刑法学：上. 5版. 北京：法律出版社，2016：399-400.
② 参见山东省威海市火炬高技术产业开发区人民法院（2014）威高刑初字第14号刑事判决书。

过失犯罪，不以共同犯罪论处，谭某辩护人关于谭某系从犯的辩护意见，无法律依据，不予支持。

本案中，法院在认定四被告人在事实层面是共同过失犯罪的前提下，明确否认对其以共同犯罪论处，并据此否定了谭某辩护人关于谭某系从犯的辩护意见。法院坚持了通说的立场。

此外，二人以上实施危害行为，一人故意、一人过失的，也不构成共同犯罪。例如，甲和乙共同上山打猎，甲明知前方是自己的仇人丙，却对乙谎称是野兽，让乙抓紧机会开枪，乙信以为真，开枪将丙打死。本例中，甲故意教唆乙实施过失犯罪，不成立共同犯罪，甲属于通过欺骗的手段将乙作为杀害丙的工具，应成立间接正犯。

（二）各共犯人的故意内容具有共同性

共同犯罪故意不仅意味着各共犯人都是故意犯罪，还意味着各共犯人的故意内容具有共同性。对故意内容的共同性的理解，与对共同犯罪行为的理解相对应，也存在不同的观点。

我国传统刑法理论站在完全犯罪共同说的立场认为："实施犯罪时故意内容不同的，不构成共同犯罪。例如，甲、乙共同用木棍打击丙，甲是伤害的故意，乙是杀人的故意，结果由于乙打击丙的要害部位致丙死亡，由于没有共同的犯罪故意，不能按共同犯罪处理，只能按照个人的主客观情况分别定罪，即甲定故意伤害罪，乙定故意杀人罪。"[1] 即要求各共犯人的故意内容完全相同。而根据部分犯罪共同说和行为共同说的观点，各共犯人的故意内容不要求完全相同，只要求具有构成要件上的重合性即可，如杀人故意和伤害故意之间，抢劫故意和盗窃故意之间，绑架故意和非法拘禁故意之间，等等。在上一章中已指出，后者为现在的主流观点。

此外，各共犯人之间只要具有故意内容的共同性即可，不要求在犯罪目的、动机等其他主观要素上相同。如在第一章的焦某根、焦某林故意杀人案中，焦某根和焦某林杀害被害人的动机不同，前者是为了保住自己对山场的开发经营权，后者是为了侵占被害人的房产，但两人在杀害被害人这个故意内容上是相同的，故不影响共同犯罪的成立。

［案例2-2］刘某、王某军、庄某德金融凭证诈骗案[2]

被告人刘某，原系宜兴市光大经贸公司经理；被告人王某军，原系宜兴市十里牌信用社城北分社负责人；被告人庄某德，原系中国农业银行宜兴市

① 高铭暄，马克昌. 刑法学. 5版. 北京：北京大学出版社，高等教育出版社，2011：163，166.
② 最高人民法院刑事审判第一、二、三、四、五庭. 中国刑事审判指导案例：第3卷. 北京：法律出版社，2017：251-254.

支行芳桥办事处主任。

1996 年 9、10 月，被告人刘某和王某军合谋，由刘某以高额贴息为诱饵拉"存款"，先将小额存款存入宜兴市十里牌信用社，再由王某军在开具存单时故意拉开字距，最后由刘某在存单第二联上添字变造成巨额存单交给储户，骗取钱财。

1996 年 9 月 11 日，被告人刘某伙同被告人王某军，以高额贴息引诱杨某琴介绍袁某良携带 30 万元人民币到宜兴存款。被告人刘某、王某军以上述添字方法，将 3 万元存单变造成 30 万元存单交给杨某琴、袁某良。扣除 14.53% 的贴息及 3 万元存款，被告人刘某、王某军实际骗得袁某良人民币 22.641 万元。

1996 年 10 月 4 日，被告人刘某伙同被告人王某军以高额贴息引诱谈浩某、谈满某携带 190 万元人民币到宜兴存款。被告人刘某、王某军以上述添字方法，将一张 50 元和一张 140 元存单变造成 50 万元和 140 万元存单。因 50 万元存单变造痕迹明显，王某军重开一张 50 万元真存单，连同变造的一张 140 万元存单给谈浩某。扣除 17% 贴息及 140 元存款，被告人刘某、王某军实际骗得谈浩某、谈满某人民币 107.686 万元。

1996 年 11 月，被告人刘某和被告人庄某德合谋，由刘某以高额贴息为诱饵拉"存款"，将小额存款存入中国农业银行宜兴市支行芳桥办事处，庄某德将存单第二联交刘某，由刘某添字或在空白第二联处变造成巨额存单交给储户。

1996 年 11 月 26 日，被告人刘某伙同被告人庄某德以高额贴息引诱谈浩某、谈满某携带 120 万元人民币到宜兴存款。被告人刘某、王某军以上述添字方法，将 120 元存单变造成 120 万元存单交给谈浩某。后被告人庄某德与被告人刘某合谋，改用抽出存单第二联（储户联），由刘某在该空白第二联上填写数字的方法变造存单。同月 28 日，刘某存入中国农业银行宜兴市支行芳桥办事处 3 万元人民币，伙同庄某德抽出 3 份存单的第二联，刘某在每份存单一、三联上填写 1 万元，将抽出的存单第二联中的 1 份变造成 120 万元存单，并以此换回用添字法变造的 120 万元存单。扣除 17% 贴息及 1 万元存款，被告人刘某、庄某德实际骗得谈浩某、谈满某人民币 98.6 万元。

1996 年 12 月 18 日，被告人刘某伙同被告人庄某德，以高额贴息引诱谈浩某、谈满某携带 120 万元人民币到宜兴存款。被告人刘某在中国农业银行宜兴市支行芳桥办事处将从上述 3 份 1 万元存单中抽出的存单第一联中的 1 份变造成 120 万元存单给谈浩某。扣除 17% 贴息及 1 万元存款，被告人刘某、庄某德实际骗得谈浩某、谈满某人民币 98.6 万元。

1997 年 1 月 6 日，被告人刘某伙同被告人庄某德，以高额贴息引诱谈浩某、谈满某将130万元人民币存入中国农业银行宜兴市支行芳桥办事处，并将从上述3份1万元存单中抽出的存单第二联中的1份变造成130万元存单给谈浩某。扣除17％贴息及1万元存款，被告人刘某、庄某德实际骗得谈浩某、谈满某人民币106.9万元。

综上，被告人刘某进行金融凭证诈骗5起，实际骗得人民币434.427万元；被告人王某军参与金融凭证诈骗2起，实际骗得人民币130.327万元；被告人庄某德参与金融凭证诈骗3起，实际骗得人民币304.1万元。被告人刘某分别与被告人王某军、庄某德共同诈骗所得赃款均由刘某使用，刘某将部分赃款用于购买房产、偿还个人债务等。案发后，公安机关从被告人刘某等人处追缴赃款、赃物计人民币421万余元，被告人刘某等人造成10余万元的经济损失。

江苏省无锡市中级人民法院审理后认为：被告人刘某、王某军、庄某德共同变造银行存单诈骗他人钱款，数额特别巨大，已构成金融凭证诈骗罪。其中被告人刘某在共同犯罪中系主犯，被告人王某军、庄某德系从犯。

本案中，诈骗所得的赃款全部由被告人刘某使用，被告人王某军、庄某德只是为刘某的诈骗行为创造机会、提供帮助，未分取诈骗所得赃款。刘某变造存单、吸引存款并归个人使用具有明显的骗取他人存款的目的，完全符合金融凭证诈骗罪的构成要件，无疑构成金融凭证诈骗罪。被告人王某军、庄某德在为刘某开具小额存单时故意拉长"元"字的第二笔或"万"字的第一笔，为刘某变造存单留出添加字、数的空间。对于这种行为可以帮助刘某实现非法占有他人存款的后果，二人完全清楚，却仍然予以积极配合。这种行为本身说明王某军、庄某德具有帮助刘某实施骗取他人钱款的故意。所以，被告人王某军、庄某德虽然没有非法占有他人钱款的目的，但与刘某之间具有共同的犯罪故意，与刘某构成金融凭证诈骗罪的共同犯罪。

（三）共犯人之间具有犯意联络

共同的犯罪故意意味着共犯人之间有共同实施犯罪行为的意思，即存在犯意联络。"为了成立共同犯罪，共同犯罪人之间必须存在意思联络（或称意思疏通）。"[①]

犯意联络是共犯人在共同实施犯罪行为意思上的相互沟通，它可能存在于组织犯与实行犯之间、教唆犯与实行犯之间、帮助犯与实行犯之间以及实行犯相互之间，但不要求所有共犯人之间都必须存在犯意联络，如组织犯、教唆犯、帮助犯相互间即使没有犯意联络，也不影响共同犯罪的成立。

---

① 高铭暄，马克昌．刑法学．5版．北京：北京大学出版社，高等教育出版社，2011：166．

二人以上在相同的时间基于相同的犯罪故意实施了性质相同的犯罪行为，但缺乏犯意联络的，是同时犯，不构成共同犯罪。

[案例2-3] 刘某波、刘某平强奸案①

被害人刘甲（女）与刘乙（女）均系某技校学生。2008年9月20日，黄某科与粟某兵住宿在湖南省邵阳市大祥区敏州路"左岸贵宾楼"278房间。当日16时许，黄某科给刘乙打电话谎称刘乙的朋友粟某华病了，要其到"左岸贵宾楼"看望。刘乙与刘甲赶到该宾馆278房间，见粟某华不在，便在房间内与黄某科、粟某兵、刘某明（在逃）一起玩。18时许，粟某兵打电话让刘某平请他吃饭，刘某平即与刘某波一起驾驶摩托车赶到"左岸贵宾楼"。20时许，刘某波、刘某平等7人一起到邵阳市北塔区江北广场"老字号家常馆"2楼包厢吃饭。刘某波、刘某平等人让刘乙、刘甲喝啤酒，刘乙与刘甲不愿意喝，并离开了包厢。粟某兵称刘乙与刘甲是在社会上玩的女人，黄某科即提出将刘乙、刘甲分别带出去发生性关系，刘某波、刘某平等人均表示同意。饭后，刘某波、黄某科驾驶摩托车带着刘甲，刘某平、刘某明驾驶摩托车带着刘乙离开"老字号家常馆"。刘某波、黄某科将刘甲带至"左岸贵宾楼"278房间后，将刘甲按倒在床上欲与刘甲发生性关系。刘甲反抗，刘某波、黄某科就对刘甲进行威胁和殴打，并先后对刘甲实施了强奸。刘某平、刘某明将刘乙带至邵阳市大祥区雨溪镇松坡公园门口。刘某平拖着刘乙走到公园内一台阶处，强行抱住刘乙，刘乙一边反抗一边讲她要回去。这时，刘某波打电话给刘某平询问刘某平在何处，刘某平说在松坡公园，并问刘某波在何处，刘某波说在房间里。刘某平接完电话后，有人打着手电筒从公园内往刘某平、刘乙处行走，刘某平见此处不便与刘乙发生性关系，就拉着刘乙往松坡公园外走。随后，刘某平、刘某明又驾驶摩托车将刘乙带至公园内一小山旁，刘某平抱住刘乙欲与刘乙发生性关系。刘乙一边推刘某平一边大声让刘某平走开。刘某平即用手捂住刘乙的口部，刘乙朝刘某平手上咬了一口。刘某平在准备用手抓刘乙时，接到刘某波打过来的电话，刘某平问刘某波那边情况如何，刘某波称黄某科对刘甲实施了殴打，并已经与刘甲发生了性关系。刘乙此时也接到电话，并对刘某平、刘某明谎称其已经让学校班主任老师报警，要刘某平、刘某明送她回去。刘某平不敢继续与刘乙发生性关系，遂和刘某明驾驶摩托车将刘乙送至邵阳市汽车南站附近的凯天宾馆。

湖南省邵阳市大祥区人民法院审理后认为，被告人刘某平、刘某波伙同他人违背妇女意志，采取暴力手段强行与被害人发生性关系，其行为构成强

---

① 最高人民法院刑事审判第一、二、三、四、五庭. 中国刑事审判指导案例：第2卷. 北京：法律出版社，2017：621-625.

奸罪。刘某波参与策划并积极实施殴打，强行与被害人发生性关系，在共同强奸犯罪中起主要作用，系主犯；刘某平参与策划并着手实施犯罪，在共同犯罪中起次要作用，系从犯，应减轻处罚。刘某平在实施强奸犯罪的过程中，因意志以外的原因未能得逞，系犯罪未遂。

一审宣判后，二被告人均提起上诉。被告人刘某波上诉称：其在共同犯罪中系从犯，原判量刑偏重，请求从轻处罚。被告人刘某平上诉称：其与刘某波实施犯罪的时间、地点及对象不同，不能认定二人系共同犯罪；其行为系犯罪中止，原判认定为犯罪未遂错误；原判没有采信被害人对其减轻处罚的请求及谅解书不当，请求判处缓刑或免予刑事处罚。

湖南省邵阳市中级人民法院审理后认为，上诉人刘某波、刘某平分别伙同他人，违背妇女意志，强行与妇女发生性关系，其行为均构成强奸罪。其中，刘某波的行为系二人以上轮奸，刘某平的行为系犯罪未遂。在强奸刘甲的共同犯罪中，刘某波起主要作用，系主犯。在强奸刘乙的犯罪中，刘某平起主要作用，系主犯。刘某波与刘某平虽均有与被害人发生性关系的意图，但犯意不明确，且系各自伙同他人分别实施犯罪，犯罪时间、空间及对象均不同，二人无共同强奸刘乙、刘甲的犯罪故意和犯罪行为，其行为在主、客观上不符合共同犯罪的构成要件，不构成共同犯罪。

本案中，刘某波、刘某平均基于强奸故意实施了强奸行为，即在犯罪故意内容和犯罪行为性质上是相同的，但二人难以成立强奸罪的共同犯罪。

首先，二人之间因欠缺强奸的犯意联络而不具有共同的强奸故意。在粟某兵称刘乙与刘甲是在社会上玩的女人时，刘某波与刘某平等人即认为在社会上玩的女人就可以随便与之发生性关系。正是基于这种想法，刘某波与刘某平对黄某科提出将被害人分别带出去发生性关系的建议表示同意。虽然刘某平与刘某波均有与二被害人发生性关系的意图，并就此达成合意，但并无证据证实二被告人存在强奸二被害人的故意，亦不能推定二被告人存在强奸二被害人的故意。刘某波与刘某平系在分别伙同他人将二被害人带出去后，在意图与被害人发生性关系时因遭被害人反抗而产生强奸犯罪故意的，可见，二被告人的强奸犯罪故意是分别形成的，也是在不同的时间形成的。同时，刘某平与刘某波系分别伙同他人将被害人带走，在不同的时间、空间针对不同的侵害对象采取不同的手段、行为方式，并无协同实施强奸犯罪的意思沟通和具体行为，故不能认定二被告人之间具有共同的强奸故意。

其次，二人之间因欠缺强奸的协同行为而不具有共同的强奸行为。刘某波与刘某平系分别伙同他人实施强奸行为，实施强奸犯罪的时间、地点及侵害对象均不同，各自的强奸行为彼此独立、分开进行，不存在互相利用、补充和配合的关系。因二人之间事先不具有共同的强奸故意，各自的强奸犯罪与对方的强奸行为及其危害后果之间也不存在心理上的因果性，故不能认定二被告人之间具有共同的强奸行为。

综上，被告人刘某平与刘某波在主观上没有共同的强奸故意，客观上也没有共同的强奸行为，故不构成共同犯罪，二被告人只对自己所实施的犯罪行为承担责任。二审法院的认定是合理的。

二、共同犯罪故意的形成方式

如上所述，共同犯罪故意要求共犯人之间具有犯意联络，即共犯人之间应通过犯意联络来形成共同犯罪故意。问题在于：这种犯意联络是否必须是相互的？在一方有与他人共同实施犯罪的意思，并加功于他人的犯罪行为，但他人并不知情的场合，暗中加功的一方是否与他人成立共同犯罪？理论上将这种情形称为片面共犯，包括片面共同正犯、片面教唆犯和片面帮助犯。

例1：在乙以抢劫故意对丙实施暴力时，甲在乙的背后举枪威胁丙，示意丙不许反抗，而乙对此毫不知情，乙顺利劫取了丙的财物。本例中，甲明知乙在抢劫而对丙实施暴力威胁行为，该行为属于抢劫罪的实行行为，所以甲具有和乙共同实行抢劫的故意，但乙对甲的行为并不知情，并无共同抢劫的故意。理论上将甲称为片面共同正犯。

例2：甲与乙的妻子有仇，一直想杀死她，便雇人拍摄乙的妻子与他人通奸的照片，之后故意将该照片和一支枪放在乙的桌子上，乙发现后气愤至极，将妻子杀死。本例中，甲具有唆使乙杀害妻子的故意，但乙并未意识到甲的教唆，没有与甲共同犯罪的故意。理论上将甲称为片面教唆犯。

例3：乙进入丙家盗窃，甲发现后在丙家外为乙望风。当看到丙回来时，甲故意和丙攀谈，使得乙顺利完成盗窃。本例中，甲具有帮助乙盗窃的故意，但乙并不知情，没有与甲共同盗窃的故意。理论上将甲称为片面帮助犯。

对于是否承认片面共犯，中外刑法理论上都存在争论。在承认片面共犯的观点中，对片面共犯的成立范围也存在分歧：有的承认片面共同正犯、片面教唆犯和片面帮助犯，有的承认片面教唆犯和片面帮助犯但否认片面共同正犯，有的仅承认片面帮助犯。

[案例2-4] 林某、林某龙强奸案[①]

2016年12月14日18时许，被告人林某、林某龙等人在莆田市的洋西大

[①] 参见福建省莆田市中级人民法院（2017）闽03刑终587号刑事判决书。

排档聚餐喝酒。当晚22时许，被告人林某、林某龙等人来到莆田市荔城区西天尾镇后埔村亚洲豪腾KTV的8505包厢内继续喝酒。被告人林某等人叫了KTV的两个陪酒小姐，其中被害人殷某陪被告人林某喝酒。其间，被告人林某趁着酒意将殷某拉入卫生间内，并反锁了卫生间门，强行与殷某发生性关系，殷某反抗并呼救。被告人林某龙听到呼救，却守在卫生间门口，阻拦莫某解救。莫某被阻拦后出包厢寻求林甲帮助，在林甲、莫某再次要进入卫生间解救殷某时，被告人林某龙再次将林甲等人拦住，后林甲等人强行踹开卫生间门将被害人殷某解救出来。

福建省莆田市荔城区人民法院审理后认为，被告人林某违背妇女意志，趁被害人殷某醉酒之际，强行与其发生性关系，被告人林某龙明知他人强奸而提供帮助，二被告人的行为均已构成强奸罪。被告人林某龙系强奸罪的片面帮助犯，是从犯，依法予以减轻处罚。一审法院分别判处被告人林某有期徒刑4年，被告人林某龙有期徒刑1年6个月。

一审宣判后，二被告人均提起上诉。其中林某龙的辩护人提出，林某龙与林某之间并无共同犯罪的意思联络，一审定性有误。

福建省莆田市中级人民法院审理后认为，上诉人林某违背妇女意志，趁被害人殷某醉酒之际，强行与其发生性关系，上诉人林某龙明知林某实施强奸行为而阻止他人解救，为林某强奸提供帮助，其行为均已构成强奸罪。上诉人林某龙系强奸罪的片面帮助犯，是从犯，依法予以减轻处罚。二审法院裁定驳回上诉，维持原判。

本案中，当被告人林某在KTV卫生间内强奸被害人殷某时，被告人林某龙故意守在卫生间门口并两次阻拦他人解救被害人，而林某对林某龙的这一行为毫不知情。对此，法院认定林某龙与林某构成强奸罪的共同犯罪，即承认林某龙属于片面帮助犯。

从目前我国理论和实务立场来看，肯定片面帮助犯可谓通说，即在片面帮助的情况下，承认帮助者和被帮助者成立共同犯罪。这是因为：其一，从实务立场来看，片面帮助的情形在实务中比较常见，如果否认片面帮助犯，就难以对帮助者进行处罚，会形成处罚漏洞。其二，在理论层面，通说认为帮助犯的处罚根据是因果共犯论，即认为之所以刑法处罚帮助犯，是因为帮助犯通过帮助行为为正犯实施犯罪行为提供了便利，与正犯造成的危害结果之间具有间接的因果性。所以，只要帮助者基于帮助的故意实施了帮助行为，且该行为与正犯行为及其造成的危害结果之间具有因果性，就应当处罚帮助者，至于被帮助者是否认识到帮助者的帮助，在所不问。

片面教唆犯在实务中几乎不太可能发生，讨论的意义有限。

值得讨论的是：是否应当承认片面共同正犯？在我国刑法学界引介此概

念之初，对该问题多数学者是持否定观点的。但后来，以张明楷、黎宏教授为代表的不少学者一改先前立场，转而肯定片面共同正犯。① 从理论根据来看，此种理论观点的转变，主要是由这些学者对共同犯罪本质的理解从犯罪共同说转向行为共同说并基于行为共同说的个别性分析思维将因果共犯论作为共同正犯的归责根据所引起的。如张明楷教授指出，是否承认片面共犯，关键就在于如何认识共同犯罪的因果性。共同犯罪的因果关系包括物理的因果关系和心理的因果关系，如果肯定共同犯罪的物理的因果性，那么片面共犯也可以共同引起法益侵害，因而成立共同犯罪，故应当肯定片面的帮助犯、片面的教唆犯和片面的共同正犯。② 但笔者以为，以上肯定片面共同共犯的理由均难以成立。

首先，因果共犯论原本是德日刑法理论用来说明狭义共犯（教唆犯和帮助犯）的处罚根据的理论学说。根据该学说，教唆犯和帮助犯并没有实施构成要件行为，之所以刑法要对其进行处罚，是因为他们通过正犯行为间接地引起了法益侵害结果，或者说，是因为教唆、帮助行为与正犯行为及其所造成的法益侵害结果之间具有因果性。而且，只要具备物理因果性或心理因果性其中之一，教唆者或帮助者即可被处罚。据此，教唆者或帮助者只要对正犯结果具有因果性就应对该结果承担共犯责任，而且可以肯定片面教唆犯和片面帮助犯。但值得注意的是，在德日刑法中，在以教唆或帮助行为对法益侵害结果的因果性为基础处罚教唆者或帮助者时，在具体归属内容上，仅是将正犯结果（法益侵害结果）归属于教唆者或帮助者，而并不将正犯行为本身归属于教唆者或帮助者。举例来说，甲为乙入室盗窃望风，使乙顺利窃得2万元现金。根据因果共犯论，因甲的望风行为对乙盗窃造成被害人财产损失的结果具有因果性，故可以将乙的盗窃结果归属于甲，甲应承担盗窃既遂的刑事责任。但是，不可以该因果性为基础将乙的盗窃行为本身归属于甲，即甲不能被视为亲手实施了盗窃行为，甲成立的只是盗窃既遂的帮助犯而非正犯。如果以因果性为基础不但将乙的盗窃结果归属于甲，也将乙的盗窃行为归属于甲，那么甲在规范上就会被视为亲手实施了盗窃行为并造成了被害人财产损失的结果，从而成为盗窃罪既遂的正犯而非帮助犯。这样一来，便会使狭义共犯变成正犯，走向了单一正犯体系。以因果性为基础将所有犯罪参与人均视为正犯，正是单一正犯体系的基本理念。③ 所以说，在区分制共犯体

① 张明楷. 刑法学. 4版. 北京：法律出版社，2011：393；黎宏. 刑法学. 北京：法律出版社，2012：285-286；刘涛. 片面共同正犯的成立及其范围. 政治与法律，2014（11）；尹晓静. 论片面共同正犯的成立依据：基于"部分行为全部责任"原则的解读. 法学，2012（11）.

② 张明楷. 刑法学：上. 5版. 北京：法律出版社，2016：435-436.

③ 江溯. 犯罪参与体系研究：以单一正犯体系为视角. 北京：中国人民大学出版社，2010：167.

系下，仅仅以因果性因素不能进行行为形态的归属，只能进行结果的归属。①

而共同正犯涉及的不仅是结果归属，还涉及行为归属。举例来说，甲、乙共谋抢劫，先由甲对丙实施暴力，造成丙的重伤，再由乙利用丙不能反抗的状态劫取其财物，甲、乙无疑成立抢劫罪的共同正犯。甲、乙成立抢劫罪的共同正犯，意味着甲、乙分别成立抢劫罪既遂的正犯。但是，从独立的角度来看，甲只实施了暴力行为并造成丙的重伤，乙只实施了取财行为并造成丙的财产损失，甲、乙可以分别成立故意伤害罪既遂的正犯和盗窃罪既遂的正犯，但均不足以成立抢劫罪既遂的正犯。只有将甲的暴力行为和结果均归属于乙，且将乙的取财行为和结果也均归属于甲，甲、乙才能均满足抢劫罪既遂的犯罪构成，从而均成立抢劫罪既遂的正犯。在片面共同正犯的场合，如在上例中，如果仅以甲的行为对乙的行为及其结果具有因果性为由肯定甲与乙成立共同正犯，实际上就是以因果性为基础，不但将乙造成的法益侵害结果归属于甲，也将乙的行为本身归属于甲，即以因果性为基础既进行了结果归属也进行了行为归属。这明显违背区分共犯体系的基本归责理念和原则，若将其贯彻到底，将会摧毁区分制共犯体系而走向单一正犯体系。

最后，否认片面共同正犯，在我国刑法中并不会造成处罚失衡问题。在德日刑法中，对共犯人的处罚是与其在共同犯罪中的分工直接挂钩的，对正犯的处罚原则上要重于对帮助犯和教唆犯的处罚。在这种立法体例下，如果否认片面共同正犯，将暗中加功者认定为帮助犯，当其对犯罪的实行和完成起到重要作用时，就会导致对其处罚畸轻。但我国刑法并没有将对共犯人的处罚与其在共同犯罪中的分工直接挂钩，而是按照其在共同犯罪中的作用进行处罚。在这种立法体例下，否认片面共同正犯，将暗中加功者认定为帮助犯，并不会导致处罚失衡。如果其在共同犯罪中起到了重要作用，仍然可以在量刑阶段将其认定为主犯，从而实现重处。实际上，即便是在德日的共犯立法体例下，考虑到共同正犯的"相互性行为归属"这一特质，理论通说也是否认片面共同正犯的，我国刑法理论就更没有必要违背区分制共犯体系的基本归属原理而承认所谓的片面共同正犯。

三、共同犯罪故意的形成时间

共同犯罪故意既可能在着手实行犯罪以前就形成，也可能在着手实行犯

---

① 高桥则夫. 共犯体系和共犯理论. 冯军，毛乃纯，译. 北京：中国人民大学出版社，2010：270-275.

罪之际或实行犯罪过程中才形成。理论上称前者为事前通谋的共同犯罪，称后者为事中通谋的共同犯罪（或事前无通谋的共同犯罪）。

（一）事前通谋的共同犯罪

在事前通谋的共同犯罪中，共同犯罪故意是各共犯人在着手实行犯罪之前的通谋之中形成的。所谓"事前"，就是在着手实行犯罪以前；所谓"通谋"，是指为犯罪而同谋共议。具体而言，是指各共犯人在着手实行犯罪之前，相互之间就准备实施的犯罪予以沟通、谋划和准备，如邀约同伙，决定犯罪的时间、地点、对象、方式，对参与犯罪的人员进行分工，谋划犯罪后逃避处罚的对策，等等。通谋之后，各共犯人基于在通谋中所形成的共同犯罪故意而实施的一切行为都是共同的犯罪行为。故就为他人犯罪提供帮助的行为而言，无论是事前提供帮助，还是事后提供帮助，也无论是为实行犯罪提供帮助，还是为犯罪分子逃避处罚提供帮助，只要帮助人与犯罪实行人之间事前有通谋，那么，该帮助行为都是共同犯罪中的组成部分，是在共同犯罪故意的支配下实施的共同犯罪行为，应以共同犯罪论处。《刑法》第310条第2款规定，窝藏、包庇犯罪的人，事前通谋的，以共同犯罪论处，其理由就在于此。

[案例2-5] 冉某成、冉某超、冉某雁故意杀人、包庇案①

2001年4月10日，被告人冉某成与本乡杨家村村民何某均因赌博纠纷发生斗殴，冉某成被何某均打伤，遂对何某均怀恨在心，伺机报复。案发前，冉某成曾先后三次对其胞兄冉某超表露"要搞（指报复）何某均"，冉某超对此一直未置可否。

2002年9月11日23时许，当冉某成与冉某超、当冉某雁在其家中喝酒时，金洞乡政府林业站打来电话，称有人在非法贩运木材，要求冉某成立即前去查处。接电话后，冉某成突生当晚杀死何某均的念头。于是，冉某成便从家中携带一把砍刀，并邀约冉某超、冉某雁陪同执行查处任务。冉某超看见冉某成携带的砍刀后，问为何带刀，冉某成含糊搪塞。执行完任务后，在三人到乡政府外的小吃摊吃夜宵的过程中，冉某成借故离开，潜入附近居住的被害人何某均的卧室，用随身携带的砍刀向熟睡中的何某均猛砍二十余刀，致其当场死亡。

与此同时，金洞乡政府干部罗某出来看见冉某成的摩托车后，向冉某超和冉某雁打听冉某成的去向，冉某超便安排冉某雁和罗某在附近寻找冉某成。三人听见从何某均住房内传出砍杀声。冉某超当即意识到可能是冉某成在砍

---

① 最高人民法院刑事审判第一、二、三、四、五庭. 中国刑事审判指导案例：第5卷. 北京：法律出版社，2017：217-220.

杀何某均，遂叫冉某雁和罗某到何某均的卧室去"看一下"。二人赶到现场时，发现冉某成已将何某均杀死。随后，冉某成安排冉某雁用摩托车将冉某超和其本人送回家。之后，冉某成指使冉某超和冉某雁将其杀人所用的砍刀等物转移至冉某雁的养鸡场内藏匿。到养鸡场后，冉某超给冉某成打电话，授意冉某成将其作案时所穿的血衣和鞋子等物烧毁，同时，又安排冉某雁用乙醇把冉某成杀人所用的砍刀上的血迹烧掉，但冉某雁还未来得及行动，公安人员已闻讯赶来抓捕。冉某超把砍刀藏匿后，逃回家中与冉某成共商对策。冉某超认为冉某成"是国家干部，还有前途"，决定由自己为其顶罪，并在和冉某成订立攻守同盟后外逃。当日，三被告人分别被公安机关抓获。

重庆市第四中级人民法院审理后认为，被告人冉某成因赌博与被害人何某均发生纠纷，蓄意报复杀人，其行为构成故意杀人罪。被告人冉某超在明知被告人冉某成杀死何某均后，仍受其指使，与冉某雁一起转移、隐藏冉某成的杀人凶器，并与冉某成共谋逃避处罚的对策，故意制造是其本人杀人后畏罪潜逃的假象，转移侦查视线，同时，授意被告人冉某雁及冉某成本人毁灭冉某成杀人的罪证，其行为已构成包庇罪。被告人冉某雁明知被告人冉某成是犯罪的人而帮助其逃离犯罪现场，并在冉某成的指使下，转移其作案工具，其行为亦构成包庇罪。被告人冉某超、冉某雁包庇罪行特别严重的犯罪分子，情节严重。在共同包庇犯罪中，被告人冉某超起主要作用，是主犯；被告人冉某雁起次要作用，是从犯，应当从轻处罚。法院判处被告人冉某成死刑，剥夺政治权利终身；判处被告人冉某超有期徒刑4年；判处被告人冉某雁有期徒刑3年，缓刑3年。

本案中，被告人冉某成构成故意杀人罪当无疑问，有疑问的是：冉某成在案发前曾三次向冉某超流露其将报复何某均的念头，冉某超也应该已经认识到冉某成要报复被害人，能否以冉某超对此未置可否而推定冉某超已默许了冉某成对被害人即将实施的报复，进而认定冉某成与冉某超之间已有通谋，并形成共同报复被害人的共同犯罪故意呢？答案应是否定的。冉某超对冉某成的报复被害人的念头一直未置可否，这表明在报复被害人的问题上，尽管冉某成是在寻求冉某超的支持，但冉某超未将其是否支持的意思反馈给对方。而所谓事前通谋，是指各共犯人在着手实行犯罪之前，相互之间就其准备实施的犯罪进行沟通、谋划和准备，它是共犯之间双向的意思联络过程和犯罪合意形成过程。本案中，事实上只有冉某成对冉某超单向的犯意流露，而没有冉某超予以支持的犯意回应。这种单向的犯意流露不能被称为两者之间的沟通，更不能算作是谋划，在两者之间并没有形成共同报复被害人的犯罪合意，故冉某成向冉某超流露犯意的行为不能被称为"事前通谋"。

案发当晚，被告人冉某成为杀死何某均而随身携带砍刀，且冉某超也看见其携带砍刀，但在冉某超问其带刀的意图时，冉某成敷衍搪塞，故不能根据冉某超看见冉某成带有刀而推断出冉某超知道冉某成带刀的真实意图。从案件事实来看，冉某超和冉某雁也确实不可能从其他渠道得知冉某成欲于当晚杀死被害人的犯罪意图。因此，冉某超仅仅知道冉某成带刀而已，其与冉某成之间在主观上并无共同杀人的意思联络，故也不能根据其知道冉某成带刀的事实认定两者之间存在事前通谋。至于在冉某成实施杀人犯罪行为之时，虽然被告人冉某超也认识到其在犯罪，但其本人只是叫冉某雁和罗某"去看一下"，而并未参与冉某成的杀人犯罪活动，或以行为或言语对冉某成实施杀人犯罪提供帮助，故两者之间也不存在共同杀死被害人的犯意沟通，更不能认定有事中通谋。因此，冉某超与冉某成之间既无事前通谋，也无事中通谋，两者之间没有形成共同报复杀人的犯罪故意，冉某超不构成故意杀人的共犯。

司法实务中还经常碰到的一个问题是：仅仅参与共谋而未参与实行犯罪者，是否与其他人构成共同犯罪？

[案例2-6] 胥某林、王某康贩卖、运输毒品案[①]

2009年4月中旬，被告人王某康知道周某（已判刑）认识广东的毒品上家，故介绍周某与被告人胥某林认识，胥某林、王某康、周某随即共谋至广东购买毒品运输来沪贩卖。三人商定由周某先前往广东联系毒品货源，而后通知王某康赶至广东，由王某康与周某共同购买毒品后运输来沪，毒资由胥某林提供。周某随后赶往广东省汕尾市甲子镇联系毒品货源。同年4月29日，王某康因吸毒受到公安机关审查，随即打电话通知了胥某林。因王某康无法赶往广东，胥某林遂指使蒋某、张某（均已判刑）于当日乘飞机赶往汕尾市甲子镇。次日，蒋某、张某、周某从上家处购得一袋白色晶体、3 000粒红色药片及489.27克添加剂，胥某林把钱打入张某和上家等人的卡里，支付了毒资79 100元。当晚，周某、蒋某、张某携带所购毒品及添加剂搭乘长途汽车返沪，至沪杭高速公路枫泾检查站时被公安人员查获。经鉴定，前述白色晶体净重250.97克、红色药片净重281.53克，从中均检出甲基苯丙胺成分。

上海市第二中级人民法院审理后认为，被告人胥某林指使他人贩卖、运输甲基苯丙胺500余克；被告人王某康介绍胥某林、周某相识，与胥某林、周某共谋实施贩卖、运输毒品犯罪，被告人胥某林、王某康的行为均已构成贩卖、运输毒品罪。王某康与胥某林、周某共谋犯贩卖、运输毒品罪，虽然王某康因意志以外的原因未实施具体犯罪实行行为，但王某康介绍胥某林与周某相识，又参与共谋，其行为与本案贩卖、运输毒品犯罪之间的因果关系未

[①]　参见上海市高级人民法院（2010）沪高刑终字第124号刑事判决书。

有效切断。王某康与胥某林系共犯，胥某林系主犯，王某康系从犯。法院判处被告人胥某林死刑，缓期二年执行，剥夺政治权利终身，并处没收个人全部财产；判处被告人王某康有期徒刑9年，剥夺政治权利2年，并处罚金2万元。

一审宣判后，被告人胥某林、王某康均以未参与贩卖、运输毒品为由提起上诉。

上海市高级人民法院审理后裁定驳回上诉，维持原判。

本案中，王某康参与贩卖、运输毒品的共谋，因意志以外的原因未能实施本该由其实施的行为，而由张某、蒋某代王某康实施了相应行为，王某康与其他被告人是否构成贩卖、运输毒品犯罪的共犯？答案应是肯定的共同犯罪行为包括共同预备行为和共同实行行为。共谋是数人就准备实施的犯罪进行谋议，应当属于预备行为，而不仅仅是单纯的犯意表示。从分工角度来看，共谋可能是对他人实行犯罪的教唆，也可能是对他人实行犯罪的帮助，因而共谋本身就是共同犯罪行为，仅仅参与共谋而未参与实行犯罪的，可以与其他实行者构成共同犯罪。

需要提及的是"共谋共同正犯"这一概念。这是日本刑法实务和理论所提出来的一个概念，指的是仅参与共谋而未参与实行犯罪，但又在整个共同犯罪中起到重要作用的共犯人。这个概念的提出与日本刑法将对共犯人的处罚与其在共同犯罪中的分工相挂钩，而且对正犯的处罚要重于对帮助犯的处罚直接相关。日本刑法第62条规定，帮助正犯的，是从犯；第63条规定，从犯的刑罚，按照正犯的刑罚予以减轻。在这种立法体例下，一个共犯人被认定为正犯还是帮助犯，将直接影响对其处罚的轻重。那么，当一个共犯人虽然没有直接实施构成要件行为，但在共同犯罪中发挥了重要作用或支配作用时，如果其仍然被认定为帮助犯，将会导致处罚畸轻。正是为了避免这种情形的发生，日本刑法实务和理论中通过抛弃构成要件标准而采用重要作用标准将这些共犯人认定为正犯，从而实现了处罚均衡。

我国有不少学者也提倡"共谋共同正犯"概念。但实际上，在我国的共犯立法体例下，并没有必要抛弃正犯的构成要件标准而采用这样的概念。我国刑法并没有将对共犯人的处罚与其在共同犯罪中的分工相挂钩，而是按照其在共同犯罪中所起的作用进行处罚。将共谋者认定为教唆犯或帮助犯，并不直接影响对其处罚的轻重。在将其认定为教唆犯或帮助犯后，再根据其在共同犯罪中的作用认定其为主犯或从犯，并按照刑法规定处以相应的刑罚，并不会产生德日刑法中的处罚失衡问题。

（二）事中通谋的共同犯罪

在事中通谋的共同犯罪中，共同的犯罪故意是各共犯人在着手实行犯罪之际或者在实行犯罪过程中所形成的。

［案例 2-7］张某群故意伤害案①

1994 年 10 月 17 日，被告人张某群与李某社（在逃）受龚某华等人的雇聘，驾驶东风货车从安徽省砀山县文庄镇运苹果到罗山城关镇。途中，货车歪倒了，造成部分经济损失。到罗山后，龚某华等人要求张某群、李某社赔偿，同时将车扣押在原罗山县乡镇企业局供销公司果品批发市场院内作抵押。10 月 19 日凌晨 3 时许，被告人张某群伙同李某社启动车辆逃跑，刚出大门，被龚某华发现并极力阻拦。张某群用木棒将龚某华击倒后，对李某社说：“快跑！快跑！”龚某华从地上爬起来再次拦车时，被李某社驾驶的汽车撞伤。张某群、李某社驾车逃走。龚某华骨盆、左股骨、左髌骨、右距骨骨折，经法医鉴定，构成重伤。

河南省罗山县人民法院审理后认为，被告人张某群的行为已构成故意伤害罪。张某群在车被龚某华非法扣押的情况下，与李某社商议驾车逃走，在逃走过程中被龚某华阻拦时，其用木棒将龚某华打倒，其后对李某社喊“快跑”而上车，致龚某华爬起拦车时，被李某社开车撞伤。被告人张某群与李某社虽事前没有商量伤人，但在犯罪过程中，二人已形成犯意，且对被害人龚某华被车撞伤的后果都可以预见，却仍持放任态度，二人行为属共同犯罪。被告人张某群在共同犯罪中所起的作用较小，属从犯，应减轻处罚。一审法院判处被告人张某群有期徒刑 1 年 6 个月。

一审判决后，被告人张某群提起上诉称，其没有伤害的故意，也没有实施伤害行为，因而其不构成犯罪。

河南省信阳市中级人民法院审理后认为，龚某华发现张某群、李某社驾车欲离开即上前拦车，张某群持木棒猛击龚某华的头部，将龚某华击倒，并指使司机李某社“快跑”。故上诉人张某群称其没有实施伤害行为的理由不能成立。张某群为驾车离开，置上前拦车的龚某华的生死于不顾，指使司机李某社驾车快跑，将龚某华撞倒致重伤，故上诉人张某群称其没有故意的理由不能成立。因而上诉人张某群称其不构成犯罪的理由不能成立。二审法院裁定驳回上诉，维持原判。

本案中，被告人张某群在车被龚某华非法扣押的情况下，与李某社商议驾车逃跑，在逃跑过程中，在被龚某华阻拦时，用木棍将龚某华打倒，后对李某社喊“快跑”而上车，致龚某华爬起拦车时，被李某社开车撞伤。张某群与李某社虽然事前没有共谋伤害被害人龚某华，但在逃跑过程中，二人实际上已经通过言语、行为形成伤害被害人的共同故意，且实施了相应的伤害

---

① 国家法官学院，中国人民大学法学院. 中国审判案例要览：2002 年刑事审判案例卷. 北京：中国人民大学出版社，2002：73-76.

行为，二人行为属于事中通谋的共同犯罪。

在事中通谋的共同犯罪中，值得讨论的是承继的共同犯罪的情形。所谓承继的共同犯罪，是指在前行为人已经着手实行犯罪之后，知道真相的后行为人参与进来共同实施犯罪。根据后行为人参与进来后实施的是实行行为还是帮助行为，承继的共同犯罪可以分为承继的共同正犯和承继的帮助犯两种类型。前者如，甲以抢劫的故意对被害人实施暴力，压制了被害人的反抗，知道真相的乙与甲共同强取财物；后者如，甲以抢劫的故意杀死被害人，在甲获取被害人财物的过程中，知道真相的乙拿着手电筒使甲在黑暗中更容易取得财物。显然，不可能存在承继的教唆犯。

[案例2-8] 姜某某、邹某某故意伤害案①

2015年12月12日10时许，被告人姜某某因债务问题与被害人秦某某在湖北省宜昌市夷陵区人民法院门前发生口角并相互拉扯，被告人姜某某先用拳头击打被害人秦某某的面部，被害人秦某某亦用拳头击打被告人姜某某的面部。在二人扭打中，被害人秦某某将被告人姜某某压倒在宜昌市夷陵区人民法院门前花坛里，用手击打被告人姜某某的面部，被告人姜某某将双腿卷起朝上蹬被害人秦某某的胸部，二人后经他人劝解分开。此时，被告人邹某某打电话给其姐夫姜某某，得知姜某某被打，即开车赶到宜昌市夷陵区人民法院门前，用脚踢被害人秦某某，后被其妻拉开。经宜昌市夷陵医院法医司法鉴定所鉴定，被害人秦某某损伤程度为轻伤二级。

湖北省宜昌市夷陵区人民法院审理后认为，被告人姜某某故意伤害他人身体，致一人轻伤，被告人邹某某在得知其姐夫姜某某被人打后，赶到法院门前对被害人秦某某继续殴打，是承继共犯，二人的行为均已构成故意伤害罪。

本案中，被告人邹某某是在被告人姜某某着手殴打被害人秦某某之后，加入进来和被告人姜某某一起殴打被害人秦某某的，二人行为属于承继的共同犯罪，且邹某某是承继的共同正犯。

对承继的共同犯罪的认定，应特别注意以下两个问题：

第一，承继的时间范围，即后行为人什么时候加入进来才能与前行为人构成共同犯罪。原则上，前行为人的犯罪已经既遂，后行为人再加入进来协助前行为人逃离现场或隐匿赃物等的，不成立承继的共同犯罪。例外是，在继续犯的场合，即使前行为人的犯罪已经既遂，后行为人再加入进来与前行为人一起实施实行行为或者为前行为人的实行行为提供帮助，仍然可以成立承继的共同犯罪。如在第一章的高某明绑架、郭某杭非法拘禁案中，郭某

---

① 参见湖北省宜昌市夷陵区人民法院（2016）鄂0506刑初80号刑事判决书。

杭是在高某明等人已经非法控制了被害人之后才加入进来为高某明等人送饭或负责看管三被害人的,此时高某明等人的绑架虽已经既遂,但不影响郭某杭与其成立共同犯罪。

[案例2-9] 赵某等四人抢劫、盗窃案①

被告人赵某听说青海省湟源县巴燕乡新寺村的被害人索某某家有古董,于2014年10月至11月,与被告人季某麟、梁某预谋盗窃,通过梁某打探其邻居索某某家的情况,多次踩点,并欲毒死索某某家的狗。2014年11月25日,被告人赵某从梁某处获知被害人索某某一人在家,即伙同被告人季某麟、赵甲乘坐季某麟驾驶的轿车于20时许赶到被害人家附近等候。23时许,赵某、季某麟、赵甲蒙面、持刀进入索某某家,用砍刀将狗砍伤,然后采取捆绑、殴打、恐吓被害人等手段抢得现金7 000余元及珊瑚、黄金吊坠、黄金戒指等财物450余件后,驾车逃离现场。被告人赵某、季某麟、赵甲每人分得赃款2 000余元,留给梁某1 000元,由赵某暂管,赃物藏匿。次日,被告人梁某得知被害人已报案,即让赵某暂时不要出售赃物,并表示愿意接受赃款1 000元。

青海省湟源县人民法院审理后认为,被告人赵某、季某麟、赵甲以非法占有为目的,进入他人居住的房屋内以暴力、威胁的方法实施抢劫,其行为已构成抢劫罪。被告人赵某在案发前与被告人梁某多次电话联系让梁某提供被害人索某某家的情况信息,明确告知梁某准备到被害人家中实施盗窃,故梁某在为此提供信息及实施一定的配合行为时具有盗窃的主观故意,以成功秘密窃取财物为目的。后被告人赵某、季某麟、赵甲从开始实施抢劫行为至既遂期间,梁某均未参与,其没有与赵某、季某麟、赵甲形成抢劫的共同故意,客观上也未实施抢劫行为。在事后得知赵某、季某麟、赵甲实施了抢劫,被害人已报案时,梁某告知赵某不要出售赃物的行为及愿意接受分得的部分赃款的意思表示,也不应被认定为构成抢劫罪的共犯的事实依据。因为此时,本案的抢劫已经实施终了,不存在再构成承继共犯和普通共犯的可能性。综上,梁某的行为不符合抢劫罪的构成要件,故依据主客观相统一原则,其行为应构成盗窃罪。

本案中,被告人梁某与其余三名被告人共谋的是盗窃,但其余三名被告人实际上实施了抢劫。而在三名被告人的抢劫既遂之前,被告人梁某毫不知情。虽然在事后得知赵某、季某麟、赵甲实施了抢劫,被害人已报案时,梁某告知赵某不要出售赃物并表示愿意接受分得的部分赃款,但此时抢劫已经既遂,这些行为不可能使梁某成为抢劫罪的承继共犯,其仅应对之前共谋的

---

① 参见青海省湟源县人民法院(2015)源刑初字第35号刑事判决书。

盗窃罪承担刑事责任。

在绑架罪中，在前行为人非法控制被害人后，后行为人加入进来后没有实施非法控制行为也没有为前行为人的非法控制行为提供帮助，而是仅实施向被害人的近亲属索要财物的行为，是否成立绑架罪的承继共犯？一种观点认为，绑架罪的实行行为是非法控制被害人，在前行为人非法控制被害人后，绑架罪已经既遂，故后行为人加入进来后没有实施非法控制行为，仅实施勒索财物行为的，不成立绑架罪的承继共犯，仅成立敲诈勒索罪；另一种观点认为，在前行为人的绑架罪已经既遂后，虽然后行为人加入进来后没有实施非法控制行为，但其积极利用了前行为人所造成的被害人人身自由被剥夺的不法状态来勒索财物，应成立绑架罪的承继共犯。第二种观点是实务中的多数观点。

［案例2-10］章某等绑架案①

章某承租江苏省宿迁市泗阳县中亚一店大酒店，因经营不善而严重亏损，遂产生了绑架勒索财物的犯意。经考察，章某选定泗阳县摄影个体户吴某光之子吴某（本案被害人，7岁）为绑架对象，并通过跟踪对吴某的活动规律进行了了解。2000年1月14日上午，章某向在自己承包的大酒店做服务员工作的王某提出：有人欠债不还，去把其子带来，逼其还债。王某表示同意。当日13时10分左右，章某骑摩托车载着王某至泗阳县实验小学附近，将去学校上学的被害人吴某指认给王某，王某即跟随吴某至教室，并将吴某骗出。章某骑摩托车与王某一起将吴某带至泗阳县中亚一店大酒店，用胶带将吴某反绑置于酒店贮藏室内关押。16时许，章某电话寻呼被告人章甲（系章某外甥女），告诉章甲自己绑架了一个小孩，要求章甲帮助自己打电话给被害人家勒索财物，并告知章甲被害人家的电话号码以及指令章甲勒索50万元人民币和一部手机等。章甲表示同意。当日16时至17时许，章甲共3次打电话给被害人家，勒索50万元和一部手机等。次日，章某赶到沭阳县城，要求章甲继续向被害人家打电话勒索，章甲予以拒绝。因被害人的家人报案，1月17日凌晨，被告人章某、章甲、王某先后被公安机关抓获，被害人吴某同时被解救。被害人吴某被绑架达63小时之久，送医院治疗5天，诊断为双腕软组织挫伤，轻度脱水。

江苏省宿迁市中级人民法院审理后认为，被告人以勒索财物为目的，绑架他人，章甲在明知章某实施绑架行为后，打电话勒索财物，章某、章甲的行为均已构成绑架罪。王某在相信章某所说的扣押人质索债的认识支配下，

① 最高人民法院刑事审判第一、二、三、四、五庭. 中国刑事审判指导案例：第2卷. 北京：法律出版社，2017：659-663.

非法拘禁儿童,其行为已构成非法拘禁罪。章某、章甲系绑架的共犯,其中,章某系主犯;章甲系从犯,可依法予以减轻处罚。

本案中,章甲是在章某非法控制被害人之后才参与进来实施向被害人家勒索财物的行为的,此时章某的绑架犯罪已经既遂,而且章甲实施的并非作为绑架罪实行行为的非法控制行为,而是勒索财物行为。法院认定章甲与章某构成绑架罪的共同犯罪,即认定章甲属于承继的共犯,采取的是上述的第二种观点。笔者也赞同这种观点。虽然章甲是在章某实施绑架行为之后才应邀帮助实施勒索行为的,但她正是接受并利用了这种绑架行为而向被害人的亲属实施勒索行为的,没有前面的绑架行为也就没有后面的勒索行为,此时绑架和勒索均在其共同犯意之内。因此,章甲不仅要对勒索行为负责,也应对绑架行为负责,即认定其为绑架罪的承继共犯。

在前行为人的犯罪既遂之前,后行为人加入进来后协助前行为人达到犯罪既遂的,成立承继的共同犯罪。在诈骗、敲诈勒索等单一行为犯中,在前行为人实施了欺骗、恐吓行为之后,后行为人在知情的情况下利用被害人的认识错误或者恐惧心理接受被害人财物的,与前行为人成立承继的共同犯罪。由于欺骗和威胁才是诈骗罪和敲诈勒索罪的实行行为,后行为人仅仅实施接受财物行为的,应属于承继的帮助犯。例如,乙基于敲诈勒索的故意恐吓丙,在丙交付财物时,知情的甲中途加入进来帮乙取得财物。甲是承继的帮助犯。后行为人加入进来后与前行为人一起实施诈骗或恐吓行为的,应属于承继的共同正犯。例如,乙对丙实施诈骗行为,在丙半信半疑之际,知情的甲加入进来与乙一起继续欺骗丙,使丙交付了财物。甲是承继的共同正犯。在强奸、抢劫等复行为犯中,在前行为人实施了暴力、胁迫等行为后,知情的后行为人加入进来利用被害人不能、不知、不敢反抗的状态实施奸淫或取得财物行为的,由于奸淫行为和取财行为属于强奸罪和抢劫罪的实行行为,故后行为人与前行为人成立强奸罪或抢劫罪的承继的共同正犯。例如,乙以强奸故意对妇女实施暴力行为,压制了妇女的反抗,知情的甲中途加入进来对妇女实施奸淫行为的,成立强奸罪的承继的共同正犯。后行为人仅仅为前行为人的奸淫行为或取财行为提供帮助的,则成立承继的帮助犯。

第二,承继的责任范围,即后行为人对参与之前的前行为人的行为产生的结果是否承担责任。例如,在甲以抢劫故意对被害人丙实施暴力并导致丙死亡后,乙参与进来与甲一起取得丙的财物,乙是否负抢劫致人死亡的责任?对此,理论上有肯定说和否定说两种对立观点。笔者赞成否定说。后行为人利用前行为人造成的不法状态不等于后行为人的行为与前行为人造成的结果之间具有因果关系;后行为人不应对与自己没有任何因果关系的结果承担责任。如上例中，乙仅成立普通抢劫罪，不得对其适用"抢劫致人死亡"的法定刑。

[案例2-11] 侯某辉、匡某荣、何某权抢劫案①

被告人侯某辉曾在无锡本案被害人家的个体卖肉摊（摊主周某敏）上打过工。2005年5月，侯某辉碰到被告人匡某荣等人，在谈到如何出去搞钱时，侯某辉提出其在无锡打工时的老板有钱，可以带他们去。侯某辉等人于5月下旬到无锡后，经商议决定由侯某辉带匡某荣一起到周某敏家肉摊打工，以便利用打工期间与被害人一家同住一套房子的条件伺机动手。5月底，经摊主周某敏同意，侯、匡二人住进了被害人租住的套房，并与其二人同住一室、早于其二人20多天到周某敏肉摊打工的被告人何某权相识。其后，侯、匡二人在商议抢劫老板时，认为何某权与其同住，最好拉何某权入伙。后侯、匡二人分别对何某权讲，老板对伙计很抠，每天有1万多元的营业额，平时流动资金有三四万元，不如把老板绑起来把钱抢走，每人能分到1万多元，要何某权一起参加。何某权说：如果每人能分到10万、8万的，还可以搏一搏，你们这样不值得。后侯、匡二人继续做何某权的工作，何某权表示：你们干的事与我无关，最多我不去报警。6月8日中午，在三被告人下班回到住处后，侯、匡二人认为老板这几日回安徽老家办事，时机已到，商量马上要对老板娘动手。何某权听后即离开，直到晚上8点左右才回住处。侯、匡二人因老板娘当日下午出去有事而在当日未及下手。次日中午，在三被告人下班回到住处后，侯、匡二人认为再不动手，待老板回来就来不及了。午饭后，匡某荣从其住的房间内的床铺下抽出预先从打工摊位上拿回的剔骨刀，准备马上动手。侯、匡二人随即走出三人住的房间，侯某辉在卫生间以窗帘拉不下为由，诱使老板娘（俞某凤）走到卫生间门口，匡某荣乘机从身后持刀架在老板娘的脖子上，并说：不要动，把钱拿出来。俞某凤见状大声呼救、反抗，侯某辉为阻止其呼救，捂住俞某凤的嘴，并将俞某凤扑翻在地，而后坐在俞某凤身上继续捂嘴并卡住被害人的喉咙。匡某荣在冲进其住的房间拿出胶带纸捆绑俞某凤双腿被挣脱，俞某凤继续大声呼救反抗的情况下，匡某荣即持剔骨刀在俞某凤胸腹部、背部等处刺戳数刀，同时侯某辉用被子捂住俞某凤的头部，致俞某凤当场死亡。何某权在房间内听到客厅中的打斗声渐小后走出房门，问侯、匡二人：你们把老板娘搞死了？匡某荣随即叫何某权一起到老板娘房间去找钱。三人在被害人家中共找出人民币1000余元。后匡某荣叫何某权和其一起将躺在卫生间门口的俞某凤的尸体拖拽了一下，三被告

① 最高人民法院刑事审判第一、二、三、四、五庭. 中国刑事审判指导案例：第4卷. 北京：法律出版社，2017：123-129.

人在分别将身上沾有血迹的衣服换掉后，携带以上赃款逃出被害人家。

江苏省无锡市中级人民法院审理后认为，被告人侯某辉、匡某荣、何某权以非法占有为目的，共同抢劫他人财物，并致一人死亡，其行为均已构成抢劫罪。被告人侯某辉、匡某荣在共同犯罪中起主要作用，系主犯；被告人何某权在共同犯罪中起次要作用，系从犯，应当从轻处罚。一审法院判处被告人侯某辉和匡某荣死刑，剥夺政治权利终身，并处没收个人全部财产；判处被告人何某权有期徒刑 14 年，剥夺政治权利 4 年，并处罚金人民币 5 000 元。

一审宣判后，侯某辉不服，提起上诉。

江苏省高级人民法院审理后认为，上诉人侯某辉、原审被告人匡某荣以非法占有为目的，共同预谋、携带凶器，当场实施暴力抢劫他人财物，并致一人死亡，已构成抢劫罪，且系共同犯罪，在犯罪过程中侯、匡二人均起主要作用，故均系主犯。原审被告人何某权在明知侯、匡二人为抢劫而实施暴力并已致被害人死亡的情况下，应匡某荣的要求参与侯、匡二人共同非法占有被害人财物的行为，系在抢劫犯罪过程中的帮助行为，亦构成抢劫罪的共同犯罪。何某权在共同犯罪中起辅助作用，系从犯，因其在被害人死亡前并无与侯、匡二人共同抢劫的主观故意和客观行为，故对其应适用《刑法》第 263 条一般抢劫罪的规定予以处罚。二审法院判决维持无锡市中级人民法院对原审被告人匡某荣的判决；撤销无锡市中级人民法院对原审被告人侯某辉、何某权的判决部分；判处被告人侯某辉死刑，缓期二年执行，剥夺政治权利终身，并处没收个人全部财产；判处被告人何某权有期徒刑 4 年，并处罚金人民币 1 000 元。

本案中，被告人何某权事前未同意参与侯、匡二人抢劫犯罪的提议，事中亦未实施对被害人的暴力行为，但基于其对侯、匡二人抢劫犯意的了解，在听到侯、匡二人与被害人的打斗和被害人的呼救声渐小，走到现场目睹倒在血泊中的被害人和手持剔骨刀的匡某荣，以及身上有血迹的侯某辉后，其在明知侯、匡二人行为的性质、目的及已造成的犯罪后果之情形下，应匡某荣的要求参与了共同搜取被害人家中财物的行为，属于抢劫罪的承继共犯。作为承继共犯，其仅应对其参与后的行为及其后果承担责任，不应对侯、匡二人致被害人死亡的结果负责。二审法院依照《刑法》第 263 条一般抢劫罪的规定，对何某权在 3 年以上 10 年以下有期徒刑的量刑幅度内改判刑罚是恰当的。

第三章　身份犯共同犯罪的认定

一、身份犯共同犯罪认定问题的提出

所谓身份犯，是指具有特定身份的人所实施的犯罪。刑法分则规定的绝大多数犯罪对犯罪主体的身份并无限定，凡是符合刑法规定的基本条件的自然人或单位，都可以成为犯罪主体。但是，刑法分则规定的部分犯罪对犯罪主体的身份作了特殊限定。这部分犯罪即为身份犯。

根据身份在具体犯罪的定罪和量刑中所起的作用，可以将身份犯分为真正身份犯和不真正身份犯。在刑法将某种身份规定为某一犯罪的构成要素，行为人是否具备这种身份会决定其行为是否构成该犯罪时，该犯罪被称为真正身份犯。如刑法明确规定刑讯逼供罪的主体是司法工作人员，是否具有司法工作人员身份会直接决定行为人的行为能否构成刑讯逼供罪，故刑讯逼供罪是真正身份犯。在刑法虽然没有将某种身份规定为某一犯罪的构成要素，但将其作为据以从重或从轻处罚的因素时，该犯罪被称为不真正身份犯。如诬告陷害罪，刑法并没有对其主体身份作出特别规定，但规定国家工作人员犯诬告陷害罪的应当从重处罚，故诬告陷害罪是不真正身份犯。

对于身份犯的共同犯罪问题，我国刑法总则并没有相关的直接规定，只在刑法分则中存在部分规定。[①] 因此，对身份犯的共同犯罪的认定，必须依赖于刑法教义学层面的具体探讨。

在不真正身份犯中，身份不是犯罪构成要素，身份的有无不影响定罪，只影响量刑，所以，有身份者与无身份者共同实施不真正身份犯的，成立该犯罪的共同犯罪，只不过在量刑阶段，对有身份者要按照刑法的规定从重或从轻处罚，对无身份者不适用从重或从轻处罚的规定。例如，非国家机关工作人员与国家机关工作人员共同故意实施诬告陷害罪的，构成该罪的共同犯

---

① 如根据《刑法》第 382 条第 3 款的规定，一般公民与国家工作人员勾结，伙同贪污的，以共犯论处。

罪；对国家机关工作人员从重处罚，对非国家机关工作人员则不能适用该规定从重处罚。

比较复杂的是真正身份犯的共同犯罪认定问题，其中主要包括两个方面的问题：一是无身份者与有身份者共同实施真正身份犯的，如何认定共同犯罪的性质？二是不同身份者共同实施真正身份犯的，如何认定共同犯罪的性质？对此，无论在理论上还是在实务中，均存在不小的争议，需要结合刑法相关规定和基本原理进行解决。

二、无身份者与有身份者共同实施真正身份犯

无身份者与有身份者共同实施真正身份犯，具体可以分为三种不同情形：一是无身份者教唆、帮助有身份者实施真正身份犯，如一般公民教唆国家工作人员贪污，一般公民帮助在押人员脱逃；二是无身份者与有身份者共同实施真正身份犯，如国有公司会计甲（具有国家工作人员身份）与一般公民乙共同用甲所保管的钥匙，打开公司的保险柜盗走巨额现金；三是有身份者教唆、帮助无身份者实行真正身份犯，如具有国家工作人员身份的丈夫甲唆使不具有国家工作人员身份的妻子乙收受贿赂。以下分别对在这三种情形中如何认定共同犯罪的性质进行分析。

（一）无身份者教唆、帮助有身份者实行真正身份犯

对于这种情形的认定，实务和理论上并无多大争议，认为无身份者和有身份者可以成立真正身份犯的共同犯罪，无身份者是该真正身份犯的教唆犯或帮助犯。这种观点也具有立法上的根据。《刑法》第 29 条第 1 款规定，教唆他人犯罪的，应当按照他在共同犯罪中所起的作用处罚。显然，这里的"犯罪"应当包括真正身份犯在内，否则这样的规定就毫无意义。围绕身份的刑法意义所进行的讨论，也均集中在实行犯范畴，并不要求教唆犯或者帮助犯具有特殊身份。再如根据《刑法》第 382 条第 3 款的规定，与国家工作人员或者国有单位委托管理、经营国有财产的人员勾结，伙同贪污的，以共犯论处。所谓的"伙同贪污"，当然包括教唆和帮助在内。又如根据《刑法》第 198 条第 4 款的规定，保险事故的鉴定人、证明人、财产评估人故意提供虚假的证明文件，为他人诈骗提供条件的，以保险诈骗罪的共犯论处。保险事故的鉴定人、证明人、财产评估人本身不具备保险诈骗罪的主体身份，但当他们为了帮助他人实施保险诈骗行为而故意提供虚假证明文件时，可以与他人成立保险诈骗罪的共同犯罪。

无身份者教唆、帮助有身份者实施真正身份犯，在不发生实行过限或者认识错误等影响责任判断的通常场合，由于构成要件完全是由有身份者的行为所充足的，而无身份者的教唆或者帮助都是围绕该身份犯而展开的，因此，应按照有身份者所实行的真正身份犯来确定共同犯罪的性质，认定无身份者和有身份者构成该真正身份犯的共同犯罪，无身份者是教唆犯或帮助犯，有身份者是正犯。

[案例3-1] 汪某发、童某华挪用公款案[①]

被告人汪某发，原系望江中学会计，具有国家工作人员身份。被告人童某华，原系中国邮政储蓄银行望江迎宾路支行工作人员。2012年1月31日至9月12日，汪某发在担任望江中学会计期间，在童某华的教唆和帮助下，利用职务之便，先后六次累计挪用公款人民币13 351 553.14元，用于购买中国邮政储蓄银行望江迎宾路支行"财富日日升"理财产品，进行营利活动，汪某发获利共计人民币4 773.47元。

安徽省望江县人民法院审理后认为，被告人汪某发身为国家工作人员，利用职务之便，挪用公款人民币13 351 553.14元进行营利活动，获利4 773.47元，挪用数额巨大，情节严重；被告人童某华明知是公款而故意教唆他人挪用，且在挪用的过程中积极提供帮助，两被告人的行为均构成挪用公款罪且系共同犯罪。被告人汪某发在共同犯罪中起主要作用，属主犯；被告人童某华在共同犯罪中起次要作用，属从犯。一审宣判后，二被告人均提起上诉。安徽省安庆市中级人民法院审理后裁定驳回上诉，维持原判。

本案中，被告人童某华为了业绩而教唆具有国家工作人员身份的被告人汪某发挪用公款购买理财产品，且在挪用的过程中积极提供帮助，属于典型的无身份者教唆、帮助有身份者实施真正身份犯，构成挪用公款罪的共同犯罪。其中，被告人童某华是教唆犯和帮助犯，被告人汪某发是正犯。当然，由于我国刑法是按照共犯人在共同犯罪中所起的作用进行处罚的，所以对司法实务来说，相对于正犯与共犯的认定，主犯与从犯的区分更为重要。本案中，法院在认定二被告人构成挪用公款罪的共同犯罪的基础上，认定汪某发是主犯，童某华是从犯，进而根据刑法规定对二被告人判处不同的刑罚。

（二）无身份者与有身份者共同实行真正身份犯

所谓无身份者与有身份者共同实行真正身份犯，指的是无身份者与有身份者共同实施了真正身份犯中的构成要件行为。对于在这种情形中应如何确

[①]　参见安徽省安庆市中级人民法院（2018）皖08刑终120号刑事判决书。

定共同犯罪的性质，不但在理论上存在诸多争议，即使是司法解释的观点，前后也发生过明显的变化，比较典型的主要是以下四种观点：

第一种观点主张按照主犯的犯罪性质来确定共同犯罪的性质，主犯是有身份者，按有身份者所构成之罪定罪，主犯是无身份者，按无身份者所构成之罪定罪。这是早期司法解释的观点。1985 年最高人民法院、最高人民检察院《关于当前办理经济犯罪案件中具体应用法律的若干问题的解答（试行）》规定，"内外勾结进行贪污或者盗窃活动的共同犯罪（包括一般共同犯罪和集团犯罪），应按照其共同犯罪的基本特征定罪。共同犯罪的基本特征一般是由主犯犯罪的基本特征决定的。如果共同犯罪中主犯犯罪的基本特征是贪污，同案犯中不具有贪污罪主体身份的人，应以贪污罪的共犯论处。……如果共同犯罪中主犯犯罪的基本特征是盗窃，同案犯中的国家工作人员不论是否利用职务上的便利，应以盗窃罪的共犯论处"。很明显，该司法解释采取的是"主犯决定论"的观点。

第二种观点主张按照有身份者触犯的罪名确定共同犯罪的性质。这是现行司法解释的观点。2000 年最高人民法院《关于审理贪污、职务侵占案件如何认定共同犯罪几个问题的解释》规定：行为人与国家工作人员勾结，利用国家工作人员的职务便利，共同侵吞、窃取、骗取或者以其他手段非法占有公共财物的，以贪污罪共犯论处；行为人与公司、企业或者其他单位的人员勾结，利用公司、企业或者其他单位人员的职务便利，共同将该单位财物非法占为己有，数额较大的，以职务侵占罪共犯论处。根据该司法解释，对于无身份者与有身份者共同实行真正身份犯的，以该真正身份犯定罪处罚。

第三种观点主张对有身份者和无身份者分别定罪，即对有身份者按真正身份犯定罪，对无身份者按普通犯罪定罪。① 如在上述国有公司会计甲（具有国家工作人员身份）与一般公民乙共同用甲所保管的钥匙，打开公司的保险柜盗走巨额现金的场合，对甲定贪污罪，对乙定盗窃罪。

第四种观点主张运用想象竞合犯的原理来认定有身份者和无身份者的罪名。② 根据这种观点，在上述国有公司会计甲（具有国家工作人员身份）与一般公民乙共同用甲所保管的钥匙，打开公司的保险柜盗走巨额现金的场合，甲既是贪污罪的正犯又是盗窃罪的正犯，乙是盗窃罪的正犯同时也是贪污罪的帮助犯，所以甲、乙的共同犯罪行为同时触犯了两个罪名，属于想象竞合，原则上应以重罪即贪污罪定罪处罚。但是，如果对乙按贪污罪的从犯进行处罚会导致对其的处罚轻于对盗窃罪的正犯的处罚，则应对其按盗窃罪的正犯处罚。于是，甲和乙存在罪名不同的可能性。

---

① 杨兴国. 贪污贿赂犯罪法律和司法解释应用问题解疑. 北京：中国检察出版社，2002：71.
② 张明楷. 刑法学：上. 6 版. 北京：法律出版社，2021：595.

　　在以上四种观点中，第一种观点在实务和理论两个层面均存在一定缺陷。从实务操作角度来看，如果无身份者与有身份者在共同犯罪中所起作用相当，无法区分主从，就会面临定罪困难；从理论角度来看，主犯与从犯是按照参与人在共同犯罪中所起的作用进行的分类，是量刑的依据，而不是定罪的依据，应在确定犯罪性质的前提下再区分主从犯，而不是相反，否则便是先确定量刑情节后认定犯罪性质，违背了定罪量刑的基本逻辑顺序。第三种观点的问题是将共同犯罪看成是单独犯罪。共同犯罪是二人以上共同故意犯罪，主观上各共犯人进行犯意沟通，客观上各共犯人的行为彼此联系、相互配合，从而形成一个主客观相统一的整体。在有身份者和无身份者共同犯罪的情况下，对他们分别定罪，忽略了他们之间主客观上的内在联系和共同犯罪的整体性，有违反刑法总则关于共同犯罪的规定之嫌。第二种即现行司法解释的观点，主张按照有身份者触犯的罪名确定共同犯罪的性质，其背后的法理依据是什么，有待说明。第四种观点主张运用想象竞合犯的原理来认定共同犯罪的性质，其内含的一个基本判断是，在无身份者实施了真正身份犯的构成要件行为的情况下，认定其是真正身份犯的帮助犯而非正犯。这个认定是否成立，同样需要说明。

　　事实上，要解决以上两个问题，均取决于对同一个问题的回答，即在无身份者与有身份者共同实行真正身份犯时，如何评价无身份者的行为性质？无身份者是真正身份犯的帮助犯，还是与有身份者成立真生身份犯的共同正犯？由于我国刑法对共犯人的分类主要采用作用分类法，因而区分主犯、从犯是共同犯罪实务中最为重要的核心问题，而正犯与共犯的区分确实不是实务上特别关心的问题。但是，在无身份者与有身份者共同实行真正身份犯的场合，明确无身份者与有身份者之间能否成立真正身份犯的共同正犯，对确定共同犯罪的性质是至关重要的。

　　对于该问题，否定说认为，无身份者不可能实施真正身份犯的实行行为，例如背叛国家罪只能由我国公民才能构成，外国人不可能实施我国刑法中的背叛国家罪，因此也不可能构成背叛国家罪的共同实行犯。[①] 有学者进一步论证认为，具有特定身份的人与没有特定身份的人之所以不能构成法律要求犯罪主体具有特定身份的犯罪的共同实行犯，是因为没有特定身份的人不可能实施法律要求犯罪主体具有特定身份的犯罪的实行行为。因为身份是犯罪主体的构成要素之一，身份决定着犯罪主体的性质。[②] 有学者还从义务犯的角度认为，无身份者因为不具有特别义务，无论其外在因素如何支配了行为事件的因果流程，都不可以成为义务犯（在这里对应的是身份犯）的核心人物，

①　高铭暄，马克昌. 刑法学. 北京：中国法制出版社，2007：206.

②　陈兴良. 共同犯罪论. 北京：中国人民大学出版社，2006：318.

主张无身份者可以成为纯正身份犯的正犯是错误的想法，无身份者不仅不可以是义务犯的单独正犯，与有义务者成立义务犯的共同正犯也是绝无可能的。① 肯定说则认为，共同正犯本质上是以他人的行为为中介，扩张自己行为的影响即因果性的犯罪类型，在依据上述行为方式对他人行为所产生的结果承担责任上，和教唆犯、帮助犯没有什么本质上的差别，仅仅在因果性的强弱上不同而已。既然无身份者可以教唆犯、帮助犯的形式参与身份犯的实施，为何不能以以他人的行为为中介扩张自己行为的影响的方式参与身份犯的实行呢？因此，无身份者也能通过有身份者的行为，参与对真正身份犯的保护法益的侵害，成为真正身份犯的共同正犯。② 有学者直接认为，非国家工作人员能够实施某些国家工作人员的犯罪，是由某些国家工作人员的犯罪行为的可替代性和可转让性决定的，代国家工作人员收受贿赂的非国家工作人员就是实施了国家工作人员转让的部分受贿行为。③

否定说是目前理论界的多数观点，笔者亦持此观点。身份之所以对认定真正身份犯之实行行为具有决定性意义，并不仅仅在于身份的表面化存在，而在于身份背后的内容对于法益侵害的重要意义，在于身份所带来的不同的可罚性基础和归责理由。基于身份而确立的义务违反构成了义务犯法益侵害的核心。换言之，无身份者实施与真正身份犯形式相同的行为不可能成立特定的真正身份犯，就在于无身份者的这一行为并未独立地侵害特定的法益。无身份者的因果贡献再大，也都无法替代身份者进行义务违反，脱离身份者的廉洁义务，非身份者接受财物的行为就无法被恰当地评价。在有身份者和无身份者组成的行为共同体中，无论无身份者的行为如何重要，共同行为的核心仍然必须是有身份者的义务违反。与此同时，不能认为原本不能成为单独实行犯的无身份者，可以因为参与到有身份者的行为之中而获得其自身原本并不拥有的某种身份内涵。所以，无身份者所实施的行为即使在形式上符合真正身份犯的构成要件，但在实质上也因其不具备身份而欠缺义务违反性，其行为只能被认定为非实行性的帮助行为，即其不能与有身份者成立真正身份犯的共同正犯，只能成立真正身份犯的帮助犯。

既然无身份者与有身份者在共同实行真正身份犯时不能成立真正身份犯的共同正犯，只能成立帮助犯，那么，按照"以正犯为中心"的共同犯罪认定原理，就应当按照作为正犯的有身份者的行为所触犯的罪名来确定共同犯罪的性质，对有身份者和无身份者均以该罪名定罪处罚。这正是支撑现行司法解释观点的基本法理。同时，按照有身份者的行为所触犯的罪名来确定共

① 何庆仁. 义务犯研究. 北京：中国人民大学出版社，2010：211.
② 黎宏. 刑法学总论. 2版. 北京：法律出版社，2016：301.
③ 谢望原. 国家工作人员犯罪认定中疑点难点问题研究. 北京：中国方正出版社，2000：47.

同犯罪的性质，也与《刑法》第 382 条第 3 款规定的"与前两款所列人员勾结，伙同贪污的，以共犯论处"的旨趣相符合。

[案例 3-2] 陈某江、苑某琳非法经营同类营业案①

2010 年 9 月至 2013 年 10 月间，被告人陈某江与苑某琳结伙，经事先预谋，利用陈某江担任集运上海公司副总经理分管亚太部、欧洲部的职务便利，与该司时任欧洲部部长吕某、美洲部部长李某以及朋友张某某等人商议，共同出资成立了洋晨公司并实际参与经营管理。其间，陈某江利用其对日本航线、欧洲航线等其主管航线具有运价制定、调整优惠档次等审批权的职务便利（特别是对占洋晨公司主体经营地位的日本航线，陈某江具有运价的最终审批权），违规审批给予洋晨公司（其中 2010 年 9 月至 2011 年 11 月期间，洋晨公司系以挂靠的上海银硕国际货运代理有限公司名义开展业务）较其他货运代理公司更为优惠的特殊运价或者更高操作费返还，使得洋晨公司在货运市场上得以凭借该较强的运价优势大量揽货，并逐渐成为集运上海公司日本航线的主要货运代理客户，从而获取高额非法利益。案发后，经上海复兴明方会计师事务所鉴定，2010 年 9 月至 2013 年 10 月间，洋晨公司共计非法盈利人民币 7 009 941.69 元。

上海市虹口区人民法院审理后认为，被告人陈某江、苑某琳结伙，利用陈某江担任国有公司、企业经理的职务便利，共同经营与陈某江所任职公司同类的营业，获取非法利益，数额特别巨大，其行为均已构成非法经营同类营业罪。本案系共同犯罪。针对苑某琳的辩护人所提出的苑某琳因不具有国有公司、企业人员身份，系无身份人员，故不构成共同犯罪的辩护意见，法院认为，具有构成身份的人与不具有构成身份的人共同实施真正身份犯时，可以构成共同犯罪。虽然刑法典分则中的身份犯要求行为人具有特殊身份，但这种特殊身份的规定，是就单个人犯罪而言的，就共同犯罪来讲，不具有特殊身份的人也可能成为身份犯的共同犯罪主体。

本案中，被告人陈某江是国有公司、企业经理，具有特殊身份，具备构成非法经营同类营业罪的主体资格。被告人苑某琳不具有特殊身份，但与陈某江结伙，利用陈某江担任集运上海公司副总经理分管亚太部、欧洲部的职务便利，共同出资成立了洋晨公司并实际参与经营管理，使得洋晨公司在货运市场上得以凭借较强的运价优势大量揽货，并逐渐成为集运上海公司日本航线的主要货运代理客户，从而获取高额非法利益，二人行为属于有身份者和无身份者共同实行非法经营同类营业罪。法院认定二人构成共同犯罪，并对苑某琳也以非法经营同类营业罪定罪处罚，采纳的就是司法解释的观点。

---

① 参见上海市虹口区人民法院（2014）虹刑初字第 875 号刑事判决书。

需要注意的是，无身份者和有身份者实施共同犯罪的，只有利用了有身份者的身份，才能以真正身份犯定罪处罚。如果没有利用有身份者的身份，该共同犯罪就不是真正身份犯，不能以该犯罪定罪处罚，只能按照一般罪名定罪处罚。

［案例3-3］高某有盗窃案①

1998年7月初，中国人民银行陕西省铜川市分行业务部出纳申某生（在逃）多次找被告人高某有（个体户）商议盗窃申某生与另一出纳共同管理的保险柜内的现金，高某有未同意。后申某生多次约高某有吃饭、喝酒，做高某有的工作，并把自己的作案计划、安排告诉高某有，同时还几次让高某有看自己掌管的钥匙。在高某有同意作案后，申某生即向高某有要了一把中号螺丝刀和一只蛇皮口袋放在自己的办公桌内，又用事先准备好的钢锯条将业务部的钢筋护窗栏锯断，为作案后逃离现场做准备。7月23日上午10时许，申某生将高某有带至中国人民银行陕西省铜川市分行业务部熟悉地形，并暗示了存放现金的保险柜和开启保险柜的另一把钥匙的存放地点。7月27日晚，申某生找到被告人高某有，告知其近日将提款40万元存放保险柜的情况，并详细告诉高某有作案的时间、步骤、开启保险柜的方法及进出路线等。7月30日上午7时，申某生将被告人高某有带进该行业务部套间，藏在自己保管的大壁柜内。在其他工作人员上班后，申某生与另一出纳从金库提回现金40万元，放进保险柜内的顶层。10时许，本市邮政财务科取走现金10万元。10时30分左右，申某生进入套间向被告人高某有指认了放款的保险柜，后与其他本行职员聊天。10时40分，申某生乘其他工作人员外出吃饭离开办公室之机，打开壁柜将自己保管的保险柜钥匙交给高某有，并告知其人都走了，自己即离开业务部去吃饭。被告人高某有撬开另一出纳的办公桌抽屉，取出钥匙，打开保险柜将30万元人民币装入旅行袋里，又在办公室将申某生等人的办公桌撬开，然后从后窗翻出办公室逃离现场。

陕西省铜川市人民检察院以被告人高某有犯贪污罪，向陕西省铜川市中级人民法院提起公诉。

陕西省铜川市中级人民法院认为，被告人高某有潜入金融机构盗窃，情节特别严重，数额特别巨大，其行为已构成盗窃罪。判处高某有死刑，剥夺政治权利终身，并处没收财产人民币1 200元。

一审宣判后，被告人高某有以自己不是主犯、应以申某生的身份定贪污罪、原判量刑过重等为由，向陕西省高级人民法院提起上诉。

---

① 最高人民法院刑事审判第一、二、三、四、五庭. 中国刑事审判指导案例：第4卷. 北京：法律出版社，2017：209-212.

陕西省高级人民法院经审理认为，上诉人高某有撬开另一出纳的抽屉，窃取另一把保险柜钥匙，后用该钥匙和申某生交给的钥匙打开保险柜，窃走柜内存放的现金 30 万元，这些行为都是高某有单独实施的，也是造成 30 万元现金脱离存放地点、失去该款保管人控制的直接原因。虽然申某生为业务部出纳，也掌管着一把保险柜钥匙，作案前进行了周密的准备，将高某有带进业务部藏匿，将其他工作人员叫出去吃饭，是利用职务之便为高某有实施盗窃提供和创造条件，但是，仅以其个人职务便利尚不足以与高某有共同侵吞这笔巨额公款，因而不能以申某生的身份和行为确定本案的性质。鉴于另一案犯申某生在逃，高某有归案后能如实坦白交代自己的罪行，认罪态度较好，有悔罪表现，故对其判处死刑，但不立即执行。判决被告人高某有犯盗窃罪，判处死刑，缓期二年执行，剥夺政治权利终身，并处没收财产人民币 1 200 元。

本案是一起典型的有身份者和无身份者内外勾结、窃取公共财产的案件。高某有是非国家工作人员，在逃的申某生是国家工作人员。从诉讼经过来看，检察院以贪污罪起诉，而法院以盗窃罪判处，因而存在到底是定贪污罪还是定盗窃罪的争议。如前所述，在无身份者与有身份者相互勾结，利用有身份者的职务便利，共同非法占有单位财物的场合，应以有身份者触犯的罪名确定共同犯罪的性质。但本案的案情有其特殊性，具体言之，本案被告人高某有利用申某生的职务之便熟悉作案现场的环境，掌握了打开保险柜的另一把钥匙的存放处，以及巨额现金存放的具体位置。但是，高某有的窃取行为的实施和完成，并非仅仅依赖于申某生提供的那把钥匙及其职务上的其他方便，而是同时使用了从另一出纳办公桌抽屉里窃取的钥匙。就是说，无身份者高某友窃取银行保险柜里的现金的行为，虽利用了申某生的职务之便，却并未完全利用身为国家工作人员的申某生的职务便利。在这种情况下，就不能根据申某生的身份认定本案成立贪污罪的共同犯罪，而应认定本案成立盗窃罪的共同犯罪。事实上，在此种情况下，即便申某生本人实施上述行为，也并不构成贪污罪而是构成盗窃罪。所以，法院的判决是正确的。本案对贪污罪的利用职务上的便利确认了以下规则：在国家工作人员与其他国家工作人员共同保管财物的情况下，利用本人职务上的便利但未利用他人职务上的便利，窃取其所共同保管财物的，构成盗窃罪而非贪污罪。[①]

（三）有身份者教唆、帮助无身份者实行真正身份犯

有身份者教唆、帮助无身份者实施真正身份犯，这只是一种惯常的笼统

---

① 陈兴良. 判例刑法学：教学版. 北京：中国人民大学出版社，2012：144.

性表述，其真实含义并不准确。因为，既然是真正身份犯，那么无身份者实际上是不可能单独实施的。即使无身份者能够实施其中的构成要件行为，也不可能单独构成真正身份犯。所以，有身份者教唆、帮助无身份者实施真正身份犯，其确切含义应当是，有身份者教唆、帮助无身份者代替其实施真正身份犯中的构成要件行为。具体可以分为以下两种情形。

1. 有身份者教唆、帮助无身份者实施无身份者不可能单独构成的犯罪

这种情形在实践中的典型例子是：具有国家工作人员身份的丈夫甲唆使知情的不具有国家工作人员身份的妻子乙，让其收受贿赂。在这种场合，乙不具有国家工作人员身份，不可能单独构成受贿罪。但另一方面，乙属于伙同甲共同受贿，可以与甲构成受贿罪的共同犯罪。理论上有争议的是：如何认定甲、乙在共同受贿犯罪中的分工和角色？对此，主要有以下几种观点：

第一种观点认为，甲成立受贿罪的间接正犯，乙成立受贿罪的帮助犯。理由是，受贿罪的主体必须具有国家工作人员身份，只有具有该身份的人才可能实施受贿罪的实行行为。甲利用不具有国家工作人员身份的乙收受贿赂，属于利用乙的行为来实施受贿罪的实行行为，故可以认定为间接正犯。就乙而言，其由于不具有国家工作人员身份，不能实施受贿罪的实行行为，故不能成立正犯，只能成立帮助犯。

第二种观点认为，甲成立受贿罪的教唆犯，乙成立受贿罪的帮助犯。理由是，间接正犯必须是利用具有规范障碍的他人实施犯罪，由于乙对甲的受贿事实及其违法性具有足够认识，并不具有规范障碍，不能成为甲实施受贿犯罪的工具，因而甲不能成立受贿罪的间接正犯，只能成立教唆犯。就乙而言，其由于欠缺身份，不可能成立正犯，只能成立帮助犯。

第三种观点认为，甲与乙成立受贿罪的共同正犯。理由是，甲、乙在共同受贿过程中，相互配合、相互利用和支持，对等地发生作用，共同引起了受贿罪的犯罪结果，故应当成立受贿罪的共同正犯，而非正犯与共犯的关系。

第四种观点认为，甲成立受贿罪的直接正犯，乙成立受贿罪的帮助犯。理由是，甲虽然没有直接接受贿赂，但受贿罪的构成要件并不是单纯地接受财物，而是要求利用职务上的便利，或者说要求财物与职务行为的交换性。甲直接支配了对职务行为不可收买性的侵害，因而是直接正犯。乙缺乏侵害职务行为不可收买性的国家工作人员身份，故不能成为正犯，仅成立帮助犯。[①]

笔者认为，第四种观点具有合理性。第一种观点认为甲成立受贿罪的间

---

① 张明楷. 刑法学：上. 5 版. 北京：法律出版社，2016：403.

接正犯，但正如第二种观点所指出的，间接正犯必须是利用具有规范障碍的他人实施犯罪，乙对甲的受贿事实及其违法性具有足够认识，并不具有规范障碍，并非甲实施受贿犯罪的工具，因而甲并不是受贿罪的间接正犯。第二种观点虽然因正确认识到了间接正犯的规范内涵而认为甲不成立受贿罪的间接正犯，但认为甲成立教唆犯，同时认为乙成立帮助犯，这就导致了在一个共同犯罪中没有正犯而只有共犯的局面，这显然是违背共同犯罪的基本原理的。第三种观点认为甲与乙成立受贿罪的共同正犯，但如前所述，乙因欠缺国家工作人员身份，不可能独立地侵害受贿罪的法益，故其不可能成立受贿罪的正犯，同样不可能与甲成立受贿罪的共同正犯。正如第四种观点所指出的，受贿罪的构成要件行为并不是单纯地接受财物，而是要求利用职务上的便利，或者说要求财物与职务行为的交换性，甚至应该说，受贿罪的核心行为就是职务行为与财物的交换。而无国家工作人员身份的乙无论如何都不可能实行这一核心行为，这一行为只能由具有国家工作人员身份的甲来完成，所以甲是直接正犯。乙因欠缺身份而不可能成为受贿罪的正犯，只能成立帮助犯。

[案例3-4] 黎某泉、冯某受贿案[①]

黎某泉与冯某系夫妻关系。2010年至2013年期间，黎某泉与冯某利用黎某泉担任大北小学校长的职务便利，帮助李某、曾某、薛某、沙某、唐某、卢某、关某等人安排不符合地段的学生入读大北小学，收受上述人员送给的好处费共计36.35万元。具体分述如下：（1）2011年8月，曾某请求冯某利用黎某泉担任大北小学校长的职务便利，安排2名学生入读大北小学。当月9日，曾某将7000元好处费存至冯某的银行账户。2012年7月，曾某请求冯某帮助安排1名学生入读大北小学。2012年7月13日、8月13日，曾某分别将2000元、1000元好处费存至冯某的银行账户。（2）2011、2012年新生入学前，李某请求冯某利用黎某泉担任大北小学校长的职务便利，安排非地段生入读大北小学。其中2011年8月，黎某泉安排了3名学生入读大北小学，2011年8月3日、8月20日、9月1日，李某分别将4000元、4500元、4500元好处费存至冯某的银行账户。2012年7月，李某通过冯某、黎某泉安排3名学生入读大北小学，当月9日，李某分别将8000元、4500元好处费存至冯某的银行账户。（3）2011年8月，薛某请求冯某利用黎某泉担任大北小学校长的职务便利，安排非地段生入读大北小学。之后，黎某泉安排了3名学生就读大北小学，9月的一天，薛某将2000元好处费存至冯某的银行账户……

---

① 参见广西壮族自治区玉林市中级人民法院（2015）玉中刑二终字第119号刑事判决书。

广西壮族自治区玉林市玉州区人民法院审理后认为，被告人黎某泉身为国家工作人员，伙同被告人冯某利用职务上的便利，非法收受他人财物，为他人谋取利益，二人的行为已触犯刑律，构成受贿罪。

一审宣判后，二被告人均提起上诉。

广西壮族自治区玉林市中级人民法院审理后认为，上诉人黎某泉身为国家工作人员，利用职务上的便利，非法收受他人财物，为他人谋取利益，上诉人冯某利用黎某泉国家工作人员身份的职务便利，与黎某泉共同非法收受他人财物，为他人谋取利益，二人的行为已触犯刑律，构成了受贿罪。黎某泉、冯某共同故意实施受贿犯罪，是共同犯罪。在共同受贿犯罪中，黎某泉起主要作用，是主犯，依法应按照其所参与的全部犯罪处罚。冯某起次要作用，是从犯，依法可从轻处罚。

本案中，被告人黎某泉与冯某系夫妻，二人基于受贿的共同故意，利用黎某泉担任大北小学校长的职务便利，帮助多人安排不符合地段的学生入读大北小学，并收受这些人员送给的好处费，构成受贿罪的共同犯罪。虽然好处费均是由冯某直接收受的，但其之所以能够收受他人给予的好处费，根本的原因还在于黎某泉能够利用担任大北小学校长的职务便利为他人谋取利益。利用职务便利为他人谋取利益，直接侵害了受贿罪的职务行为的不可收买性这一保护法益，故而是受贿罪的核心行为。所以，虽然黎某泉没有亲自收受他人财物，但他实施了受贿罪的核心行为，应成立受贿罪的直接正犯；而冯某因不具有国家工作人员身份而不能成为受贿罪的正犯，只能成为帮助犯。

在二审法院的判决中也可以看到，正是因为黎某泉实施了受贿罪的核心行为，尽管他并未亲自收受他人财物，但法院依然认定其为主犯，而将直接收受他人财物的冯某认定为从犯。由于我国刑法对共犯人的分类主要采取的是作用分类法，且按照各共犯人的作用大小进行不同的处罚，所以在实务中，法院更看重的是主犯、从犯的区分，而非正犯、共犯的区分。但实际上，正犯、共犯的区分并非全然没有意义，它能够使我们更加深入地剖析共同犯罪的内部结构和各共犯人之间的相互关系，在有些案件中还可能会对共同犯罪的定性产生影响，所以国内刑法理论界近年来比较重视正犯与共犯的区分。对此，司法实务人员也是应该了解和熟悉的。

2. 有身份者教唆、帮助无身份者实施无身份者可以单独构成的犯罪

此种情形最为典型的例子是：邮政工作人员甲教唆无身份者乙实施隐匿、毁弃邮件、电报或者非法开拆他人信件的行为。由于《刑法》第252条规定了无身份者的侵犯通信自由罪，第253条规定了只能由邮政工作人员构成的私自开拆、隐匿、毁弃邮件、电报罪，由此产生了此类案件中对有身份者和无身份者行为的定性问题。对此，我国刑法学界大体上存在四种不同观点：其一，无身份者构成普通犯罪，有身份者构成无身份者犯罪的教唆犯。① 其二，有身份者构成身份犯的教唆犯，无身份者构成一般犯罪。② 其三，区分是否利用本人身份。有身份者利用了本人身份的，有身份者成立一般犯罪的教唆犯和身份犯的间接正犯，按照想象竞合处理；有身份者没有利用本人身份的，无身份者成立一般犯罪，有身份者构成一般犯罪的教唆犯。③ 其四，有身份者成立身份犯的间接正犯，无身份者成立身份犯的从犯。④

在上述情形中，如果有身份者没有利用本人身份，自然和身份犯的共同犯罪问题无关，只是一般犯罪的共同犯罪问题。无身份者是一般犯罪的正犯，有身份者是一般犯罪的教唆犯，对二者均以一般犯罪定罪处罚。只有当有身份者利用了本人身份时，才涉及对二人是以身份犯定罪还是以非身份犯定罪的问题。在这种场合，有身份者首先无疑成立无身份者的一般犯罪的教唆犯，无身份者是正犯。对于有身份者是否还同时成立身份犯，上述第三种和第四种观点持肯定态度，认为有身份者成立身份犯的间接正犯。另有学者也认为，由于被教唆者不可能实施符合刑法分则罪状规定的真正身份犯才能构成的犯罪，教唆者对被教唆者存在"幕后"的优势支配关系，教唆者实现的是"自己的"犯罪，被教唆者属于被利用的人，因此，教唆者成立身份犯的间接正犯。⑤ 但笔者以为，在这种场合，无身份者并不具有规范障碍，对有身份者的犯罪事实及其违法性具有足够认识，不宜将无身份者认定为有故意的工具从而将有身份者认定为身份犯的间接正犯。同时，有身份者也没有直接实施构成要件行为，不是身份犯的直接正犯。既然对于身份犯而言无正犯存在，该犯罪就不成立。所以，有身份者与无身份者只能成立一般犯罪的共同犯罪，有身份者是教唆犯或帮助犯，无身份者是正犯。所以，笔者赞同上述第一种观点。类似的例子还如，具有国家工作人员身份的国有公司出纳甲将保险柜钥匙给不具有国家工作人员身份的乙，教唆他窃取保险柜内的现金。乙不具有规范障碍，甲不成立贪污罪的间接正犯，同时因没有直接实施贪污罪的构成要件行为也不成立贪污罪的直接正犯。甲、乙仅成立盗窃罪的共同犯罪，甲是教唆犯和帮助犯，乙是正犯。

---

① 马克昌. 共同犯罪与身份. 法学研究，1986（5）.
② 吴振兴. 论教唆犯. 长春：吉林人民出版社，1986：167.
③ 陈兴良. 共同犯罪论. 北京：中国人民大学出版社，2006：324.
④ 阴建峰，周加海. 共同犯罪适用中疑难问题研究. 长春：吉林人民出版社，2000：60.
⑤ 周光权. 刑法总论. 3版. 北京：中国人民大学出版社，2016：362.

三、不同身份者共同实施真正身份犯

不同身份者共同实施真正身份犯，是指不同身份者相互勾结，分别利用自己的身份共同实施犯罪。例如，甲为非国家工作人员，是某国有公司控股的股份有限公司主管财务的副总经理；乙为国家工作人员，是该公司财务部主管。甲与乙勾结，分别利用各自的职务便利，共同侵吞了本单位的财物100万元。根据甲的身份，甲构成职务侵占罪，根据乙的身份，乙构成贪污罪，两个犯罪都是真正身份犯。理论上将这种情形称为身份竞合。在身份竞合的情况下，如何确定共同犯罪的性质，是目前实务和理论中争议最大的问题之一，各种观点林立，有主犯决定说、实行犯决定说、分别定罪说、主职权行为决定说、义务重要者正犯说、想象竞合犯说等等。

［案例3-5］苟某良等贪污、受贿案①

被告人苟某良，原系四川省通江县百货公司经理，不具有国家工作人员身份。

被告人毕某兴，原系四川省通江县百货公司副经理，具有国家工作人员身份。

被告人苟某全，原系四川省通江县百货公司党支部副书记，具有国家工作人员身份。

被告人刘某洪，原系四川省通江县百货公司副经理，具有国家工作人员身份。

1993年1月至1995年8月，被告人苟某良伙同毕某兴、苟某全、刘某洪利用担任通江县百货公司经理、副经理等职务之便，大肆索取、收受他人现金；采取收入不入账和虚开发票等手段，侵吞公共财产。其中，苟某良伙同他人或单独索取收收受他人现金14次，个人分得赃款68 000元；伙同他人或单独侵吞公款现金6次，个人分得赃款19 000余元。苟某全伙同他人索贿受贿8次，个人分得赃款49 000余元；伙同他人贪污6次，个人分得赃款13 000余元。毕某兴伙同他人索贿受贿5次，个人分得赃款26 900余元；伙同他人贪污7次，个人分得赃款15 500余元。刘某洪伙同他人索贿受贿4次，个人分得赃款17 500余元；伙同他人贪污7次，个人分得赃款16 000余元。案发后，苟某良、苟某全、毕某兴、刘某洪均退清全部赃款。

---

① 最高人民法院刑事审判第一、二、三、四、五庭. 中国刑事审判指导案例：第1卷. 北京：法律出版社，2017：99-102.

四川省巴中地区中级人民法院审理后判决四被告人的行为均构成受贿罪和贪污罪。

一审宣判后，被告人苟某良、毕某兴向四川省高级人民法院提起上诉。

四川省高级人民法院审理后撤销一审判决，判决被告人苟某良犯商业受贿罪和职务侵占罪，判决其余三被告人犯受贿罪和贪污罪。

本案发生时间较早，二审判决时间是 1998 年，当时并没有关于对不同身份者共同实施真正身份犯的情况如何定罪的司法解释。四名被告人中，苟某良不具有国家工作人员身份，苟某全、毕某兴、刘某洪具有国家工作人员身份。一审法院判决四名被告人均构成受贿罪和贪污罪，而二审法院判决不具有国家工作人员身份的苟某良构成职务侵占罪和商业受贿罪，判决具有国家工作人员身份的苟某全、毕某兴、刘某洪构成贪污罪和受贿罪，采取的是对各共犯人按照其特殊身份分别定罪的做法。本案刊登在刑事审判参考上，反映了当时最高人民法院对不同身份者共同实施真正身份犯的情况如何定罪的基本立场，这种立场到现在都还有很多支持者。但是，如在上一部分所指出的，这种分别定罪的做法过分强调各身份者的特殊性和独立性，忽视了共同犯罪的整体性和共犯人的行为之间的联系，有违反刑法总则关于共同犯罪的规定之嫌。

2000 年最高人民法院《关于审理贪污、职务侵占案件如何认定共同犯罪几个问题的解释》对此类案件如何定性作出了明确规定，其第 3 条规定：公司、企业或者其他单位中，不具有国家工作人员身份的人与国家工作人员勾结，分别利用各自的职务便利，共同将本单位财物非法占为己有的，按照主犯的犯罪性质定罪。司法解释制定者在阐述该规定的理由时指出，对这种情况如何认定，实践中有不同认识：一种意见认为，应当依照《刑法》第 382条和第 271 条第 1 款的规定，分别以贪污罪和职务侵占罪定罪处罚。主要理由是：刑法对贪污行为和职务侵占行为分别规定了相应的处罚，明确表明了两者的区别。因此，对于公司、企业或者其他单位中，非国家工作人员与国家工作人员分别利用了各自职务上的便利，共同将本单位财物非法占为己有的情况，依照刑法的规定分别定罪处罚，能够体现罪责刑相适应的原则。另一种意见认为，虽然可以依法对上述行为分别定罪处罚，但是由于贪污罪的法定刑较之职务侵占罪的重，假设在这种共同犯罪中国家工作人员是从犯，非国家工作人员是主犯，如果分别定罪，就有可能出现对从犯量刑比主犯重的情况，将会违背刑法有关共同犯罪处罚的规定，导致主从犯的量刑失衡，甚至导致对整个案件从轻处罚，进而影响对此类犯罪行为的打击力度。根据《刑法》第 382 条第 3 款的规定，对此类情况以贪污罪共犯定罪处罚既有充足的法律依据，又可避免出现上述问题。司法解释的制定者没有采纳上述两种观点，认为分别定罪的观点在有些具体案件中可能会出现不符合刑法有关共同犯罪的处罚规定，导致案件处理不能收到良好的社会效果。而以贪污罪共犯论处，则缺乏对公司、企业或者其他单位中非国家工作人员职务行为的刑法评价，与立法本意也不完全吻合。因此主张"按照主犯的犯罪性质定"的观点。①

[案例3-6] 王某亭等职务侵占、贪污案②

被告人王某亭，原系新疆联合产权交易所部门经理，不具有国家工作人员身份。

被告人刘某，原系新疆联合产权交易所总经理，具有国家工作人员身份。

2007年6、7月间，被告人王某亭通过朋友王某得知新疆克拉玛依市独山子科思源石化有限公司（下称"科思源公司"）有股权转让的信息，向刘某进行了汇报，并与科思源公司联系、洽谈，将科思源公司转让所持有的中国太平洋保险（集团）股份有限公司500万股权的项目引进新疆联合产权交易所（下称"交易所"），进行挂牌交易。2007年10月10日，科思源公司与交易所签订委托挂牌转让协议，同年10月31日，交易所与受让方西安国际信托投资有限公司签订"业务受理协议书"，同年11月1日，科思源公司与西安国际信托投资有限公司签订500万股份的"产权交易合同"。交易所于2007年12月、2008年2月分别收取西安国际信托投资有限公司、科思源公司交易服务费共计635.5万元。交易结束后，被告人王某亭为从该项目中获取非法利益，经与被告人刘某协商，伪造了交易所与北京柏格森公司（王某亭系该公司股东之一）关于"柏格森公司将500万股转让项目引进交易所"的协议书，并从交易所提出378.12475万元，以支付顾问费的名义，转入北京柏格森公司，随后转入被告人刘某在乌鲁木齐市的同学詹某的个人银行账户，该款被二被告人以炒股、提现的方式非法占为己有。

乌鲁木齐市人民检察院以被告人刘某、王某亭犯贪污罪向乌鲁木齐市中级人民法院提起公诉。

乌鲁木齐市中级人民法院审理后认为，被告人王某亭、刘某分别利用各自职务上的便利，共同将交易所383.12475万元款项非法占为己有，数额巨大。在整个案件中，被告人王某亭穿针引线，并具体负责科思源公司转让项目的运作，之后将涉案款项以虚假名目转出，并作出相应分配，赃款的使用处理等均主要由王某亭实施，故被告人王某亭起主要作用，系主犯，被告人

---

① 张军. 解读最高人民法院司法解释：刑事、行政卷（1997—2002）. 北京：人民法院出版社，2003：326—327.

② 参见新疆维吾尔自治区乌鲁木齐市中级人民法院（2015）乌中刑二初字第43号刑事判决书。

刘某相对于王某亭起要次要作用，系从犯。根据 2000 年最高人民法院《关于审理贪污、职务侵占案件如何认定共同犯罪几个问题的解释》第 3 条的规定，公司、企业或者其他单位中，不具有国家工作人员身份的人与国家工作人员勾结，分别利用各自的职务便利，共同将本单位财物非法占为己有的，按照主犯的犯罪性质定罪。故应以被告人王某亭犯罪性质来认定，二被告人的行为均构成职务侵占罪。

　　本案中，被告人王某亭不具有国家工作人员身份，被告人刘某具有国家工作人员身份，二人相互勾结，分别利用各自职务上的便利，共同将新疆联合产权交易所的 383.124 75 万元款项非法占为己有。法院判决认定被告人刘某、王某亭均构成职务侵占罪，依据的正是上述司法解释。根据该解释，法院在认定王某亭是主犯的基础上，根据王某亭的犯罪性质来认定共同犯罪的性质，判决被告人刘某、王某亭均构成职务侵占罪。

　　然而，该司法解释自颁布之日起就受到了理论界的诸多质疑，认为司法解释除颠倒了定罪和量刑的逻辑顺序之外，在实务操作中可能会遇到无法区分主从犯就无法定罪的困境。正是为了化解 2000 年司法解释在实务操作中可能会遇到的困境，2003 年最高人民法院《全国法院审理经济犯罪案件工作座谈会纪要》作出规定："对于在公司、企业或者其他单位中，非国家工作人员与国家工作人员勾结，分别利用各自的职务便利，共同将本单位财物非法占有的，应当尽量区分主从犯，按照主犯的犯罪性质定罪。司法实践中，如果根据案件的实际情况，各共同犯罪人在共同犯罪中的地位、作用相当，难以区分主从犯的，可以贪污罪定罪处罚。"该规定重申了 2000 年司法解释以主犯的犯罪性质确定共同犯罪性质的基本立场，同时规定在难以区分主从犯时可以贪污罪定罪处罚，从而在一定程度上克服了根据主犯的身份确定罪名可能面临的困境，为司法实务者提供了裁判的方向。

［案例 3－7］苏某等贪污案①

　　被告人苏某，原系新疆八一钢铁股份有限公司轧钢厂热轧分厂平整作业区的作业长。

　　被告人张某，原系新疆八一钢铁佳域工贸总公司机械厂锻造车间副主任。2013 年 9 月至 2014 年 3 月期间，被告人苏某与被告人张某共同商议，利用二被告人在新疆八一钢铁股份有限公司向新疆八一钢铁佳域工贸总公司机械厂锻造车间供应废钢卷过程中的职务便利，采用两次装车两次过磅、以小磅单换大磅单的手段，共同倒卖新疆八一钢铁股份有限公司废钢卷 20 车共计 802.06 吨，经鉴定价值 1 352 169 元人民币。

---

① 参见新疆维吾尔自治区乌鲁木齐市中级人民法院（2014）乌中刑二初字第 40 号刑事判决书。

　　乌鲁木齐市中级人民法院审理后认为，被告人苏某被新疆八一钢铁股份有限公司轧钢厂党委会任命为轧钢厂热轧分厂平整作业区的作业长，对公共事务具有一定的管理权，其中包括对废钢的管理，而轧钢厂党委会系负有监督、管理国有资产职责的组织，被告人苏某被该组织任命为管理人员，代表国有公司行使一定的管理职责，具有被"委派"从事公务的性质，故认定被告人苏某系国家工作人员。被告人苏某身为国家工作人员，伙同被告人张某利用职务之便共同贪污公共财物价值 1 352 169 元，其行为已构成贪污罪。被告人张某于 2013 年至 2014 年二次被八一钢铁佳域工贸总公司机械厂厂务会任命为锻造车间副主任，履行一定的管理职责，并负责废钢的购进及销售。在此期间被告人张某利用自己职务上的便利，伙同被告人苏某共同将八一钢铁股份有限公司轧钢厂热轧分厂的废钢非法占有，且二人在共同犯罪中地位、作用相当，不分主、从犯。根据《全国法院审理经济犯罪案件工作座谈会纪要》的规定"各共同犯罪人在共同犯罪中的地位、作用相当，难以区分主从犯的，可以贪污罪定罪处罚"，故对被告人张某亦应以贪污罪定罪处罚。

　　本案中，法院认定被告人苏某具有国家工作人员身份，认定被告人张某具有单位工作人员身份，二人相互勾结，共同非法占有公共财物，构成共同犯罪。同时认为二人在共同犯罪中地位、作用相当，不应区分主从犯，故根据最高人民法院《全国法院审理经济犯罪案件工作座谈会纪要》的规定，对本案以贪污罪定性。

　　根据以上两个司法解释，目前最高司法机关对不同身份者共同实施真正身份犯的基本认定立场是：原则上按照主犯的犯罪性质定罪；但各共同犯罪人在共同犯罪中的地位、作用相当，难以区分主从犯的，按其中较重的犯罪定罪处罚。

　　当然，座谈会纪要的规定虽然在一定程度上化解了"按照主犯的犯罪性质定罪"可能会面临的因无法区分主从犯而无法定罪的困境，但也并非没有疑问，即为何在难以区分主从犯时可以贪污罪定罪处罚？其背后的法律和理论依据并不明朗，且有违反存疑时有利于被告人均原则之嫌。

　　理论上有观点主张按照想象竞合犯的处理原则来认定此类案件的性质。具体来说就是，在甲为非国家工作人员，是某国有公司控股的股份有限公司主管财务的副总经理，乙为国家工作人员，是该公司财务部主管，甲与乙勾结，分别利用各自的职务便利，共同侵吞了本单位的财物 100 万元的场合，甲是职务侵占罪的正犯，但也是贪污罪的帮助犯，乙是贪污罪的正犯，但也是职务侵占罪的帮助犯。甲、乙均同时触犯了职务侵占罪和贪污罪，根据想象竞合犯的处理原则，应按重罪即贪污罪定罪处罚。但是，如果将甲认定为贪污罪的从犯，导致对其的处罚轻于对职务侵占罪的正犯的处罚，则对甲认定为职务侵占罪的正犯。在这种情况下，甲与乙虽然是共同犯罪，但罪名不同。笔者认为，这种理论观点符合共同犯罪和罪数的基本原理，也不违背刑法的相关规定，可以做到用统一的标准处理所有的类似案件，最大限度地保证案件处理的一致性。不过，毕竟其与现行司法解释在处理思路和标准上均有所区别，在个案裁判中的具体结论也可能会有所不同，在司法解释尚未修改之前，司法实务者还是应当首先遵循司法解释的规定。

最后要强调的是，在以上讨论的不同身份者共同实施真正身份犯的情况中，不同身份者必须分别利用自己的身份共同实施犯罪。如果虽然双方都具有特殊身份，但在共同犯罪中仅利用了其中一方的身份，则实际上属于无身份者与有身份者共同实行真正身份犯的案件类型，应以被利用了身份一方触犯的罪名定罪处罚。如在上例中，如果甲与乙仅利用了乙的职务便利，则甲的身份不具有意义，仅成立贪污罪的共同犯罪，对甲、乙均以贪污罪定罪处罚；如果仅利用了甲的职务便利，则乙的身份不具有意义，仅成立职务侵占罪的共同犯罪，对甲、乙均以职务侵占罪定罪处罚。

第四章　共同犯罪中实行过限的认定

一、实行过限的概念

实行过限是共同犯罪案件中经常出现的一种情况，指的是部分共犯人在共同犯罪过程中实施了超出共同故意范围的行为的情形。我国《刑法》第25条第1款规定："共同犯罪是指二人以上共同故意犯罪。"根据该规定，共犯人之间具有共同行为和共同故意分别是共同犯罪成立的客观条件与主观条件。另根据刑法主客观相一致原则，共同行为和共同故意应当相互对应，共同故意的具体内容是共同行为，共同行为是共同故意的客观化。因而，当部分共犯人实施的行为超出共同故意范围时，该部分行为就不再是共同犯罪行为，而是实行过限行为。

行为实行过限，就不再是共同犯罪，而是实行者的单独犯罪，由其自己单独对该犯罪承担责任，其他未实行者无须承担责任；行为未实行过限，就仍然是共同犯罪，不仅实行者要承担责任，其他未实行者也要承担责任。所以说，认定行为是否实行过限，归根到底还是为了认定行为是否成立共同犯罪，实行过限的认定与共同犯罪的认定，是一体两面的关系。

[案例4-1] 吴某友故意伤害案①

2001年1月上旬，被告人吴某友应朋友李某良的要求，雇请无业青年胡某围、方某（均不满18周岁）欲重伤李某德，并带领胡某围、方某指认李某德并告之李某德回家的必经路线。当月12日晚，胡某围、方某等人携带钢管在李某德回家的路上守候。晚10时许，李某德骑自行车路过，胡、方等人即持凶器上前殴打李某德，把李某德连人带车打翻在路边田地里，并从李身上劫走人民币580元。事后，吴某友给付胡某围等人"酬金"人民币600元。

---

① 最高人民法院刑事审判第一、二、三、四、五庭. 中国刑事审判指导案例：第1卷. 北京：法律出版社，2017：119—121.

经法医鉴定，李某德的伤情为轻微伤甲级。

江西省瑞昌市人民法院经审理认为，被告人吴某友雇请胡某围、方某等人故意伤害被害人李某德致其轻微伤甲级，其行为已构成故意伤害罪（教唆未遂）。被雇请人胡某围等人超过被告人吴某友的授意范围而实施的抢劫行为，属"实行过限"。根据刑法规定的罪责自负原则，教唆人只对其教唆的犯罪负刑事责任，而被教唆人实行的过限行为应由其自行负责。

本案中，根据法院的认定，被告人吴某友教唆胡某围、方某重伤被害人李某德，共同故意的内容是伤害他人，但胡某围、方某却在对李某德实施伤害行为过程中临时起意劫走了李某德身上的 580 元人民币，即在伤害之外实施了抢劫行为，超出了伤害的共同故意范围，故属于实行过限，吴某友对该抢劫行为不承担刑事责任。

[案例 4-2] 宋某亮、陈某永强迫交易、故意伤害案[①]

2003 年 4 月 5 日晚，宋某亮在停车场内让人将 12 箱蔬菜放在停放于停车场内的彭某的汽车上，欲以每箱 60 元的价格强行卖给开车到市场购买蔬菜的彭某。在遭到彭的拒绝后，宋即打电话给陈某永，陈随即到达上述地点。宋、陈见彭走来时，陈上前朝彭的胸部猛踢一脚，之后，二人一起用拳殴打彭。之后，在彭回到自己的货车旁准备装货离开时，陈、宋再次来到彭的身旁，宋用手抓住彭拖至两车过道中，继续向其索要上述货物的货款。在遭拒绝后，陈用拳打彭，彭用拳还击，陈用水果刀朝被害人彭的腹部、左肩背部、左臀部连刺四刀后，逃跑。经司法鉴定，彭降结肠破裂、腹壁下动脉破裂、腹腔积血，已构成重伤。

上海市普陀区人民法院审理后认为，被告人宋某亮采用暴力、威胁的方法强迫他人购买其商品，情节严重，其行为已构成强迫交易罪，依法应予处罚。被告人陈某永在参与强迫交易活动的过程中用刀刺伤彭某，并造成彭某重伤的后果，其行为已构成故意伤害罪。

本案中，被告人宋某亮、陈某永为牟取非法利益，共同实施强迫交易的行为，用拳殴打被害人，实施了强迫交易罪的共同犯罪行为。在实施强迫交易的犯罪过程中，被告人宋某亮仅限于拳打被害人彭某，被告人陈某永则用水果刀刺伤被害人彭某，致被害人重伤。被告人宋某亮事先不知陈某永携带刀具参加强迫交易行为，在陈某永持刀刺被害人的时候，只是站在一旁，并没有同时加害被害人。陈某永持刀重伤被害人的行为，超出了其强迫交易共同犯罪故意的范围，属于实行过限。故法院对被告人陈某永以故意伤害罪定

---

① 最高人民法院刑事审判第一、二、三、四、五庭. 中国刑事审判指导案例：第 3 卷. 北京：法律出版社，2017：571-573.

罪处罚，对被告人宋某亮以强迫交易罪定罪处罚，是正确的。

行为实行过限，就是实施者的单独犯罪，但它又有别于普通的单独犯罪，而有其特殊的行为性质。这种特殊性主要表现在它对共同犯罪的依附性上，即实行过限必须依附于共同犯罪才能成立，共同犯罪是实行过限的存在前提。对行为是否实行过限的判断，必须参照共同谋议的犯罪行为，以共同谋议内容作为评价基准。即必须将实施者实施的行为与共同谋议的犯罪行为进行比较，判断二者之间是否具有一致性，从而得出实施者的行为是否过限及其责任归属的结论。如果不借助共同故意的具体内容，则对行为是否过限的认定就失去了判断的基准。

另外，实行过限虽然依附于共同犯罪，但并不属于共同犯罪形态，而是一种单独犯罪形态，具有不同于共同犯罪的独立性特征。实行过限行为的独立性表现在两个方面：一方面是构成事实的独立性。在实行过限的情况下，实施者实施的行为与共犯人事先共同谋议的犯罪在性质、手段、对象、情节等方面存在明显不同。另一方面是承担责任的独立性。对实行过限行为，不适用整体责任原则，而是适用罪责自负原则，即由实施者本人承担责任，其他未实施者对其不承担责任。

二、实行过限的判断标准

实行过限是部分共犯人实施了超出共同故意范围的行为的情形，所以判断某一行为是否实行过限，就是看它是否超出了共同故意范围，共同故意范围是判断行为是否实行过限的标准。这是根据共同犯罪概念和实行过限概念得出的必然结论，也是我国刑法理论和司法实务的通说。

然而，共同故意范围标准在实务操作中又往往会因过于原则和抽象而难以满足个案判定的需要。根本原因在于，并非所有案件的共犯人都会形成明确的故意内容，在很多案件中，共犯人之间往往并没有形成明确的共同故意，如共谋"教训"被害人但未商定具体的教训方式和程度，仅仅是吓唬一下被害人，还是殴打被害人？如果是殴打被害人，究竟打到什么程度，轻伤、重伤抑或是死亡？共谋"搞点钱"但未商定具体的取财方式，是偷、是抢还是敲诈？如果是抢，是抢劫还是抢夺？等等。在诸如此类的案件中，共犯人之间的共同故意内容本身不明确，在判断某一行为是否在其范围内时，首先需要确定共同故意的具体内容究竟是什么。如果无法确定共同故意的具体内容，也就无法判断某一行为是否在其范围之内。这就是说，在司法者以行为超出共同故意范围为由判定实行过限之前，首先需要根据一定的标准和方法来确定共同故意的具体内容。从此角度来看，共同故意范围与其说是个案判断的标准，还不如说是个案判断的对象；行为超出共同故意范围与其说是个案判断的基准，还不如说是个案判断的结论。

从最终法律效果来看，行为实行过限与否，并不会影响实施者对该行为承担责任，影响的是其他未实施者是否应对该行为承担责任。如果过限，其他未实施者不应承担责任；如果未过限，其他未实施者也应承担责任。正因为如此，在实务操作中，司法者往往会选择从未实施者的角度和立场来设定判断行为是否实行过限的标准，大致包括两种不同的做法：一是以未实施者是否事先预见实施者可能会实施超出共谋的行为为标准来判断该行为是否实行过限，若有预见，该行为不过限，未实施者应对其承担责任，反之则否；二是以未实施者是否对实施者实施超出共谋的行为知情为标准来判断该行为是否实行过限，若知情，该行为不过限，未实施者应对其承担责任，反之则否。

接下来的问题是，这两种做法是否合理？和共同故意范围标准之间是什么关系，是否相容？如果相容，在适用中应该注意哪些问题？下文将对此展开具体分析。

（一）预见标准

预见标准以未实施者事先对实施者可能会实施超出共谋范围的行为是否有预见为标准来判断该行为是否实行过限，着眼于未实施者事前对实施者所实施之行为的主观认知。这种做法在司法实务中被广泛运用。

在第一章所举的陈某国、余某华故意杀人案中，被告人余某华要陈某国"教训"被害人王某义。"教训"一词虽然在大多数情形下是指恐吓他人或殴打他人，但也不排除在有些极端情形中包含杀害他人。所以，在余某华没有明确说明"教训"的手段和方法的情形下，可以说二人形成的共同故意的内容是不明确的。二审法院最终认定陈某国的故意杀人行为属于实行过限，主要裁判理由包括两个方面：一是客观上余某华没有与陈某国就故意杀人行为做商谋或提供协助，二是主观上余某华事先不知道陈某国携带凶器前往案发现场。就是说，在证据能够证明余某华事先没有与陈某国就故意杀人行为进行商谋，也没有在案发时提供协助的情况下，认定余某华不应对陈某国的故意杀人行为负责的主要理由是他事先不知道陈某国携带凶器前往案发现场。而余某华事先不知道陈某国携带凶器前往案发现场，意味着余某华事先没有预见陈某国会使用凶器实施杀人行为。可见，余某华事先没有预见陈某国的杀人行为是二审法院认定陈某国的行为属于实行过限的重要根据。

[案例4-3] 郭某林等抢劫案①

2001年6月3日晚，郭某林、王某、李某伏和陈某英在上海一家招待所内合谋，欲行抢劫，其中王某、李某伏各携带一把尖刀。陈某英提出，其认识一名住在光林旅馆的中年男子赵某，身边带有1 000多元现金，可对其抢劫，其余3人均表示赞成。4名被告人于当晚商定，用陈某英的一张假身份证另租旅馆，然后由陈某英以同乡想见赵某叙谈为幌子，将赵某诱骗至该旅馆，以用尼龙绳捆绑、封箱胶带封嘴的手段对其实施抢劫。次日上午，4人到光林旅馆附近的长城旅馆开了一间房，购买了作案工具尼龙绳和封箱胶带，陈某英按预谋前去找赵某，其余3人留在房间内等候。稍后，赵某随陈某英来到长城旅馆房间，王某即掏出尖刀威胁赵某，不许赵某反抗，李某伏、郭某林分别对赵某捆绑、封嘴，从赵某身上劫得人民币50元和一块财物寄存牌。接着，李某伏和陈某英持该寄存牌前往光林旅馆取财，郭某林、王某则留在现场负责看管赵某。在李某伏、陈某英离开后，赵某挣脱了捆绑欲逃跑，被郭某林、王某发觉，郭某林立即抱住赵某，王某则取出尖刀朝赵某的胸部等处连刺数刀，继而郭某林接过王某的尖刀也刺赵某数刀。赵某被制服并再次被捆绑住。李某伏、陈某英因没有赵某的身份证取财不成返回长城旅馆，得知了赵某被害的情况，随即拿了赵某的身份证，再次前去光林旅馆，但仍未得逞。4名被告人遂一起逃逸。赵某因大失血死亡。此外，郭某林、王某和李某伏还结伙流窜持刀抢劫4次，劫得2 000余元和手机等财物。

上海市第二中级人民法院审理后认为，郭某林、王某、李某伏和陈某英分别结伙，采用暴力强行劫取财物并致1人死亡，其行为均构成抢劫罪。李某伏、陈某英对郭某林、王某两人为制止被害人反抗、脱逃而持刀行凶应有预见，故应共同承担抢劫致人死亡的罪责。

一审宣判后，被告人郭某林、王某不服，提起上诉。

上海市高级人民法院审理后裁定驳回上诉，维持原判。

本案中，法院认定郭某林和王某在看管被害人赵某的过程中持刀加害赵某的行为没有实行过限，李某伏和陈某英应对该行为及其造成的被害人死亡的结果承担责任，其主要理由是：李某伏、陈某英对郭某林、王某两人为制止被害人反抗、脱逃而持刀行凶应有预见。具体来说就是，四人虽然预谋的是用尼龙绳捆绑和胶带封嘴的暴力手段进行抢劫，但郭某林、陈某英事先已知道李某伏、王某随身带有尖刀，在抢劫实施的过程中，王某拿出尖刀对被害人进行威胁时，李某伏、陈某英两被告人均在现场看见。李某伏、陈某

① 最高人民法院刑事审判第一、二、三、四、五庭. 中国刑事审判指导案例：第1卷. 北京：法律出版社，2017：115-118.

英离开现场去取财时，对郭某林、王某两人为阻止被害人反抗、逃跑而可能实施持刀加害行为主观上应该说是可以预见的，且两人离开现场时也并没有对郭某林、王某提出不得致人伤亡的要求，故两人应对被害人的死亡结果承担责任。可见，此案法院同样是以是否有预见为标准来认定郭某林、王某的持刀加害行为及其结果是否属于实行过限的。

根据笔者的研究，预见标准也是英美刑事实务中普遍采纳的规则。英国刑法关于该规则的权威性判例是 *Powell and Daniels*；*English*（1998）案。该案原本是两个独立的案件，因为涉及相同的法律问题，英国上议院对其一并听审和裁决。在其中的 *Powell and Daniels* 案中，被告人 Powell 和 Daniels 与第三个人一起去一个毒品贩子家里购买毒品，毒品贩子被其中一人枪杀。地方刑事法庭虽然不能查实究竟是谁开的枪，但判处 Powell 和 Daniels 均构成谋杀罪，裁判理由是两被告人当时都知道第三个人随身携带了枪，因而均预见到第三个人可能会使用该枪杀害或严重伤害毒品贩子。两被告人不服判决，在上诉被上诉法庭驳回后，向上议院提起上诉。在 *English* 案中，被告人 English 和另一个年轻男子 Weddle 使用木棍共同袭击一名警察，其间，Weddle 突然掏出随身携带的刀猛刺该警察并导致其死亡，而 English 事先并不知道 Weddle 随身带了刀。两被告均被地方刑事法庭判处构成谋杀罪，English 不服判决，在上诉被上诉法庭驳回后，也向上议院提起上诉。上议院审理后维持了对 Powell 和 Daniels 的谋杀判决，但推翻了对 English 的谋杀判决。[1] 参与审理案件的议员 Hutton 阐述了裁判的核心理由：（判例法中）存在着这样一种强有力的权威性规则，即当两个行为人共同实施一个犯罪时，如果其中一方预见到另一方可能会在共同犯罪过程中实施其他犯罪，那么一旦另一方在共同犯罪过程中实施了该犯罪，预见到的一方就应对该犯罪负责。[2] 据此，在 *Powell and Daniels* 案中，Powell 和 Daniels 事先知道第三个人随身携带了枪，结合毒品交易的特殊情景，他们已经预见到该人带枪可能会杀害或严重伤害毒品贩子，因而不管事实上是谁开的枪，Powell 和 Daniels 都应构成谋杀罪。而在 *English* 案中，"主犯使用致命性武器实施了杀害行为，而从犯并不知道主犯带了刀，他没有预见主犯会使用刀……所以从犯不应构成谋杀罪"[3]。

在理论层面，预见标准也得到了不少学者的支持。如我国较早就有学者

---

① Julia Fionda，Michael J Bryant，Briefcase on Criminal Law，2nd edition，Cavendish Publishing Limited，2000，p. 136.

② Mike Molan，Cases and Materials on Criminal Law，4th edition，Routledge-Cavendish，2008，p. 391.

③ 同②397.

指出，虽然某共谋者预先没有讲出预定的具体犯罪结果，而实行犯可能实施这一具体犯罪，但某共谋者已经预见到并自觉地允许这种犯罪结果的发生的，某共谋者就具有间接故意的心态，应该与实行犯一起在同一犯罪结果的基础上负担刑事责任。[①] 我国台湾地区学者在谈及教唆犯的责任范围时也指出："教唆犯就其所认识之犯罪事实限度内，负其责任，但被教唆者所为之犯罪行为如发生应加重处罚之结果，且系能预见者，则教唆者对之亦应负责。"[②] 日本也有学者认为：如果发生了共谋范围之外的结果但该结果是非实行过限行为人所能预见之结果，那么非实行过限行为人也应对此承担罪责。[③]

预见标准在理论层面可能会遭遇到的诘问是：根据我国刑法规定，故意和过于自信过失的成立都要求行为人认识到自己的行为可能会发生危害社会的结果，即预见是故意和过于自信过失的共同要素，两种责任形式的不同点主要在于意志因素，故意的行为人是希望或放任危害结果的发生，过于自信过失的行为人是相信危害结果不会发生，加上我国刑法中的共同犯罪是故意犯罪，所以仅以未实施者对实施者可能会实施超出共谋范围的行为有预见为由肯定未实施者与实施者就该行为成立共同犯罪，降低了犯罪故意的认定标准，与立法不符。

对此，笔者认为，虽然刑法对过于自信过失的规定是"已经预见而轻信能够避免"，但在实际案件中，"已经预见"其实指的是行为人在实施行为之前曾经预见自己的行为会导致危害结果的发生，但在实施该行为之时，基于对一定主客观条件的判断否认了行为导致结果发生的可能性。行为人正是因为相信结果不会发生才进而实施相应行为，只是他对可能避免结果发生的主客观条件的判断过于乐观，对结果不会发生的相信过于轻率，所以刑法要处罚其行为。也就是说，如果以行为实施时为判断时点，过于自信过失和疏忽大意过失在认识因素方面实际上是一样的，行为人都是因为没有预见结果的发生而实施了相应行为并最终导致危害结果的发生，无非前者是因为过于自信而没有预见，后者是因为疏忽大意而没有预见。犯罪故意与此不同，无论是直接故意还是间接故意，行为人在实施行为时均已经预见到自己的行为会导致危害结果的发生，既然行为人已经预见还去实施这样的行为，就说明他或者是希望危害结果的发生或者是放任危害结果的发生。所以说，对行为会导致危害结果的发生是否有预见，是犯罪故意与犯罪过失之间的根本区别。当行为人预见自己的行为会导致危害结果发生而仍然决意实施该行为时，表现出了行为人对法秩序的公然藐视态度，其可责性要明显高于没有预见自己

① 林文肯，茅彭年. 共同犯罪理论与司法实践. 北京：中国政法大学出版社，1987：111-112.
② 韩忠谟. 刑法原理. 北京：北京大学出版社，2009：273-274.
③ 山中敬一. 刑法总论. 2版. 东京：成文堂，2008：836.

的行为会导致危害结果发生的情形。正因如此，刑法对故意犯罪和过失犯罪在处罚的范围、处罚的严厉程度等方面均会有所不同。基于上述理解，笔者认为，共同犯罪的部分共犯人在预见到自己参与的共犯行为可能会引起其他共犯人实施共谋外行为时，仍然参与该共犯行为的，其对其他人所实施的共谋外行为及其结果具有故意，该行为不属于实行过限，双方就该行为成立共同犯罪，并不违反我国刑法对犯罪故意和共同犯罪的规定。

预见标准实际上也回答了在共同故意内容不明确的案件中如何认定共同故意的具体内容的问题。根据预见标准，虽然共犯人之间事先形成的共同故意内容不明确，但部分共犯人在能够预见到自己参与的共犯行为很可能会引起其他共犯人实施相关犯罪时，仍然教唆、帮助或直接参与实施该共犯行为的，对该犯罪行为及其结果具有故意，即该犯罪及其结果也应是共同故意的内容。既然该犯罪及其结果是共同故意的内容，自然就没有超出共同故意的范围，不属于实行过限。可见，预见标准和共同故意范围标准是相契合的，即其是共同故意范围标准的更加具体的可操作的标准。

不过，共同犯罪中对其他共犯人可能会实施某一行为及该行为所导致的结果的预见与单独犯中对自己的行为可能会导致危害结果发生的预见，毕竟还是存在一定区别的。在单独犯中，行为人通过支配自己的行为去促使结果的发生，因而，即使行为人预见到的只是行为导致结果发生的较低可能性，当他通过行为的实施去促使结果发生时，仍可以认定其对结果具有故意。而在共同犯罪中，每一个共犯人都是独立的能动主体，行为是否实施和具体如何实施，最终都是由每个共犯人自主决定的。能够预见其他人会实施一定的行为，并不意味着可以支配该行为的实施。所以，为了弥合这种差异性，应对以未实施者对实施者实施的行为有预见为由肯定未实施者对该行为及其结果成立故意进行必要的限制。

第一，只有当实施者实施某一行为具有具体的、较高的可能性时，才能以未实施者对此有预见为由肯定故意的成立。

［案例 4-4］拓某盗窃案①

2005 年 9 月 25 日，被告人拓某与刘某宏、朱某、刘某（三人已判决）、戴某（在逃）五人乘坐拓某驾驶的灰色奥拓车，窜至陕西省榆林市榆阳区榆靖路口管井滩张某的工地实施盗窃。拓某驾车接应，其余四人进入工地将院内的一辆人力车及该车上放置的 198 个钢管扣件一同运出。照夜人宋某满发现进行阻挡时，被四人暴力殴打，并被抢走人民币 78 元和一部黑色直板小灵通。

---

① 参见陕西省横山县人民法院（2015）横刑初字第 00066 号刑事判决书。

陕西省横山县人民法院审理后认为，被告人拓某与刘某宏、朱某、刘某、戴某共同预谋盗窃建筑材料。拓某负责开车接应，其他四人进入工地具体实施盗窃。其他四人在实施盗窃时被工地照夜人发现并阻挡，遂临时起意采取暴力手段抢劫。就该行为的发生而言，其他四人未与在外等候的拓某取得新的意思联络，故殴打、抢劫被害人超出了五人原定的共同盗窃的故意，根据刑法理论属"实行过限行为"，故拓某的行为不构成抢劫罪，应当以盗窃罪追究其刑事责任。

本案中，被告人拓某与其余四人共谋到工地盗窃建筑材料，拓某负责在外望风接应，其余四人进入工地实施盗窃。按理来说，进入工地、仓库、厂房、院内、室内等相对封闭场所实施盗窃，被人发现后为了逃跑或者获取财物而使用暴力是具有较大可能性的，为什么不以拓某对其余四人的暴力行为有预见为由认定该行为不属于实行过限呢？确实，进入相对封闭场所盗窃被人发现后使用暴力是一种较高概率事件，在外望风之人应当有所预见。但是，这只是一种在不考虑案件具体情节基础上所作出的抽象性判断，这种抽象性判断还不足以成为认定望风之人对进入封闭场所盗窃之人实施的暴力行为具有故意的基础。认定望风之人对暴力行为有故意，不仅要证明他对此有预见，还要证明他人实施暴力行为具有具体的高度可能性，即他人实施暴力行为必须具有以案件具体情节为基础的具体的高度可能性。为此，应综合考虑行为人事先共谋的明确性、事先共谋的行为与实际实施的行为在侵害法益性质和具体实施方式等方面的异同性、对实际实施的行为的参与程度等所有影响性因素。通过对这些影响性因素的综合判断，能够确定实际实施的行为在客观上具有被实施的高度可能性的，才能认定其他人对其有故意。在本案中，拓某与其余四人共谋的是盗窃，共谋内容明确；其余四人在进入工地实施盗窃时，也未携带任何凶器作为防备工具；其余四人的暴力殴打行为与原先共谋的盗窃行为在性质上迥异。通过综合考虑上述因素，可以认为其余四人在盗窃过程中对被害人实施暴力不具有具体的高度可能性，纵使拓某事前有所预见，也不应认定其对该暴力行为的实施具有故意，故其余四人对被害人实施的暴力行为对拓某而言属于实行过限。

［案例4-5］卜某岩、拥某亮抢劫案①

2013年8月28日1时许，被告人拥某亮、卜某岩持刀具来到新民市前当堡镇后当堡村鲜鱼批发市场，用事先准备好的扳手将18号门市后窗户外栏杆的螺丝卸掉，掰开栏杆，进入室内实施盗窃。二被告人从一个布面腰包内窃得人民币800余元及保险柜钥匙一把，用该钥匙将室内的保险柜打开，从保险柜内

———————
① 参见辽宁省新民市人民法院（2015）新民刑初字第00084号刑事判决书。

盗走人民币 70 000 元、110 克金项链一条、40 克金手镯一个、白金项链两条。被告人拥某亮、卜某岩在实施盗窃过程中，被被害人刘某、陈某发现，被告人卜某岩遂掩护被告人拥某亮逃离现场，在与被害人刘某、陈某冲突过程中用随身携带的刀具将刘某右手划伤。经鉴定：刘某右手损伤为轻伤二级。

辽宁省新民市人民法院审理后认为，被告人拥某亮、卜某岩盗窃他人财物，为窝藏赃物、抗拒抓捕当场使用暴力，造成被害人轻伤的后果，其行为均已构成抢劫罪。关于被告人拥某亮及其辩护人均提出的被告人拥某亮的犯罪行为应构成盗窃罪，同案犯卜某岩对被害人刘某实施暴力导致本案转化为抢劫罪属于实行过限的辩解及辩护意见，法院认为，被告人卜某岩、拥某亮主观方面均明知携带了事先准备好的刀具，对遇到抓捕时将采取暴力、威胁手段抗拒的可能性均心知肚明，在遇到被害人抓捕或反抗时客观上亦实施了相互帮助的行为，一人持刀上前拦阻被害人，一人携带财物逃离现场，故被告人卜某岩、被告人拥某亮的行为均转化为抢劫罪。

本案中，二被告人表面上共谋的只是盗窃，但与拓某盗窃案的明显区别是，二被告人作案之前随身携带了刀具，而且该刀具并不是用于盗窃行为的实施的，事先准备好的扳手才是为了方便盗窃，携带刀具显然是为了方便在盗窃过程中万一遇到抓捕进行反抗。这就可以说明，被告人卜某岩对被害人实施的暴力行为，不但被告人拥某亮事先是有预见的，而且是具有具体的高度可能性的，故可以认定拥某亮对该暴力行为具有故意，属于二被告人共同故意的内容。该暴力行为不属于实行过限，拥某亮也应对此承担刑事责任。

[案例4-6] 张某、丁某柱抢劫案①

2015 年 8 月 5 日，被告人蔡某林组织被告人张某、丁某柱到河北省大城县盗狗，三被告人预谋由蔡某林负责开车，由张某、丁某柱负责盗狗。当日 7 时 30 分许，三被告人驾车来到大城县南环路干休里李某家院外。蔡某林驾车负责接应，张某、丁某柱在蔡某林的指使下分别携带压力钳、木棍进入李某家院内。二人在盗窃狗的过程中被李某发现并阻拦，被告人张某、丁某柱在院内分别持压力钳、木棍将李某头部、左臂等处打伤，在将院内一条藏獒抢至车上后，三被告人驾车逃离现场。经鉴定，李某的伤情为轻伤一级。

河北省大城县人民法院和廊坊市中级人民法院分别经过一审、二审后均认为，被告人张某、丁某柱以实施盗窃为目的，非法进入被害人住宅，在盗窃财物时被被害人发现并阻止。张某、丁某柱对被害人实施暴力，强行劫取财物并致被害人轻伤。张某、丁某柱的行为均构成抢劫罪，且系入户抢劫。被告人蔡某林与被告人张某、丁某柱共同实施盗窃犯罪，但在入户盗窃被发

① 参见河北省廊坊市中级人民法院（2016）冀 10 刑终 275 号刑事判决书。

现后，张某、丁某柱对被害人当场使用暴力的行为，超出蔡某林与张某、丁某柱共谋实施盗窃犯罪的范围，属实行过限，蔡某林的行为构成盗窃罪。

　　本案与卜某岩、拥某亮抢劫案的相同点是：被告人在作案前都随身携带了犯罪工具。不同点是：在卜某岩、拥某亮抢劫案中，在被告人携带的犯罪工具中，除直接用于作案的扳手之外，还有用于遇到抓捕进行反抗的刀具；在本案中，被告人携带的压力钳、木棍均是直接用于作案的。本案中，几名被告人采用的并非常见的在院外向狗射击毒针，待狗被毒晕或毒死后，用钩子将其钩出的方式，而是采取先用压力钳打开院子护栏，然后进入院内用木棍打击狗的方式。这就是说，从几名被告人共谋的作案方式来看，压力钳、木棍等是盗狗的必备工具，携带这些工具仅是为了盗狗，并无其他目的。根据共谋的犯罪的明确性和具体实施方式，可以认为被告人张某、丁某柱在盗窃过程中使用犯罪工具对被害人使用暴力并不具有具体的高度可能性，即使被告人蔡某林事先有所预见，也不应认定该暴力行为为其故意的内容，而应属于被告人张某、丁某柱的实行过限行为。

　　通过对比以上两案，可以作出如下总结：在作案前随身携带犯罪工具的案件中，在判断使用该工具实施的暴力行为是否属于实行过限时，应特别注意查明事前共谋的犯罪性质及携带该犯罪工具的具体目的。若携带该工具是为了用于共谋犯罪的具体实施，部分行为人却用其实施了其他犯罪，原则上应认定其他人对该犯罪没有故意，该犯罪属于实行过限；若携带该工具本来就是为了用于万一被抓时进行反抗，部分行为人用其实施了暴力行为，原则上应认定其他人对该行为有预见，该行为不属于实行过限。

［案例4-7］王某佰、韩某、王某央故意伤害案①

　　2003年，被告人王某佰与被害人逢某先各自承包了本村沙地售沙。被告人王某佰因逢某先卖沙价格较低影响自己沙地的经营，即预谋找人教训逢某先。2003年10月8日16时许，被告人王某佰得知逢某先与妻子在地里干活，即纠集了被告人韩某、王某央及崔某、肖某、冯某等人。在地头树林内，被告人王某佰将准备好的4根铁管分给被告人王某央等人，并指认了被害人逢某先。被告人韩某、王某央与崔某、肖某、冯某等人即冲入田地殴打被害人逢某先。其间，被告人韩某掏出随身携带的尖刀捅刺被害人逢某先腿部数刀，致其双下肢多处锐器创伤致失血性休克死亡。被告人王某央看到韩某捅刺被害人并未制止，后与韩某等人一起逃离现场。2003年10月15日，被告人王某佰被抓获归案。2004年1月16日，被告人韩某投案自首。2004年4月1

　　① 最高人民法院刑事审判第一、二、三、四、五庭. 中国刑事审判指导案例：第2卷. 北京：法律出版社，2017：549-551.

日，被告人王某央被抓获归案。崔某、肖某、冯某等人仍在逃。

山东省青岛市中级人民法院认为，被告人王某佰因行业竞争，雇用纠集人员伤害他人；被告人韩某、王某央积极实施伤害行为，致被害人死亡，其行为均构成故意伤害罪。虽有证据证实被告人韩某持刀捅刺的行为是导致被害人逄某先死亡的主要原因，但证据同时证实被告人王某佰事先未向参与实施伤害者明示不得使用尖刀等锐器，被告人王某央在实施伤害行为时，发现被告人韩某持刀捅刺被害人也未予以制止，故被告人韩某的持刀捅刺行为并非实行过限的个人行为，被告人王某佰、韩某、王某央应共同对被害人逄某先的死亡后果负责。

本案中，被告人王某佰雇用纠集韩某等人"教训"被害人，韩某在殴打被害人过程中持刀捅刺被害人致其死亡，且没有证据证明王某佰事先知道韩某随身携带了刀具，这都与陈某国、余某华故意杀人案的情节相同。但在陈某国、余某华故意杀人案中，法院认定陈某国持刀捅刺被害人的行为属于实行过限，而在本案中，法院认定韩某的行为不属于实行过限，主要的裁判理由是：被告人王某佰事先未向参与实施伤害者明示不得使用尖刀等锐器。法院的这一裁判理由是存在问题的。如果只要事先未向参与犯罪者明示不得使用凶器而参与犯罪者使用了凶器就不属于实行过限的话，那么在类似于陈某国、余某华故意杀人案的案件中，只要未明示不得使用凶器，即使是明显超出预见范围的行为，也不属于实行过限。这显然是不合理的。所以本案的裁判理由与陈某国、余某华故意杀人案的裁判根据实际上是相互冲突的。在笔者看来，本案中韩某的行为对王某佰而言之所以不过限，根本的理由在于，王某佰在唆使韩某等人"教训"被害人的同时，还准备了4根铁管分给各人。一伙人持4根铁管殴打赤手空拳的同一被害人，无论将被害人打到什么程度，是打伤还是打死，无论是谁打死被害人，应该说都是具有高度可能性的，因而也应该是在各参与人的预见范围内的。虽然韩某实际上是用刀捅死了被害人，且王某佰对韩某随身携带尖刀并不知情，但在致人死亡的危险性上，1把尖刀和4根铁管并不存在根本性差异。王某佰在将4根铁管分发给各参与人并唆使他们共同殴打被害人时，已经能够预见到这样的殴打行为会致被害人死亡的高度可能性，故无论是殴打行为还是其他行为所导致的死亡结果，对包括王某佰在内的所有参与人而言均不属于实行过限，他们均应该承担故意伤害致人死亡的刑事责任。当然，本案和陈某国、余某华故意杀人案还有一点区别也是值得注意的，本案法院认定韩某的行为性质是故意伤害，陈某国、余某华故意杀人案法院认定陈某国的行为性质是故意杀人，而两案法院认定的共谋犯罪均是故意伤害，在此前提下，本案韩某的行为自然不属于实行过限，陈某国、余某华故意杀人案中陈某国的行为属于实行过限。而在笔者看来，即使本案法院认定韩某的行为性质是故意杀人，对王某佰而言也不属于实行过限。因为如上所述，1 把尖刀和 4 根铁管在致人死亡的危险性上并不存在根本性差异，王某佰将 4 根铁管分发给各参与人并唆使他们共同殴打被害人，且未对殴打的程度进行任何限制，多人手持铁管毫无节制地殴打同一被害人，本身就具有致人死亡的高度可能性，可以被评价为杀人行为，王某佰对被害人的死亡结果也应有预见。因而当韩某用一把在致人死亡危险性上性质相当的尖刀捅死被害人时，即使认定韩某的行为属于故意杀人，对王某佰而言也不属于实行过限。

通过分析本案，可以作出如下总结：在事先准备了凶器的人身伤害案件中，在犯罪过程中突然有人使用其他凶器造成被害人伤亡，如果临时使用的凶器和事先准备的凶器在对人身伤害的危险性上相似，该行为不属于实行过限；如果临时使用的凶器和事先准备的凶器在对人身伤害的危险性上存在较大差异，则该行为属于实行过限。

总而言之，在以预见标准判断某一行为是否实行过限时，基于对共同犯罪中对其他共犯人实施之行为的故意和单独犯罪故意的差异性的考虑，应特别注意对案件具体情节的审查，包括行为人事先共谋的犯罪性质和明确性程度、实际实施的行为的性质、对实际实施的行为的参与程度等，通过对这些案件细节的考虑，来判断行为是否具有被实施的具体的高度可能性。只有当未实施者对该行为的实施具有预见，且该行为的实施具有具体的高度可能性时，才能认定该行为不属于实行过限。

第二，只有当实施者实施的行为在侵害的法益性质上与事先共谋的犯罪具有关联性时，才能以未实施者对此有预见为由肯定故意的成立。举例来说，甲、乙共谋，甲入室盗窃，乙负责望风。甲入室后发现被害人（女）一人熟睡在床上，便实施了强奸行为。无疑，甲的强奸行为属于实行过限，乙无须承担责任。但假设乙事先就知道甲生性好色，且早就对被害人怀有歹意，甚至怀疑甲之所以同意入室盗窃，很可能是为了强奸被害人，即乙已经预见到甲可能会在盗窃过程中实施强奸，仍然为其望风，那么，乙是否应当对甲的强奸行为负责呢？答案应是否定的。盗窃和强奸所侵害的法益在性质上迥异，共谋盗窃并不会类型性地引发强奸，即使共谋者事先有所预见，也不应对强奸行为负责。这是因为，在侵害法益具有同质性的情况下，轻罪行为往往会类型性地引发重罪行为的实施，所以法律才会科以共谋轻罪的共犯人一种确保重罪行为不被实施的义务以避免更为严重的法益侵害。如共谋重伤就负有防止其他共犯人实施杀害行为的义务，共谋敲诈勒索就负有防止其他共犯人实施抢劫行为的义务。如果共犯事先预见到其他共犯很可能会在实施重伤或敲诈勒索过程中实施杀害或抢劫行为，仍决意参与共谋犯罪，且没有防止其他共犯实施杀害或抢劫行为，就应对该杀害或抢劫行为负责。相反，在两罪侵害法益性质迥异的场合，共谋其中一个犯罪并不会类型性地引发另一个犯罪，法律只会要求共谋者对共谋的犯罪承担责任，不会因其没有防止另一个与共谋犯罪毫无关联性的犯罪的发生而令其承担刑事责任。

综上所述，为了使对共同犯罪的认定与我国刑法对犯罪故意和共同犯罪的规定相符合，预见标准的司法适用应当受到一定的限制。在未实施者对实施者所实施的超出原共谋范围的行为有预见时，只有实施者实施该行为在客观上具有具体的高度可能性，且该行为与原先共谋的行为在侵害法益的性质上具有关联性，才能认定该行为不属于实行过限。

（二）知情标准

知情标准以未实施者对实施者实施超出原共谋范围的行为是否知情为标准来判断该行为是否实行过限，着眼于事中未实施者对实施者所实施之行为的主观认知。这种做法在司法实务中也较为常见。

［案例4-8］于某营、贾某金抢劫案①

2014年9月27日下午，被告人于某营、贾某金驾驶二轮摩托车窜至山东省无棣县水湾镇贺家村王某己家，剪锁入院后将大门反插，盗取现金1 100元。二人在屋内盗窃时，王某戊在大门口叫门，于某营见被人发现，在王某己家院内拿起一把铁锨，打开大门用铁锨威胁王某戊。王某戊见状顺胡同向南跑去，贾某金骑摩托车载着于某营趁机逃走，走出十几米后，于某营将铁锨扔掉。

山东省无棣县人民法院审理后认为，被告人于某营、贾某金在盗窃过程中为窝藏赃物、抗拒抓捕而当场使用暴力或者以暴力相威胁，均构成抢劫罪。

一审宣判后，二被告人均提起上诉。贾某金的上诉理由为：原审适用法律存在错误，自己不构成抢劫罪。贾某金的辩护人提出：即使构成抢劫罪也是于某营自己一个人构成此罪，因于某营存在实行过限，贾某金不构成抢劫罪。

山东省滨州市中级人民法院审理后认为，贾某金虽未直接对被害人实施暴力或以暴力相威胁，但其在于某营以暴力相威胁的现场，对于某营的行为知情，但没有进行明确、有效制止，而是准备摩托车以备逃跑，二人实际上为成功逃跑临时达成了分工合意，最终贾某金驾驶摩托车载着于某营逃离作案现场，可见贾某金对抢劫有概括的故意。故二被告人的行为均构成抢劫罪。二审法院裁定驳回上诉，维持原判。

---

① 参见山东省滨州市中级人民法院（2015）滨中刑二终字第49号刑事判决书。

本案中，于某营在盗窃被发现后使用铁锹威胁王某戊，而贾某金并未直接参与该暴力威胁行为，但法院认为，贾某金当时在于某营以暴力相威胁的现场，对于某营的行为知情且没有进行明确、有效制止，所以于某营的行为不属于实行过限。在法院看来，贾某金在客观上没有直接实施暴力威胁行为的情况下，对于某营的行为知情但不阻止，所以贾某金也应对于某营的暴力威胁行为负责，于某营的行为不属于实行过限。在此，贾某金对于某营的暴力威胁行为知情，对判断于某营的行为是否实行过限起到了根本性的作用。

［案例4-9］梁某抢劫案[①]

被告人李某玉、梁某事先与黄某伟、路某玉等人商议预谋诈骗他人财物。诈骗方式为先由黄某伟携带一定数量的水貂皮以低价佯装与他人交易，收取货款后则由李某玉、梁某扮作工厂保安人员以水貂皮是工厂被盗财物应予收缴为由，趁机将水貂皮拿回。2013 年 10 月 13 日晚，黄某伟将被害人曹某科约至位于龙华新区观澜观城××百货 305 房进行水貂皮交易。两人商定后，曹某科将人民币 94 000 元现金交给黄某伟，黄某伟即短信通知李某玉与梁某已交易完成。李某玉、梁某随即冒充工厂的保安人员进入该住处房间内，称水貂皮是工厂被黄某伟盗窃的财物，要将该 235 条水貂皮及黄某伟带回工厂。曹某科生疑便立即给在楼下等他的妻子王某云打电话要其报警求助，李某玉见状就去抢曹某科的手机并将其按倒在床上，遭曹某科反抗后，李某玉对其殴打两拳。此时黄某伟趁机携款逃跑，梁某携带装水貂皮的袋子假装追赶黄某伟亦趁机离开。因没有找到黄某伟，梁某又返回该屋内与李某玉一起携带装有水貂皮的袋子欲逃离现场，曹某科则一直跟随二人走了约 200 米，并要在楼下等候的王某云赶紧报警。曹某科在跟随李某玉、梁某二人并协商私了过程中，民警赶到现场将三人带回派出所进行调查。

深圳市宝安区人民法院审理后认为，被告人李某玉、梁某无视国家法律，在实施诈骗过程中为窝藏赃物、掩护同案其他犯罪嫌疑人逃跑而当场使用暴力，其行为均已构成抢劫罪。

一审宣判后，梁某不服提起上诉，其本人及其辩护人的意见之一是：同案人李某玉的暴力行为，系共同犯罪过程中的实行过限，其不应为此承担责任。

深圳市中级人民法院审理后认为，李某玉和梁某等人虽事先商议以诈骗方式骗取被害人钱财，但在李某玉对被害人实施暴力行为时梁某在场，且并未阻止李某玉的行为，反而趁机拿着一袋水貂皮往外跑，故李某玉的暴力行为并未超出梁某的共同故意范围，不属于实行过限。二审法院裁定驳回上诉，

---

① 参见广东省深圳市中级人民法院（2014）深中法刑二终字第 476 号刑事判决书。

维持原判。

　　本案中，被告人梁某并未直接对被害人实施暴力行为，但法院以其在李某玉对被害人实施暴力行为时在场，且并未阻止李某玉的行为为由认定李某玉的行为不属于实行过限。而所谓"在场"，指的就是梁某对李某玉的行为知情。本案法院也是将"知情"作为判断行为是否实行过限的重要标准。

　　在理论上，知情标准也得到了不少学者的支持。陈兴良教授曾指出，在认定实行过限的时候，必须考察共犯对某一临时起意的犯罪行为是否知情。共犯如果不知情，就谈不上对该行为具有罪过，该行为就属于实行过限，共犯对此不负刑事责任。共犯如果是知情的，即主观上对该行为是容忍的，尽管没有亲手实行，也应承担刑事责任，该行为就不是实行过限。[1] 另有学者也认为，在共同犯罪中出现实行犯实施了超出共同谋议范围的其他行为时，如果其他共犯自始至终不知道，说明其在主观上对这种行为没有罪过，其他共犯只对共同谋议之罪承担刑事责任；如果其他共犯在场，不管表面上是作为（积极参与、予以协助）还是不作为（不予制止、袖手旁观），都对实行共犯产生了精神支持或者鼓励，对被害人造成了心理压力或恐惧，说明其在主观上对这种行为处于积极追求或放任的状态，这种行为属于临时起意的共同犯罪，不属于共犯过限，凡参与实施的共犯都应承担刑事责任。[2]

　　以上两种观点对知情标准立论根据的解读并不相同。首先，根据陈兴良教授的观点，未实施者如果对实施者实施超出共谋外行为知情，主观上便是容忍该行为的实施，就和实施者形成了新的共同故意，故该行为不属于实行过限，未实施者也应承担责任。可是，说"知情"便是"容忍"，其实只是对行为人主观心态的一种拟制，这种拟制并不一定符合事实。在行为人知情但只是袖手旁观的情况下，行为人对共谋外行为的实施可能并不赞同，亦不打算帮助，实施者可能也明显感觉到同伴"不干涉、不加入"的态度，若认为此时双方又重新达成了新的共同故意，未免牵强。如果这种拟制一律成立，那么所有经过犯罪现场看到行为实施的人都可能成立犯罪，这显然是不合适的。在单独犯的场合，认为行为人容忍危害结果的发生是在行为人已经实施了危害行为的前提下作出的判断，"行为本身就是确定行为人接受结果发生危险的标准"[3]。而在实行过限案件中，一方面，未实施者事先没有与实施者就共谋外行为的实施进行过谋议，不能直接将实施者的行为视为未实施者的行为；另一方面，未实施者在实施者实施超出共谋外行为时，没有参与该行为的实施或者没有为该行为的实施提供帮助。因而，认定未实施者"容忍"的

---

　　① 陈兴良. 共同犯罪论. 北京：中国人民大学出版社，2006：347.

　　② 赵丰琳，史宝伦. 共犯过限的司法认定. 法律适用，2000（8）.

　　③ 杜里奥·帕多瓦尼. 意大利刑法学原理. 陈忠林，译. 北京：法律出版社，1998：212.

客观根据并不充分。

其次，有学者正是因为看到了上述观点的问题，故对知情标准的立论根据进行了不同解读。此种观点将未实施者的"在场"视为对实施者的精神支持或者鼓励，即将"在场"这一事实本身评价为一种对实施者的心理帮助，从而为认定未实施者主观上积极追求或放任共谋外行为的实施提供客观依据。但是，在共同犯罪中，当有人临时起意实施新的犯罪时，其他人的"在场"只是其参与前一个共同犯罪的附随状态，将其评价为对后一犯罪的心理帮助，存在重复评价之嫌，会令共犯人承担不公平的责任。如果这种观点成立，那么在共同犯罪中，当有人实施新的犯罪时，只要其他共犯人未及时离开现场，无论该新的犯罪与原先共谋的犯罪在性质上有多大差异，其他共犯人也均应承担刑事责任，这也明显是不合适的。

由此可见，现有理论对知情标准立论根据的解读是存在问题的，将"知情"或者"在场"等同于主观上的容忍或客观上的帮助，存在理论逻辑或现实事实上的不合理性。实际上，在实务操作中，法院并不是仅以未实施者对实施者的行为知情为由认定该行为不属于实行过限。在以上所举的两则案例中，法院认定行为不属于实行过限，除因为未实施者知情之外，还有一个重要理由，就是未实施者没有阻止实施者实施相应的行为。而未实施者没有阻止实施者实施相应的行为就要对该行为承担刑事责任，其根据只有一个，即未实施者在案发当时负有相应的阻止义务。未实施者负有阻止义务却不阻止，在客观上是一种不作为，在主观上表现出他对实施者所实施的行为起码是一种放任的心态。所以，他实际上是以不作为的形式与实施者就该行为形成了新的共同犯罪，该行为因而不属于实行过限。既然未实施者是以不作为形式参与了新的共同犯罪，那么对实施者的行为知情只是认定其应该对该行为负责的前提，负有相应的阻止义务才是判断的根本。应该说，这样的判断思路是合理的，通过对阻止义务的故意违反这一要件将共同犯罪仍然限定在共同故意的范围之内，能够合理地限定未实施者的责任范围。由此也可以看到，所谓的知情标准是残缺的，仅以是否知情来认定行为是否实行过限，是存在问题的。在未实施者知情的前提下，只有能够进一步证明其负有相应的阻止义务，才能合理说明他应对实施者的行为承担责任的根据。知情标准需以阻止义务进行补强，才能准确判断行为是否属于实行过限。

在个案判断中，未实施者是否知情，是个事实认定问题，主要由证据材料来进行证明，相对容易认定。而未实施者是否负有相应的阻止义务，则是个规范判断问题，显然要复杂得多。从作为义务来源的角度来看，未实施者阻止义务应来源于先前行为，即他之前所参与的共同犯罪行为使他负有了相应的阻止义务。理论上一般将因先前行为产生的作为义务分为危险源的监督义务和脆弱法益的保护义务两种类型，同样，因共同犯罪行为产生的作为义务也可以分为这样两种类型。

1. 因共同犯罪行为产生的危险源监督义务

这种情形是指，在共同犯罪中，若行为人所参与的共同犯罪行为会类型性地引发其他共犯人实施新的犯罪，则该参与行为属于先前行为，行为人应承担阻止其他共犯人实施新的犯罪的义务。在此，阻止义务存否的关键在于确定参与的共同犯罪行为与新的犯罪之间是否具有类型性的引发关系。对此，应分别从两者在质和量的关联性上进行考虑。

首先，应考察参与的共同犯罪行为与新的犯罪之间的法益关联性。先前行为人只应对其行为性质所可能涉及的法益侵害承担责任，只有当参与行为与新的犯罪所侵害的法益在性质上具有同质性时，才能认定参与行为对新犯罪的引发关系，才应让行为人对新的犯罪承担责任。例如，在共同重伤过程中部分参与人实施了杀害行为，在共同敲诈勒索过程中部分参与人实施了抢劫行为。在这些场合，行为人如果知道其他参与人在实施杀害行为或抢劫行为，就负有相应的阻止义务。相反，共同盗窃但部分参与人实施了强奸行为，共同杀人但部分参与人实施了盗窃行为，即使行为人知道其他参与人在实施强奸行为或盗窃行为，亦不负有阻止义务。其背后的道理和在预见标准部分所论述的是一致的。

其次，若上述判断得出肯定结论，接下来还应考察参与行为侵害法益的严重程度。参与行为本身越严重，就越容易引发新的犯罪。以生命法益为例，轻微的殴打和严重的殴打这两种情形比较起来，后者更容易引发对生命法益的侵害。不仅如此，共同侵害行为越严重，使被害人陷入的状态越脆弱，就越有可能引起同伴的攻击欲望，越容易促使其实施新的犯罪。举以下两个案例进行对比说明：

例1：甲和乙经共谋，对被害人实施严重的殴打行为。在这个过程中，乙决定继续实施更加严重的伤害行为，并在没有甲参与的情况下，最终杀死了被害人。

例2：甲和乙经共谋，对被害人实施轻微的殴打行为。在这个过程中，乙突然对被害人实施非常严重的暴力行为并导致被害人死亡，甲尽管可以阻止乙的行为，但他什么也没有做。

在例1中，由于先前行为是严重的暴力行为，本身就制造了一个向死亡方向升高的危险，乙只是在此基础上"顺势而为"地实施了杀人行为，因此，如果甲对乙的行为知情，就负有阻止义务。甲若不阻止，就应对乙的杀害行为承担责任。在例2中，由于先前行为是轻微的暴力行为，对被害人的生命法益来说并没有制造一个值得注意的风险，因此，甲对乙突然实施的致被害人死亡的严重暴力行为没有阻止义务。甲即使知情且未阻止，也无须对乙的杀害行为承担责任。

2. 因共同犯罪行为产生的脆弱法益保护义务

这种情形是指，在共同犯罪中，当之前的共同犯罪行为使被害人陷入无法抵抗侵害的脆弱状态，其他参与人利用这种状态实施新的犯罪时，行为人应对被害人承担保护义务，负有阻止新的犯罪被实施的义务。例如，甲、乙二人共同入室抢劫，甲将被害人丙（女）的手脚捆绑住，乙则在一旁搜索钱财。若乙又打算强奸丙，由于甲捆绑丙的行为使丙陷入无法反抗乙之强奸的状态，因而甲有义务阻止乙的行为。再如，甲、乙一起对被害人实施暴力，之后甲又强奸了被害人。如果先前的暴力致使被害人受伤并无力抵抗，乙便负有了阻止甲实施强奸行为的义务，其若对甲的强奸行为知情却不阻止，就应承担不作为的责任；反之，如果先前的暴力程度并不严重，不构成对被害人保护能力的剥夺，乙即使对甲的强奸行为知情不阻止，也因不负有阻止义务而无须承担责任。

与危险源监督义务的产生要求参与行为与新的犯罪之间存在类型性的引发关系不同，脆弱法益保护义务的产生不要求参与行为与新的犯罪之间具备这样的关联。当之前的共同犯罪行为剥夺了被害人的自我保护能力时，即使其他参与人利用被害人的脆弱状态实施的新罪与之前的共同犯罪在侵害的法益的性质上完全不同，行为人在知情的情况下也应承担相应的阻止义务。

[案例 4-10] 张某许抢劫、黄某銮盗窃案①

2013 年 10 月 18 日 12 时许，被告人张某许驾驶一辆无号牌男装摩托车搭载着被告人黄某銮从广东省揭东县出发，窜至广东省丰顺县埔寨镇学枫村学坑被害人黄某宽家门口，见被害人黄某宽系一老年人且独自一人在其家门口吃饭，便按两人事先商量的方法，由被告人黄某銮佯装口渴向被害人黄某宽讨水喝以引开被害人。被告人张某许趁机进入被害人家中，顺手拿起桌面上放着的"T"字型剃须刀去撬一木箱实施盗窃。在实施盗窃过程中，因撬木箱发出声音而被被害人发现，被告人张某许推开被害人并将其推倒在地上企图逃跑，当其准备驾驶摩托车逃跑时，被闻讯赶来的被害人黄某良拦截。被告人张某许为抗拒抓捕，跑进被害人黄某宽家厨房拿出两把菜刀与被害人黄某良搏斗，砍伤黄某良后逃跑，逃至埔寨镇茅园村时被村民抓获。其间，被告人黄某銮一直站在现场观看。丰顺县公安局埔寨派出所接警后赶到作案现场将两被告人抓获归案。

---

① 参见广东省丰顺县人民法院（2014）梅丰法刑初字第 21 号刑事判决书。

广东省丰顺县人民法院审理后认为，被告人张某许以非法占有为目的，伙同黄某銮按双方事先约定，由黄某銮借故引开被害人，其则趁机入户窃取被害人财物，实施入户盗窃。被告人张某许在入户盗窃被发现后，推开事主跑到户外企图驾驶摩托车逃跑，被闻讯赶来的被害人黄某良拦截。被告人张某许为抗拒抓捕而当场使用凶器两把菜刀，并用菜刀砍伤被害人黄某良，致被害人黄其良轻微伤，其行为已由盗窃罪转化为抢劫罪，以抢劫罪对其定罪处罚。被告人黄某銮与被告人张某许只存在共同实施盗窃行为的故意，在盗窃行为被发现后，被告人张某许为抗拒抓捕而当场使用暴力并直接致被害人轻微伤的后果，均系被告人张某许个人故意行为，被告人黄某銮主观上并无该行为的共同故意，亦未认可、授意，客观上对被告人张某许的实行过限行为也未参与或提供帮助。正如公诉机关所控，被告人黄某銮在此期间一直站在现场观看，因此，被告人黄某銮不应对被告人张某许因使用暴力行为而转化为抢劫罪承担刑事责任，其犯罪行为只构成入户盗窃，仍应按盗窃罪对其定罪处罚。

本案中，两被告人共谋的是盗窃罪，在被告人张某许为了抗拒抓捕而对被害人实施暴力时，黄某銮一直站在现场观看，即其对张某许的暴力行为知情，虽未积极参与但也未阻止。而本案法院并未如以上两案法院一样，以黄某銮对张某许的暴力行为知情且未阻止为由认定黄某銮应对张某许的暴力行为负责，而是认定张某许的暴力行为属于实行过限，黄某銮仍仅需承担盗窃罪的刑事责任。本案法院虽未详细说明其中的根本理由，但实际上就是认为黄某銮对张某许的暴力行为没有阻止义务，所以其并不以不作为与张某许形成新的共同犯罪。本案法院的裁判结论是值得肯定的。

回过头来看于某营、贾某金抢劫案和梁某抢劫案。在前者中，共犯人之间共谋的是盗窃罪，在后者中，共谋的是诈骗罪，而共谋外的行为均是抢劫罪。盗窃罪、诈骗罪与抢劫罪虽然都是财产犯罪，在侵害财产法益上具有同一性，但盗窃罪、诈骗罪在性质上是平和型犯罪，而抢劫罪是暴力、胁迫型犯罪，在侵害财产法益的同时还会侵害人身法益，在侵害人身法益方面存在明显区别，故不应认定盗窃罪、诈骗罪与抢劫罪之间具有类型性的引发关系，即不应认定共谋盗窃或诈骗通常会引发他人实施抢劫行为。既然如此，共谋盗窃或诈骗的共犯人就不负有阻止其他共犯人在盗窃或诈骗过程中实施抢劫行为的义务，即使知情，也因不负有阻止义务而不应对他人的抢劫行为承担责任。因此，在上述两则案例中，法院仅以未实施抢劫行为的共犯人知情且没有阻止为由认定该抢劫行为不属于实行过限，而没有充分考虑未实施抢劫行为的共犯人是否负有相应的阻止义务，是值得商榷的，其裁判结论不能为笔者所接受。

[案例 4 - 11] 廖某等抢劫、故意杀人案①

2005 年 8 月 12 日上午 8 时 30 分许，廖某携带一把单刃尖刀，同周某、王某前往上饶市信州区五三大道王某邻居郑某家抢劫。3 人先一起来到王某家里，廖某指使王某以自家停电为由敲开被害人的家门，在发现只有郑某和两个儿子在家后，廖某决定实施抢劫，3 人还分了工。随后，廖某、周某、王某一起到被害人郑某家门口，王某以邻居的名义敲开郑某家的防盗门，廖某即持刀和周某、王某进入郑某家。在郑某家中，廖某将郑某带进主卧室去取存折，并要周某去捆绑郑某的两个儿子。周某找来围裙、毛巾等在客厅将郑某两个儿子的双手捆绑，交给王某看守，自己也进入主卧室。在主卧室内，廖某以持刀刺杀郑的儿子相要挟，威逼郑某交出存折并说出了密码，周某则从抽屉内搜出了一叠人民币。之后，廖某又要周某将郑某捆住。周某就用一根手机充电器的电线将郑某双手反绑，然后便拿着郑某的存折到上饶市中行胜利路营业部去取钱。大约 20 分钟后，周某返回被害人家里，告知廖某取到了 4.2 万元现金，廖某便决定杀人灭口。之后，廖某一人进入主卧室，将门关上，威逼被害人郑某趴在床上，用被子蒙住郑某的头部，丧心病狂地持刀朝她的面部、颈部、背部等处刺杀 41 刀，将其杀死。随即廖某回到客厅指使周某、王某杀死郑某两个儿子，要周、王各杀一人，周、王两人均表示不敢杀人。于是，廖某返身又将郑某两个儿子分别带进主卧室后关上房门，让两名受害人趴在床上，用被子、衣服蒙住头部后，持刀分别朝郑某两儿子的面部、头部、背部等处刺杀了 9 刀和 17 刀，将两人杀死。之后，3 人迅速逃离现场。

上饶市中级人民法院一审判决 3 人均构成抢劫罪和故意杀人罪，数罪并罚。

一审宣判后，周某、王某不服，提起上诉。辩护人提出，3 人虽有预谋，但对杀人未达一致，周、王两人不想谋命，从作案时未携带凶器就可以看出，况且事前两人均表示不敢动手杀人，只是当时没有能力制止事态发展，不能将廖某杀人而产生的严重后果归罪于两人。

江西省高级人民法院审理后认为，在抢劫犯罪中，廖某组织、策划、指挥、实施全部犯罪活动；周某参与犯罪策划，反绑被害人双手，从抽屉搜出现金，到银行取钱，行为积极；王某提供作案目标，骗开被害人家房门，负责看守被害人，作用明显，3 人起了主要作用，均系抢劫罪的主犯。而此案是一起蓄谋已久、分工明确、配合默契的入户抢劫案件，抢劫数额巨大，行为恶劣，社会影响极坏。周某、王某二人在抢劫犯罪阶段中实施的大量行为，已延续到故意杀人犯罪阶段，给予其最严厉的打击和判罚是正确的。二审法

---

① 三名青年入室抢劫 4.2 万　67 刀杀死一家三口. 江南都市报，2006-10-10.

院裁定驳回上诉，维持原判。

　　本案中，被告人廖某的行为较易认定，其在实施抢劫之后再杀人灭口，应以抢劫罪和故意杀人罪并罚。周某、王某也参与了抢劫行为，无疑成立抢劫罪的共犯。有疑问的是，二人应否对廖某的故意杀人行为负责。法院认为，周、王二人虽然明确拒绝廖某提议的杀人行为，但其"在抢劫犯罪阶段中实施的大量行为，已延续到故意杀人犯罪阶段"，所以也均构成故意杀人罪。在此，法院虽然将"在抢劫犯罪阶段中实施的大量行为，已延续到故意杀人犯罪阶段"作为认定周、王二人应对廖某的故意杀人行为负责的核心理由，但并未言明其真实含义。在笔者看来，之所以周、王二人应对廖某的故意杀人行为负责，其根本理由在于，二人之前所参与的抢劫犯罪使他们负有了阻止廖某的故意杀人行为的义务。具体来说就是，被告人周某在共同抢劫的过程中，实施了捆绑被害人的行为，这一行为使被害人陷入无力反抗的脆弱状态，所以在被告人廖某杀害被害人时，周某负有相应的阻止义务；被告人王某虽在共同抢劫中未直接实施捆绑被害人的行为，但根据共同正犯的"部分实行、全部责任"原则，周某的行为可以归责于王某，所以在被告人廖某杀害被害人时王某同样负有相应的阻止义务。二被告人负有阻止义务却不阻止廖某的杀害行为，以不作为的形式与廖某形成了故意杀人的共同犯罪，故廖某的杀人行为不属于实行过限。

　　综上所述，在共同犯罪中，当部分共犯人临时起意实施超出原共谋范围的行为时，不能仅以其他未实施者是否知情来认定该行为是否实行过限。在其他未实施者知情的情况下，还需进一步考察未实施者是否负有相应的阻止义务，若未实施者负有阻止义务但不阻止，可以认定该行为不属于实行过限，未实施者应对该行为承担责任；若未实施者没有阻止义务，即使知情，也应认定该行为实行过限，未实施者无须承担责任。

（三）小结

　　对于实行过限的判断，预见标准的适用应当受到一定的限制，即只有当未实施者主观上对行为的实施有预见，且该行为在客观上具有被实施的具体的高度可能性，并与原先共谋的行为在侵害法益的性质上具有关联性时，才能认定该行为不属于实行过限。知情标准存在残缺，需以作为义务补强，即只有当未实施者主观上对行为的实施知情，且客观上负有阻止义务而没有履行阻止义务时，才能认定该行为不属于实行过限。

　　在进行上述限制和补充的基础上，可以综合运用两种方法来认定个案行为是否实行过限：当有部分共犯人实施超出原共谋范围的行为时，先判断未实施者对该行为是否有预见。若有预见，且该行为客观上具有被实施的具体的高度可能性，并与共谋行为之间具有法益侵害的同质性，则该行为不属于实行过限，未实施者应对其承担责任。若无预见，再判断在行为被实施时是否知情。如果知情，且因先前参与的共犯行为而对该行为负有阻止义务而不阻止，则该行为不属于实行过限；如果不知情或者虽然知情但不负有阻止义务，则该行为属于实行过限。

第五章　共同犯罪中止的认定

关于共同犯罪的中止，我国刑法没有作出明确规定，需要根据刑法有关犯罪中止和共同犯罪的规定，区分共同正犯、教唆犯、帮助犯三种共犯形态，运用刑法理论进行分析认定。总体而言，现代刑法以保护法益为其本质要求，因此立足于法益保护的"因果关系切断说"是判断共犯中止的通说标准。共犯人想要中止共犯关系，必须消除自己的行为与其他共犯人的行为及其结果的因果性。[①] 此外，共同犯罪过程分为着手实行之前和着手实行之后两个阶段，共犯人消除自己行为的因果性的条件在这两个阶段也有所不同。

一、共同正犯的中止

（一）着手实行之前的中止

在此阶段，各共犯人均还未着手实行犯罪，还并非严格意义上的"正犯"，只是共谋将来共同实行犯罪。关于共谋之后，个别人在其他人着手实行犯罪之前主动退出共同犯罪，符合什么条件可以成立犯罪中止，需要区别情形讨论。

1. 主动退出者为非首谋者

所谓主动退出者为非首谋者，是指主动退出者并非共同犯罪的发起者或主要提议者，仅是应邀参与了共谋，在共谋中仅起到一般性作用。在这种情况下，主动退出者将自己退出共同犯罪的意思在其他人着手实行之前传达给其他人，并得到其他人的接受和认同的，最初的共谋关系和最后的实行行为之间的因果联系切断，之前实施的共谋行为对其他共谋者的心理支撑不再存在。此时，主动退出者对其他共谋者造成的未遂或者既遂结果均不必承担责任，对其应按（预备阶段）中止犯处罚。就是说，非首谋者在着手实行之前

---

① 张明楷. 刑法学：上. 5 版. 北京：法律出版社，2016：447.

要成立预备阶段的中止，需要满足两个条件：（1）向其他共谋者传达退出共同犯罪的意思；（2）退出共同犯罪的意思被其他共谋者接受和认可。符合这两个条件，就可以认为其他人作出了同意其退出共同犯罪关系的承诺，意味着主动退出者之前的共谋行为和其他人之后的行为及其结果之间的因果性已经切断，主动退出者成立犯罪中止。例如，甲和乙二人在堤边散步，偶遇往日同伙前往堤边准备抢劫作案，同伙邀二人加入。二人先是答应，后同伙中有一人提出堤边只有一个作案对象，参加的人太多则分赃太少，甲和乙遂主动提出不参与。其他同伙往前一路段作案后，重回原地，用摩托车载着甲和乙二人离开堤边，后甲和乙也没有分得赃物。本例中，甲和乙应邀答应参加抢劫，即参与了抢劫的共谋，但在其他同伙着手之前主动提出不参与抢劫，并被其他同伙接受。如此，甲和乙之前的参与共谋行为与其他人实施的抢劫行为之间就不具有因果性，甲和乙成立抢劫罪（预备阶段）中止，应当免除处罚。

有疑问的是，在主动退出者没有明示地表明退出意思，但其他人已经认识到这一点的场合，主动退出者能否成立犯罪中止？例如，甲因与丙有仇决意杀害丙，邀约乙于次日一起杀丙，乙答应。甲如期到丙家，乙未去，甲一人将丙杀死。本例中，乙虽然事先并未明示地向甲表明退出意思，但没有如约到达犯罪现场，对此甲也有认识，乙是否成立犯罪中止？笔者认为，在这种情形中，乙只是应邀参与共谋，事后没有如约到达犯罪现场，即是向甲表达了退出共同犯罪的意思，而且甲对此也有认识，因此甲之后的行为与乙的参与共谋行为之间就不再具有因果性，可以认定乙成立犯罪中止。

2. 主动退出者为首谋者

所谓主动退出者为首谋者，是指主动退出者是共同犯罪的主要提议者，或者虽非提议者但在共谋中为共谋的犯罪作出了重要贡献。在这种情况下，首谋者的行为对共谋的形成或共谋进入实行阶段起到了重要作用，对其他人的实行行为会产生巨大的影响。所以，仅仅向其他共谋者表示退出共同犯罪的意思并被其他共谋者所接受还不足以消除共谋行为与其他人的实行行为及其结果的因果性，还必须作出额外的努力才可能成立犯罪中止，未作出这种努力的，仍然应该与其他人造成的结果负责。① 所谓额外的努力，是指要采取劝说其他共谋者放弃犯罪、告知被害人、报告警方等措施有效阻止其他共谋者实行犯罪。首谋者如果没有采取这些措施，或者虽然采取了这些措施但没有有效阻止其他共谋者实行犯罪，则不能成立犯罪中止，仍应对其他共谋者造成的结果负责，所付出的额外努力仅可以作为酌定量刑情节予以考虑。例

---

① 周光权. 刑法总论. 3 版. 北京：中国人民大学出版社，2016：359.

如，甲向乙、丙提议共同盗窃，并向乙、丙讲解了详细的犯罪计划，但在着手之前，甲因害怕将来受到刑事追究而意欲放弃犯罪，并告知了乙、丙自己放弃犯罪的意思。但之后乙、丙仍然按照甲事先拟定的犯罪计划完成了盗窃行为。本例中，甲作为共同盗窃的首谋者，虽然在着手之前向乙、丙表达了放弃犯罪的意思，但既没有劝说乙、丙放弃犯罪，也没有通过告知被害人、报告警方等方式阻止乙、丙的盗窃行为，不能成立犯罪中止，而是和乙、丙成立盗窃既遂的共同正犯。

[案例 5-1] 韩某维等抢劫、强奸案①

2008 年 11 月，被告人韩某维与张甲、孙某共谋抢劫杀害被害人张乙（女，殁年 23 岁）。在孙某将张乙位于河北省武安市的租住处指认给韩某维、张甲后，三人多次携带尖刀、胶带等工具到张乙的租住处准备抢劫。因张乙未在家，抢劫未果。同年 12 月 25 日晚，韩某维、张甲携带尖刀、胶带再次到张乙的租住处附近伺机作案。当日 23 时 40 分许，在张乙驾车回到院内停车时，张甲持刀将张乙逼回车内，并用胶带捆住张乙双手，韩某维从张乙身上搜出其家门钥匙。张甲进入张乙家中劫得现金人民币（以下币种均为人民币）4 000 余元及银行卡、身份证、照相机等物。韩某维、张甲逼张乙说出银行卡密码后，驾驶张乙的汽车将张乙挟持至武安市矿建路的中国银行，张甲用张乙的银行卡通过自动取款机取出现金 3 900 元。后韩某维、张甲将张乙挟持至武安市矿山镇矿山村一废弃的矿井旁，韩某维在车上将张乙强奸。随后韩某维、张甲用胶带缠住张乙的头部，将张乙抛入矿井内，致其颈髓损伤导致呼吸衰竭死亡。韩某维、张甲共劫得张乙现金 7 900 余元及一辆汽车、一部诺基亚手机、一部小灵通、一部照相机等物，合计价值 100 465 元。

河北省邯郸市中级人民法院审理后认为，被告人韩某维、张甲、孙某为劫取财物而预谋实施故意杀人，后韩某维、张甲按照预谋抢劫他人财物，并在抢劫后杀人，其行为均构成抢劫罪。韩某维在抢劫过程中还强奸被害人，其行为又构成强奸罪。孙某参与了为抢劫而杀害被害人的预谋，后又多次带领另两名被告人到被害人住处蹲守，构成抢劫罪的共犯。孙某参与了为劫取财物而杀害被害人张某的预乙全过程，并带领韩某维、张某甲指认了张乙的住处，还多次伙同韩某维、张甲至张乙住处蹲守，因张乙未回家而未得逞。后当韩某维、张甲再次实施抢劫时，孙某因故未去，但孙某明知其他被告人要实施共同预谋的犯罪行为而不予制止，未能有效防止共同犯罪结果的发生，其行为属于犯罪既遂。

---

① 最高人民法院刑事审判第一、二、三、四、五庭. 中国刑事审判指导案例：第 1 卷. 北京：法律出版社，2017：94-98.

一审宣判后，被告人孙某以其行为不构成抢劫共犯为由提起上诉。

河北省高级人民法院经审理后认为，孙某参与抢劫、杀害张乙的预谋过程，并带领韩某维、张甲二人指认了张乙的住所，还曾伙同韩某维、张甲多次携带作案工具至张乙住处蹲守，伺机实施犯罪，构成抢劫罪共犯，应对共同犯罪承担刑事责任，其上诉理由不能成立。

本案中，有争议的是，被告人孙某参与了抢劫预谋，带领同案犯指认被害人张乙的住处，并多次参与蹲守，但后来因故没有参与抢劫张乙的实行行为，其行为是否属于犯罪中止？在抢劫被害人张乙的犯罪中，孙某参与了犯罪预谋，提出将张乙作为抢劫对象，参与购买作案工具，提议杀死张乙，并带领韩某维、张甲前去指认张乙的住处，还多次伙同韩某维、张甲二人至张乙住处蹲守，因张乙未回家而未得逞。后当韩某维、张甲准备再次抢劫张乙时，孙某因故未去，系主动放弃继续实施抢劫张乙的行为。但从之前的共谋过程来看，孙某不但提出了抢劫张乙，指认了张乙的具体住址，并多次与韩某维、张甲二人一起蹲守，还提出要杀人灭口，可以说为共谋的犯罪作出了重要贡献，属于首谋者。在这种情况下，孙某仅仅主动放弃继续实施抢劫张乙的行为不能成立犯罪中止，还必须消除之前的共谋行为与犯罪结果之间的因果性。但实际情况是，孙某仅是单纯放弃自己继续犯罪，而未采取措施防止共同犯罪结果的发生，其行为与韩某维、张甲后续的抢劫犯罪结果之间具有因果性，故应认定孙某构成犯罪既遂。

[案例5-2] 刘某抢劫案[①]

2011年9月24日中午，薛某全（已另行处理）从内蒙古包头市回到巴彦淖尔市乌拉特前旗乌拉山镇，在与刘某会合后，薛某全提出以杀人埋尸的手段抢劫的犯意，刘某表示同意。二人遂驾驶刘某的摩托车先后两次到乌拉山镇附近寻找埋尸的地点，未果，遂将买来作案用的铁锹藏匿于乌拉山镇卧羊台公园一草丛内，之后返回乌拉山镇又各自购买尖刀一把随身携带。第二日，薛某全又打电话给刘某提出共同实施抢劫的犯意，遭到刘某的拒绝。第三日19时许，薛某全来到乌拉特前旗白彦花镇街上，租用李某斌的比亚迪牌轿车（价值49 503元）前往乌拉特前旗先锋镇张楞社，欲途中实施抢劫但未果。当日20时许，薛某全在白彦花镇街上租用被害人刘某庭的夏利牌轿车（价值30 544元）前往张楞社。当车行驶至先锋镇分水村三其社附近时，薛某全找借口要求停车，并和刘某庭一同下车。在刘某庭准备上车时，薛某全持随身携带的刀捅刺刘某庭左肩颈结合处、左肩、左背部、腰部10刀，致刘某庭左锁骨下动脉破裂引发大出血死亡。后薛某全驾驶该车将刘某庭的尸体抛至先锋镇

---

①　最高人民法院刑事审判庭. 刑事审判参考：总第96期. 北京：法律出版社，2014：24.

分水村根子厂社附近草地内，从刘某庭处劫得现金 100 元、诺基亚手机 1 部。

内蒙古自治区巴彦淖尔市人民法院审理后认为，刘某与薛某全预谋以杀人埋尸的手段抢劫财物，共同寻找埋尸地点并购买了作案工具，二人的行为构成抢劫罪，且系共同犯罪。薛某全在共同犯罪中起主要作用，系主犯，刘某在共同犯罪中起辅助作用，系从犯。刘某与薛某全共同预谋抢劫杀人，共同准备犯罪工具、制造犯罪条件，虽然刘某在预备阶段停止实施犯罪行为，但其未有效制止薛某全的继续犯罪行为，未能避免危害结果的发生，其应当对全案抢劫杀人既遂后果承担法律责任。法院判决刘某犯抢劫罪，判处有期徒刑 5 年，并处罚金 1 万元。

本案中，刘某、薛某全预谋抢劫杀人，而且从案情来看，两人之间并没有明显分工。在共谋阶段，二人不仅形成了共同实行犯罪的合意，还进行了犯罪准备，一同寻找埋尸的地点并购买了作案工具尖刀。由此可以看出，刘某的参与行为为薛某全之后实施的抢劫杀人行为作出了重要贡献，刘某和薛某全同属于首谋者。尽管刘某之后并未与薛某全一起实施抢劫杀人行为，且明确向薛某全表达了不参与实行的意思，但其作为首谋者，仅此还不足以成立犯罪中止。由于刘某并未阻止薛某全实行犯罪，未能有效消除自己作为首谋者的行为与薛某全实行行为的因果性，故应当对薛某全的行为与其结果承担刑事责任，与薛某全成立抢劫罪既遂的共同犯罪。法院的认定是合理的。

从以上的分析可见，在判断着手实行之前共同正犯的中止时，应考虑两方面的因素：一是放弃犯罪者在共谋中所起的作用大小，主要考虑其是否是共谋犯罪的提议者，是否为共谋的犯罪作出了重要贡献；二是放弃犯罪者的放弃行为表现，主要考虑其是否向其他共谋者表达了放弃犯罪的意思并被对方接受，是否为阻止其他共谋者着手实行犯罪作出了真挚努力。对于成立犯罪中止而言，放弃犯罪者在共谋中所起的作用大小不同，要求其采取的放弃行为表现也有所不同。作用越大，就越要求其作出足够的努力去阻止犯罪的着手。

需要指出的是，在我国传统刑法理论中，在判断着手实行之前共同正犯的中止时，一般不区分主动退出者是首谋者还是非首谋者，即不区分其在共谋中的作用大小，而主张其一旦参与了共谋，就只有阻止了其他共谋者着手实行犯罪才能成立犯罪中止，否则就要对其他共谋者造成的结果承担责任。如陈兴良教授曾指出："在一般情况下，共同实行犯中某一共同犯罪人的犯罪中止，以阻止其他共同犯罪人继续实行或者有效地防止犯罪结果的发生为必要条件，而仅仅停止本人的犯罪行为是不够的。"[1] 这种观点虽然注重各共谋

---

① 陈兴良. 共同犯罪论. 2 版. 北京：中国人民大学出版社，2006：372.

者通过共谋所形成的犯罪的整体性，但忽视了对这个整体内部各共谋者对法益侵害结果的因果性的考察，与"因果关系切断说"的判断标准不符，导致对共犯中止的认定过于严苛。

（二）着手实行之后的中止

在共同正犯全体或部分成员着手实行之后，整个共同犯罪就进入实行阶段，对法益造成具体的、紧迫的危险。在这个阶段，如果共同正犯全体成员都自动决定停止犯罪，并有效防止犯罪结果发生，那么整个共同犯罪中止，全体成员自然均成立犯罪中止。至于部分正犯主动放弃犯罪，符合什么条件才能成立犯罪中止，则要根据具体情形认定，主要有以下三种情形：第一，如果部分正犯主动放弃犯罪，并有效阻止其他人继续犯罪，或者有效防止犯罪结果发生，则主动放弃者属于犯罪中止。至于其他共犯人，如果系经劝说后自动停止犯罪，则也属于犯罪中止；如果系因被阻止而未能完成犯罪，则属于犯罪未遂。第二，如果部分正犯主动退出，但没有采取任何措施阻止其他共犯继续犯罪，则主动退出者仍应当被认定为犯罪既遂，如因其提前退出而在共同犯罪中所起的作用较小，可依法对其从轻处罚。例如，甲、乙经共谋后共同对丙实施伤害行为，甲见丙流血不止，十分可怜，便独自离开现场。乙继续实施伤害，致丙死亡。甲在着手后，虽有停止犯罪的意思，但没有采取积极措施阻止乙继续实施犯罪，应对乙造成的死亡结果承担责任，成立故意伤害（致人死亡）罪，而不成立犯罪中止。第三，如果部分正犯主动停止犯罪，且积极采取措施阻止其他人继续犯罪，但最终未能有效阻止犯罪结果发生，则主动退出者是否被认定为犯罪中止，存在争议。有观点认为，在这种情形中，停止犯罪者为阻止其他人犯罪付出了积极努力，表明其主观恶性和人身危险性明显下降，即使最终未能有效阻止其他人继续犯罪，对其也可以考虑按照犯罪中止或者未遂来处罚。这种观点在主观考虑方面具有一定合理性，但毕竟客观危害结果已经发生，因此司法实践中尚难以认同。目前实践中比较普遍的做法将停止犯罪者仍认定为犯罪既遂，但在量刑时考虑其主动退出并阻止其他共犯人继续完成犯罪的情节，如其符合从犯特征，依法认定其为从犯，从轻处罚。

[案例5-3] 张某等强奸、强制猥亵妇女案①

2000年5月16日下午，冯某（在逃）纠集张某、施某卫及"新新"（绰号，在逃）等人强行将被害人曹某（女，21岁）带至某宾馆，进入以施某卫

---

① 最高人民法院刑事审判第一、二、三、四、五庭. 中国刑事审判指导案例：第2卷. 北京：法律出版社，2017：588-592.

名义租用的客房。冯某、张某、施某卫等人使用暴力、威胁等手段，强迫曹某脱光衣服站在床铺上，并令其当众小便和洗澡。嗣后，被告人张某对曹某实施奸淫行为，在发现曹某有月经后停止奸淫；被告人施某卫见曹某有月经在身，未实施奸淫，而强迫曹某采用其他方式使其发泄性欲。之后，冯某在接到一电话后即带被告人施某卫及"新新"外出，由张某继续看管曹某。约一小时后，冯某及施某卫返回客房，张某和施某卫等人又对曹某进行猥亵，直至发泄完性欲。2000 年 5 月 24 日，施某卫在父母的规劝下到公安机关投案。

上海市长宁区人民法院审理后认为，被告人张某、施某卫伙同他人，违背妇女意志，以暴力、胁迫的手段强行与被害人发生性关系，其行为均已构成强奸罪；被告人张某、施某卫又伙同他人，以暴力、威胁等方法强制猥亵妇女，其行为均已构成强制猥亵妇女罪，依法应予两罪并罚。被告人张某在强奸共同犯罪中起主要作用，系主犯。被告人施某卫在被告人张某实施强奸的过程中，先用语言威逼，后站在一旁，对被害人有精神上的强制作用，系强奸共同犯罪中的从犯；其本人主观上具有奸淫的故意，后自动放弃奸淫意图而未实施奸淫行为，是强奸犯罪中止。

一审宣判后，被告人张某和施某卫均不服，向上海市第一中级人民法院提起上诉。检察机关亦提起抗诉，理由是被告人张某和施某卫主观上都具有奸淫被害人的故意。在共同强奸犯罪过程中，被告人张某对被害人实施了奸淫，被告人施某卫实施了暴力、威胁等帮助张某奸淫的行为。被告人施某卫虽未实施奸淫行为，但并没有自动放弃奸淫意图。原判认定被告人施某卫属强奸犯罪中止，违背了法律有关犯罪中止的规定，适用法律不当，影响了对被告人的量刑。

上海市第一中级人民法院审理后认为，施某卫的行为不能被认定为犯罪中止，其行为具有严重的社会危害性，原判对施某卫适用减轻处罚不当，依法应予以改判。检察机关抗诉意见正确。

本案中，施某卫伙同冯某、张某等人使用暴力、威胁等手段，强迫曹某脱衣服站在床铺上等行为，已经属于着手实施强奸犯罪，是强奸罪的共同正犯。在共同正犯着手实行之后，仅仅个人放弃犯罪，没有阻止其他人停止犯罪，没有防止犯罪结果发生，就没有中断之前的参与行为与犯罪结果的因果性，不能成立犯罪中止。在张某完成强奸行为后，施某卫见曹某身体不适放弃了对曹某的奸淫行为，但这时张某的强奸行为已然完成，共同犯罪已经既遂，根据"部分实行、全部责任"原则，施某卫也应承担强奸罪既遂的责任，不成立犯罪中止。

从以上的分析可以看到，共同正犯中止的成立条件，在着手实行之前和着手实行之后会有所不同，在着手实行之前，首谋者和非首谋者成立犯罪中止的条件也有所不同。在着手实行之后，共同犯罪已经对法益造成了具体的、紧迫的危险，全体成员都参与了这个危险流程的开启过程，所以个别成员若要成立犯罪中止，除自动停止自己的犯罪行为之外，还必须有效阻止其他人继续实行犯罪并防止犯罪结果的发生，唯有如此，才能彻底切断之前的参与行为与犯罪结果之间的因果性。在着手实行之前，共同犯罪尚未对法益造成具体的、紧迫的危险，所以个别共谋者若要成立犯罪中止，原则上只需要将自己退出共同犯罪的意思告知其他共谋者并得到他人的认可，即使其他共谋者之后着手实行了犯罪，也与退出者之前的共谋行为之间不具有因果性。但如果主动退出者为首谋者，作为对共谋作出重要贡献的人，除将自己退出共同犯罪的意思告知其他共谋者并得到他人的认可之外，还必须采取有效措施防止其他共谋者着手实行犯罪，如此才能彻底消除之前的首谋行为的因果性。如果未能有效阻止其他共谋者按照之前的共谋内容实行犯罪，就没有消除作为犯罪发起者的主动退出者与其他共谋者的行为及其结果之间的因果性，从而不能成立犯罪中止。

二、教唆犯的中止

教唆犯是唆使他人实行犯罪的人，其特点是本人并不实施具体犯罪行为，而是指使他人去实施。因此，教唆犯要成立犯罪中止，究竟是教唆犯中止本人行为足矣，还是要求必须制止被教唆人的犯罪行为，在刑法理论上存在不同看法。教唆中止以教唆人之行为为标准说主张，教唆犯成立犯罪中止，应以是否教唆者中止自己的教唆行为为标准，教唆者中止教唆行为，即为犯罪中止。教唆中止以被教唆人之行为为标准说主张，教唆行为是否中止，不以教唆者是否中止教唆行为为标准，应以阻止被教唆人之实行行为为标准，教唆者中止教唆行为，但没有阻止被教唆人之实行行为的，不成立犯罪中止。[①]
笔者认为，教唆犯中止的成立，必须以有效阻止被教唆者的犯罪行为为条件。这是因为，教唆犯作为犯意的发起者，在犯罪共谋中居于首谋者的地位，在教唆行为实施完毕之后，其与被教唆者之实行行为及其结果之间的原因力就已经在发生作用，教唆犯想要消除教唆行为与被教唆者之实行行为之间的因果性，除阻止被教唆者的犯罪行为以外，别无其他途径。否则，在教唆行为实施完毕之后，教唆犯虽有中止犯罪之意，但并没有去阻止被教唆者的犯罪

---

① 陈兴良. 共同犯罪论. 2 版. 北京：中国人民大学出版社，2006：374.

行为，而是任其继续实行犯罪，就没有犯罪中止可言。当然，由于共同犯罪在正犯着手实行前后对法益的侵害程度不同，在正规着手实行前后对教唆者阻止被教唆者的犯罪行为的具体要求也会有所差异。

（一）着手实行之前的中止

教唆犯实施教唆行为之后，在被教唆者着手实行犯罪之前决定停止犯罪，若要成立犯罪中止，必须将停止犯罪的意思明确传递给被教唆者，并得到被教唆者的同意或认可。被教唆者同意或认可教唆者的停止犯罪意思，就说明被教唆者也放弃了犯罪意图，原来的共犯关系已经消解，教唆者原则上可以成立犯罪预备阶段的中止。即使被教唆者事后又改变主意实施了犯罪，也属于被教唆者基于新的犯意而实施犯罪，教唆者对此不需要承担责任。如果教唆者虽然将停止犯罪的意思告诉了被教唆者，但未被被教唆者认可，甚至经过了努力还是没能让被教唆者改变主意，之后被教唆者实施了被教唆的犯罪，那么教唆者就不能成立犯罪中止，而要根据被教唆者的犯罪形态承担相应的既遂或未遂责任。例如，陈某与李某为争占一茶馆股份产生纠纷。于是，陈某通知张某邀约人手到茶馆楼下等候他的命令。张某按陈某指示邀约了十多人手持刀具到茶馆楼下等候，与此同时，对方也召集了十几人到茶馆楼下随时准备动手。陈某随后去了一家歌厅，在歌厅将此事与朋友商量过后，决定暂时搁置此事。于是陈某打电话告诉张某回去，然后在歌厅继续唱歌。但张某等人并没有离开，反而因与对方发生口角而造成聚众斗殴事件，导致一人轻伤、一人死亡的后果。本例中，虽然陈某打电话告诉张某停止犯罪，但张某事实上并未接受陈某停止犯罪的意思，而是仍然留在现场并继而实施了犯罪，这说明陈某并未通过足够的努力消除教唆行为的影响力，不能成立犯罪中止。

在司法实务中，教唆他人犯罪的情形是复杂多样的，需要根据案情来确定教唆者是否切断了教唆行为的因果性。例如，有的教唆犯在教唆他人犯罪的同时还事先给予一定报酬，或者事先给予部分报酬并承诺事成之后再给付剩余的报酬。在这种场合，除要告知对方停止犯罪并得到对方认可之外，还应当追回已经给付的报酬，并撤销给付剩余报酬的承诺，只有这样才能消除之前的教唆行为的因果性，才可能成立犯罪中止。如果仅仅告知对方停止犯罪并得到对方认可，但没有追回报酬或撤销给予报酬的承诺，就无法消除教唆行为的因果性。倘若之后被教唆者实施了被教唆的犯罪，教唆者就不能成立犯罪中止。如果在采取上述措施后，对方仍然执意要实施犯罪，那么教唆者还必须采取通知被害人、报告警方等措施来阻止对方犯罪，才能成立犯罪中止。这是因为，如果除教唆他人犯罪之外教唆人还提供了一定报酬或承诺提供一定报酬，就会比在一般教唆场合对被教唆人实施犯罪产生更大的影响力，所以教唆人除明确撤回教唆之外，还必须作出额外的努力，才能彻底消除这种影响力，才可能成立犯罪中止。

再如，有的教唆犯同时教唆多人实施同一个犯罪。在这种场合，教唆者必须将停止犯罪的意思告知所有被教唆者并得到他们的认可，才可能成立犯罪中止。如果仅通知了部分被教唆人而没有通知其他被教唆人，最终未被通知的被教唆人完成犯罪，教唆者也因并未消除教唆行为与之后的犯罪结果之间的因果性而不成立犯罪中止。

［案例 5-4］黄某保等故意伤害案①

2000 年 6 月初，在刘某标被免去珠海市建安集团公司总经理职务及法人代表资格后，珠海市兴城控股有限公司董事长朱某周兼任珠海市建安集团公司总经理。同年 6 月上旬，被告人黄某保找到刘某标商量，提出找人利用女色教训朱某周。随后，黄某保找到被告人洪某，商定由洪某负责具体实施。洪某提出要人民币 4 万元的报酬，并要求黄某保先付人民币 2 万元，事成后再付人民币 2 万元。黄某保与刘某标商量后，决定由刘某标利用其任建源公司董事长的职务便利，先从公司挪用这笔钱。同年 6 月 8 日，刘某标写了一张人民币 2 万元的借据。次日，黄某保凭该借据到建源公司财务部门开具了现金支票，并到深圳发展银行珠海支行康宁分理处支取了人民币 2 万元，分两次支付给了洪某。洪某收钱后，即着手寻觅机会利用女色来引诱朱某周，但未能成功。于是，洪某打电话给黄某保，提出不如改为找人打朱某周一顿，黄某保表示同意。之后，洪某以人民币 1 万元雇用被告人林某明去砍伤朱某周。后黄某保因害怕打伤朱某周可能会造成的法律后果，又于 7 月初两次打电话给洪某，明确要求洪某取消殴打朱某周的计划，同时商定先期支付的 2 万元冲抵黄某保欠洪某所开饭店的餐费。但洪某应承后并未及时通知林某明停止伤人计划。林某明在找来被告人谢某中、庞某才、林某宁后，准备了两把菜刀，于 7 月 24 日晚一起潜入朱某周住处楼下，等候朱某周开车回家。晚上 9 点 50 分左右，朱某周驾车回来，谢某中趁朱某周在住宅楼下开信箱之机，持菜刀朝朱某周的背部连砍 2 刀、臀部砍了 1 刀，庞某才则用菜刀往朱某周的前额面部砍了 1 刀，将朱某周砍致重伤。事后，洪某向黄某保索要未付的人民币 2 万元。7 月 25 日，黄某保通过刘某标从建源公司再次借出人民币 2 万元交给洪某。洪某将其中的 1 万元交给林某明作报酬，林某明分给谢某中、庞某才、林某宁共 4 500 元，余款自己占有。

① 最高人民法院刑事审判第一、二、三、四、五庭. 中国刑事审判指导案例：第 1 卷. 北京：法律出版社，2017：78-82.

　　广东省珠海市香洲区人民法院经审理后认为，被告人黄某保、洪某、林某明、谢某中、庞某才、林某宁共同故意伤害他人身体，致人重伤，其行为均已构成故意伤害罪。公诉机关指控被告人黄某保、洪某、林某明、谢某中、庞某才、林某宁犯故意伤害罪，事实清楚，证据确实充分，应予支持。被告人黄某保为帮人泄私愤，雇用被告人洪某组织实施伤害犯罪，虽然其最终已打消犯意，但未能采取有效手段阻止其他被告人实施犯罪，导致犯罪结果发生。考虑到其在共同犯罪中的教唆地位和作用，其单个人放弃犯意的行为不能被认定为犯罪中止。法院判决各被告人犯故意伤害罪，分别判处 3 年至 5 年有期徒刑。

　　本案是一起存在多层次教唆关系的案件，被告人黄某保以金钱作交换唆使被告人洪某去组织实施犯罪，洪某接受教唆后又教唆被告人林某明去具体实施犯罪，黄某保是第一教唆人，洪某是第二教唆人。被告人黄某保在实施教唆行为之后，因害怕打人的后果而决定放弃伤害计划，并且两次打电话通知洪某放弃伤人行动，也已就先期支付的"犯罪佣金"作出了"清偿债务"的处分。洪某虽然予以认可，但因未及时通知林某明停止犯罪而导致林某明等人着手实行了犯罪。从表面上看，黄某保对其直接教唆的人已经实施了积极的补救措施，似可成立犯罪中止，伤害行为和结果最终的实际发生，似乎只是因洪某的怠于通知而造成的。但是，黄某保作为第一教唆人，对洪某的再教唆情况是知情的，黄某保除明确向洪某撤回教唆之外，还必须对其他被教唆者采取相应的阻止措施，至少要确保中间人洪某能及时有效地通知、说服其他被教唆人放弃犯罪，只有这样才能彻底消除之前的教唆行为与最终结果之间的因果性，从而才可能成立中止。显然，黄某保未能做到这一点，由此导致犯罪行为和结果的实际发生，故不能认定其构成犯罪中止。所以法院的判决是合理的。

　　从该案例可以归纳出如下结论：在两个以上的多层次教唆关系中，如甲教唆了乙，乙为实施被教唆的犯罪又教唆了丙，如果第一教唆人甲在着手之前将停止犯罪的意思告知了乙，在认定其能否成立犯罪中止时，首先要考虑甲对其"下家"乙的再教唆情况是否明知。如果甲对其"下家"乙的再教唆情况明知，甲要成立犯罪中止，对被乙教唆的丙同样必须积极采取相应的阻止措施，至少要确保乙能及时有效地通知、说服丙停止犯罪。否则，由此导致犯罪行为和结果实际发生的，甲对其应承担相应的刑事责任，不能成立犯罪中止。

（二）着手实行之后的中止

　　在正犯着手实行之后，共同犯罪对法益造成了具体的、紧迫的危险，而正是教唆犯开启了这种危险流程，所以教唆犯在正犯着手实行犯罪之后若要成立犯罪中止，除必须将停止犯罪的意思明确告诉正犯且得到正犯的同意之外，还必须采取积极措施阻止正犯继续实施犯罪或者劝说正犯停止犯罪。如果正犯已经将犯罪实行完毕，教唆犯还必须积极有效地防止犯罪结果的发生。如果教唆犯虽然将停止犯罪的意思告诉了正犯，但未能说服正犯停止犯罪或阻止正犯继续犯罪，或者未能防止犯罪结果发生，那么教唆犯不能成立犯罪中止。

[案例5-5] 郑某贤等故意伤害案①

　　2009年4月间，被告人郭某彬（女）等人在厦门市轮渡码头的海滨公园附近经营烧烤摊，因琐事与王某艺等人发生矛盾。2009年5月14日凌晨4时许，被告人郭某彬在与被告人郑某贤等人在思明区大同路吃烧烤喝酒时，发现之前与其有过节的王某艺及被害人陈某（殁年16岁）等人也在对面的烧烤摊吃烧烤，遂向被告人郑某贤提议给对方一点教训。被告人郑某贤先打电话纠集被告人陈某裕前来报复对方，然后又打电话让林某宜携带砍刀赶到现场。被告人郭某彬听到被告人郑某贤打电话叫人带刀过来，即竭力进行劝阻，被告人郑某贤遂让甘某宗拉住被告人郭某彬。而后，被告人陈某裕先赶到现场，随后林某宜携带砍刀也赶到现场。在被告人郑某贤、陈某裕各取一把砍刀欲向对面的烧烤摊冲过去时，被告人郭某彬挣脱上前拉住被告人郑某贤进行阻止，但被告人郑某贤打了被告人郭某彬脸部一下，并踹了郭某彬一脚后，与被告人陈某裕各持一把砍刀继续冲上前去。王某艺、纪某荣及被害人陈某等人见状四散跑开。由于被害人陈某身体残疾，行动较为迟缓，被告人郑某贤、陈某裕在大同路70号之前的马路上追上被害人陈某，并持刀朝被害人陈某的腿部、肩部、背部等部位猛砍十多刀，其中被告人郑某贤砍了数刀，被告人陈某裕砍了十余刀。之后，三被告人一起逃离现场。被害人陈某受伤后被送医院抢救无效，于当日16时许死亡。经法医鉴定，被害人陈某系全身多处被锐器砍伤致创伤性失血性休克而死亡。

　　福建省厦门市中级人民法院经审理认为，被告人郭某彬因琐事与他人发生矛盾，为图报复，教唆被告人郑某贤报复伤害他人，其行为已构成故意伤害罪，系共同犯罪。被告人郑某贤受被告人郭某彬教唆产生伤害犯意，纠集被告人陈某裕等人持刀赶到现场实施故意伤害行为，竟不顾被告人郭某彬的阻止，与被告人陈某裕共同持刀故意伤害他人身体，致一人死亡的严重后果，其行为均已构成故意伤害罪，系共同犯罪。被告人郭某彬教唆被告人郑某贤伤害犯罪，造成被告人郑某贤纠集他人持刀伤害被害人死亡的后果，鉴于被

告人郭某彬在发现被告人郑某贤纠集他人持刀伤害时，采取了积极的阻止行为，且其家属预交了赔偿款人民币3万元等具体情节，可酌情从轻处罚。

一审宣判后，被告人郭某彬及其辩护人以事出有因，其本意并非要求郑某贤伤害对方身体，其教唆行为有中止情节，其未能阻止犯罪结果发生属于客观不能，并有积极赔偿情节为由提起上诉，请求宣告无罪。

福建省高级人民法院审理后驳回上诉人郭某彬的上诉，维持一审法院对郭某彬定罪处刑的刑事判决。

本案中，被告人郭某彬在教唆被告人郑某贤实施犯罪之后，有明显的阻止郑某贤等人实施故意伤害的行为，并为避免伤害后果的发生作了认真、积极的努力，但最终没有成功阻止犯罪后果的发生，所以一、二审法院均认为其不成立犯罪中止，仅将其采取了积极的阻止行为作为酌定的从轻处罚情节。

三、帮助犯的中止

帮助犯，是为他人实行犯罪提供帮助的人。帮助犯的帮助行为既可以在正犯着手实行之前实施，也可以在正犯着手实行之后实施。帮助既可以是物理性的帮助，也可以是精神性的帮助。前者如为他人提供犯罪工具、犯罪场所等，后者如提供建议、强化犯意等。在提供物理性帮助的场合，帮助行为也会同时强化正犯的犯意，所以往往同时内含精神性的帮助。

（一）着手实行之前的中止

帮助犯在正犯着手实行之前提供了帮助又反悔的，若要成立犯罪中止，就必须切断帮助行为与正犯行为之间的因果性。在帮助犯仅提供了心理性帮助的场合，帮助犯在正犯着手实行之前把自己停止犯罪的意思告知对方，并得到对方认可的，就可以消除之前的帮助行为与正犯行为之间的因果性，可以成立犯罪中止。例如，甲邀请乙为其入室盗窃望风，乙答应，但在甲着手实行之前，乙告诉甲自己害怕坐牢，所以不会为其望风。甲在明知没有人为其望风的情况下独自完成了盗窃，则乙成立犯罪中止。本例中，即便乙事先没有口头告诉甲不会为其望风，只是没有按约到达犯罪现场，甲到达现场后没有发现乙但仍然独自完成了盗窃，乙也以没有去现场表达了停止犯罪的意思，而甲对此也是明知的，则乙仍然可以成立犯罪中止。

在帮助犯提供了物理性帮助的场合，帮助犯在正犯着手实行之前仅向正犯表达停止犯罪的意思并得到对方认可还不够，还必须通过进一步的行为彻底消除之前的帮助行为的效果，才能成立犯罪中止。例如，甲欲盗窃丙家，乙将事先配好的丙家的钥匙交给甲，但乙很快反悔，向甲索回钥匙。甲无奈，交回钥匙后用其他方法盗窃了丙家。本例中，乙向甲要回事先提供的钥匙，消除了自己的帮助行为对甲的盗窃行为的影响，成立犯罪中止。但是，如果甲事先利用乙提供的钥匙另外配了一把钥匙，并利用另配的钥匙完成了盗窃，即使乙取回了自己提供的钥匙，也因没有切断自己的帮助行为的物理因果性，从而应对甲的盗窃结果承担既遂责任。再如，甲在被害人乙家里安装空调时，按照盗窃犯丙事前的安排观察并绘制了乙家别墅的房间分布图，标明了财物的所在位置，然后将图纸交给丙。在丙着手盗窃之前，甲后悔，并试图索回图纸。但丙谎称已经撕毁图纸，甲便不再深究。事后，丙凭借该图纸盗窃乙的财物。由于甲并未切断帮助行为和丙的盗窃结果之间的物理因果性，成立盗窃罪既遂。[①]

（二）着手实行之后的中止

帮助犯在正犯着手实行之前或着手实行之后提供了帮助，在正犯着手实行之后反悔的，由于此时共同犯罪已经对法益造成了具体的、紧迫的危险，且帮助犯参与开启了该危险流程，所以相对于着手实行之前的中止，这种情况的帮助犯必须付出更多的努力才能成立犯罪中止。首先，必须将自己不再继续提供帮助的意思告诉正犯并得到其认可。例如，甲入户盗窃，邀约乙为其望风，乙同意并为甲望风。但在甲入户后，乙悄悄溜走了，甲不知情，完成了盗窃。本例中，乙虽然停止了为甲望风的行为，但并未告诉甲，甲一直误以为乙在为自己的盗窃望风，所以，即使乙离开了望风现场，其行为依然使得甲安心盗窃，因而与甲的盗窃结果之间具有心理因果性，成立盗窃罪的既遂。如果帮助犯提供了犯罪工具、犯罪资金等，还必须同时要回所提供的犯罪工具、犯罪资金等。其次，必须阻止正犯继续实施犯罪或者劝说正犯停止犯罪，从而防止犯罪结果的发生。例如，甲欲入户盗窃并邀约乙为其望风，乙同意并为甲望风，但在甲入户物色财物的过程中，乙打电话告诉甲自己不再实施望风行为，甲知道乙离开后继续实施盗窃行为并既遂。本例中，虽然乙将自己不再继续提供帮助的意思告诉了甲，且得到了甲的认可，但他并未阻止甲盗窃或劝说甲停止盗窃，而是任由甲一人完成盗窃，乙不能成立犯罪中止，仍然要承担盗窃既遂的责任。有学者认为，在这种情形中，甲是在知道乙不再为自己望风的情况下完成盗窃的，乙不应承担盗窃既遂的责任。[②] 笔者对此不敢苟同。因为，正犯着手实行犯罪之后，共同犯罪就对法益造成了具体的、紧迫的危险，且帮助犯参与开启了该危险流程，所以帮助犯若要成

① 周光权. 刑法总论. 3版. 北京：中国人民大学出版社，2016：360.
② 张明楷. 刑法学：上. 5版. 北京：法律出版社，2016：449.

立犯罪中止，必须有效阻止该危险流程向既定方向发展造成法益实害结果，如此才符合刑法设立犯罪中止制度的规范目的。此外，如果帮助犯为消除已提供的帮助付出了积极的努力，但仍未能阻止正犯实施犯罪或者有效防止犯罪结果发生，虽该帮助犯构成犯罪既遂，但在量刑时对其为积极阻止犯罪付出的努力应作适当考虑，可以从轻处罚。

[案例5-6] 郭某抢劫案①

2006年3月27日10时许，被告人郭某伙同郭某1、郭某2、郭某3、郭某4密谋抢劫，由郭某3事先物色好作案目标，随后，五人携带刀具、透明封口胶纸、伪造的小轿车车牌等作案工具窜至广东省东莞市企石镇东山村姚某1的住宅附近，伺机作案。当日20时许，被害人姚某1的朋友姚某2前来探访，姚某1打开铁闸门让姚某2进入，郭某1和郭某2遂趁机尾随而入，被告人郭某和郭某3、郭某4三人则在门外望风。郭某1入室后，持刀将被害人姚某2挟持到三楼客厅，由郭某2看守，接着郭某1踢开被害人姚某1的卧室门，与郭某2一起用透明胶纸和电线将两被害人捆绑。郭某1在屋内搜掠财物，共搜得人民币82 063.2元、新加坡币152元、三星手机及诺基亚手机各一台（经鉴定价值共计1 370元）、索尼牌数码相机一台（经鉴定价值为2 123元）、铂金项链一条（经鉴定价值为371.93元）、铂金吊坠一个（经鉴定价值为6 800元）、铂金戒指一个（经鉴定价值为1 104.3元），并从被害人姚某2身上抢得诺基亚手机一台（经鉴定价值为403元）。接着郭某1逼被害人姚某1交出奥迪小轿车（经鉴定价值为472 752元）钥匙，并用钥匙遥控打开姚某1住宅的卷闸门让郭某3入内，郭某2将车钥匙交给郭某3，试图抢走该车。郭某和郭某4在外望风时觉得不安全，便先行离开。此时，姚某1的朋友姚某3等人前来探访，被告人郭某1、郭某2和郭某3见状分别逃离作案现场，郭某1、郭某2在逃跑途中被抓获，并在郭某1身上缴获所抢财物。

湖南省郴州市北湖区人民法院审理后认为，被告人郭某伙同他人以非法占有为目的，以暴力相威胁，抢劫他人财物，且具有数额巨大、入户抢劫的情形，其行为已构成了抢劫罪。被告人郭某及其辩护人辩称，其应属于犯罪中止。经查，被告人郭某在抢劫犯罪中系与他人共同故意犯罪，共同犯罪中止的一个必要条件是行为人应当有效防止犯罪结果的发生，而被告人郭某在抢劫犯罪中望风时，因害怕逃离了现场，并未采取积极的行为阻止其他同案犯郭某1等人继续实施犯罪或者有效地防止犯罪结果发生。被告人郭某并没有切断自己先前行为与共同犯罪的联系，显然不符合共同犯罪中止的有效条件，被告人郭某仍然构成抢劫犯罪的共犯，故被告人郭某及其辩护人的上述

---

① 参见湖南省郴州市北湖区人民法院（2011）郴北刑初字第65号刑事判决书。

辩解意见与事实不符，不予采纳。

　　本案中，被告人郭某为他人入室抢劫望风，中途因害怕而逃离了现场，属于在他人着手实行犯罪之后自动停止帮助行为，但是，他既没有告知正犯自己不再为其望风，也没有采取任何措施阻止入室盗窃者的盗窃行为。正如法院判决所述，郭某并没有切断自己先前行为与共同犯罪的联系，故不成立犯罪中止。法院的判决是正确的。

第六章　共同犯罪中主从犯的认定

一、主从犯认定的实践意义

我国《刑法》第26、27、28和29条分别规定了对主犯、从犯、胁从犯和教唆犯的处罚规则。据此，理论上一般认为，我国刑法对共同犯罪人的分类采取的是以作用为主、兼顾分工的标准，即主要根据作用的不同，将共同犯罪人分为主犯、从犯和胁从犯，再根据分工标准规定一个教唆犯。但实际上，就司法实务而言，主犯与从犯的认定是处理任何共同犯罪案件的必经阶段，即使是对教唆犯和胁从犯的处罚，也绕不开这个阶段。

先看教唆犯。《刑法》第29条对教唆犯规定了三项处罚规则：（1）教唆他人犯罪的，应当按照他在共同犯罪中所起的作用处罚；（2）教唆不满18周岁的人犯罪的，应当从重处罚；（3）如果被教唆的人没有犯被教唆的罪，对于教唆犯，可以从轻或者减轻处罚。显然，其中第一项是关于教唆犯的基本处罚规则，后两项是专门针对教唆对象是不满18周岁的人和被教唆的人没有犯被教唆的罪所设定的特别规则。根据第一项处罚规则，对教唆犯应当按照他在共同犯罪中所起的作用处罚，而所谓"按照他在共同犯罪中所起的作用处罚"，就是指根据教唆犯在共同犯罪中是主犯还是从犯进行不同的处罚。这就是说，虽然该规定表面上是关于教唆犯的基本处罚规则，但它实际上并非关于教唆犯的独立的处罚规则，关于如何处罚教唆犯，最终还是要依赖于对教唆犯在共同犯罪中是主犯还是从犯的认定。此外，虽然两项特殊规则对教唆对象是不满18周岁的人和被教唆的人没有犯被教唆的罪两种特殊情形设定了独立的处罚规则，但这并不意味着在这两种特殊情形中不再需要认定教唆犯是主犯还是从犯。相反，在这两种特殊情形中，对教唆犯的处罚仍然应当遵循第一项基本规则，即同样需要首先认定教唆犯是主犯还是从犯，并确定不同的刑罚，再根据两种特殊规则分不同情形"从重处罚"或"从轻处罚或者减轻处罚"。可见，虽然刑法对教唆犯的处罚规则作了单独规定，但按照这些规定，教唆犯在共同犯罪中所起的作用，即教唆犯是主犯还是从犯，是处罚教唆犯的核心根据（第1项）或重要依据（第2、3项）。

再看胁从犯。根据《刑法》第28条的规定，所谓胁从犯，是被胁迫参加犯罪的人。据此，通说认为胁从犯是在他人胁迫下不完全自愿地参加共同犯罪，并在共同犯罪中起较小作用的人。① 根据通说，成立胁从犯必须同时符合两个条件：一是被他人胁迫不完全自愿地参加共同犯罪，二是在共同犯罪中所起作用较小。既然胁从犯必须是在共同犯罪中起较小作用的人，那就意味着胁从犯首先必须是从犯，而不可能是主犯；在胁从犯属于从犯的前提下，因其是被胁迫参加犯罪的，合法行为的期待可能性减少，所以刑法对其规定了更轻的处罚规则。② 这就是说，胁从犯实际上只是从犯的一种，属于从犯中被胁迫参加犯罪的人。司法实务在认定某一共犯人是否为胁从犯时，首先要确定其是否在共同犯罪中所起作用较小，即确定其是否是从犯；如果能够得出肯定答案，再考察他是否是被胁迫参加犯罪的。如果是，就按照胁从犯的处罚规则处罚；如果不是，则按照从犯的处罚规则处罚。所以说，在认定和处罚胁从犯时，判断其在共同犯罪中是从犯还是主犯，同样是必须进行的工作。

综上所述，从根本上来说，我国刑法采取的是根据共犯人在共同犯罪中所起的作用进行处罚的立法体例，故对司法实践而言，主从犯的认定是任何共同犯罪案件处理过程中的必经阶段。只有合理认定主犯和从犯，才能保证对共犯人的公正处罚。

近年来，随着对德日刑法理论的引鉴，德日刑法中的"正犯"与"共犯"概念在我国刑法理论中被广泛使用，甚至成为不少学者建构共同犯罪理论的基本概念。德日刑法中的正犯与共犯概念，主要是按照分工标准对共犯人进行的分类，而我国刑法则主要是按照作用标准将共犯人分为主犯和从犯。两种分类方法各有利弊。分工分类法能够准确地反映各个行为人在共同犯罪中的分工及其相互关系，便于解决共同犯罪的定罪问题，但不能充分体现各个行为人在共同犯罪中的作用大小，因而难以准确解决量刑的问题。作用分类法能够较为充分地反映各个行为人在共同犯罪中的作用，便于解决共同犯罪人的量刑问题，但不能准确揭示各个参与人在共同犯罪中的分工，在解决定罪问题上存在不足。因此，在理论层面采纳德日刑法的正犯和共犯概念来分析共同犯罪的定罪问题，以弥补我国作用分类法的不足，本无可非议。但应

① 张明楷. 刑法学：上. 5版. 北京：法律出版社，2016：453.
② 《刑法》第27条第2款对从犯规定的处罚规则是"应当从轻、减轻处罚或者免除处罚"，第28条对胁从犯规定的处罚规则是"应当按照他的犯罪情节减轻处罚或者免除处罚"，对胁从犯的规定少了"从轻处罚"，因而可以认为对其处罚更轻。

注意的是，德日刑法是根据共犯人是正犯还是共犯设定不同罚则，而我国刑法毕竟是根据共犯人是主犯还是从犯来设定罚则的，所以对我国司法实务而言，主犯与从犯的认定是更重要和更现实的问题。况且，由于正犯、共犯与主犯、从犯毕竟是按照两种不同的标准对共同犯罪人进行的分类，所以正犯与主犯、共犯与从犯之间并非完全对等关系，正犯既可能是主犯也可能是从犯，同样，共犯既可能是主犯也可能是从犯。理清了正犯与共犯之间的关系，并不代表解决了主犯与从犯的认定问题。所以，对我国刑法学界而言，在借鉴德日的正犯—共犯范式分析共同犯罪问题的同时，不应忽视了对主从犯认定问题的研究，否则，就可能会出现相关理论研究不能对司法实务起到有效指导作用的问题。这是目前值得引起我国刑法学者关注的问题。

二、主从犯的具体认定

（一）区分标准

《刑法》第26条第1款规定，组织、领导犯罪集团进行犯罪活动的或者在共同犯罪中起主要作用的，是主犯；第27条第1款规定，在共同犯罪中起次要或者辅助作用的，是从犯。由此可以看出，我国刑法对主从犯的区分，主要是以共犯人在共同犯罪中的作用为标准的：在共同犯罪中所起作用较大的是主犯，所起作用较小的是从犯。可是，所谓作用大小是一个非常抽象的标准，如何判断共犯人在共同犯罪中所起作用的大小，是一个非常复杂而又难以精细化的问题。我们只能通过对司法经验的归纳和对理论研究成果的借鉴，归纳出大致的判断规则。

首先，对作用的认定要注重从客观上进行判断。虽然一般来讲，在判断共犯人在共同犯罪中的作用时，应结合各种主客观因素进行综合判断，既要考虑犯罪人主观的内心想法又要考察犯罪的客观表现，但是，所谓作用是指一事物对另一事物产生的影响和效果，这种影响和效果应当是一种主要通过客观判断得出的结论。在具体判断时，应着重考察两个方面：一是考察共犯人在共同犯罪故意形成中的作用。没有共同犯罪故意，就没有共同犯罪行为，共犯人对共同犯罪故意形成所起的作用越大，就越容易被认定为在共同犯罪中起主要作用。二是考察共犯人在共同犯罪过程中对犯罪行为以及犯罪过程的支配作用，重视其犯罪行为对犯罪结果的因果作用。共犯人对犯罪过程所起的支配作用和对犯罪结果所起的因果作用越大，就越容易被认定为在共同犯罪中起主要作用。例如，在事前提出犯意，纠集、邀约他人，出谋划策的，一般是主犯，仅仅跟随附和的，一般是从犯；在犯罪过程中积极参加，往往还协调、指挥他人行动的，一般是主犯，在犯罪过程中只是被要求而分担一部分犯罪活动且对结果的发生没有实质性影响的，一般是从犯。

其次，对作用的认定要注重对分工的考察。虽然共犯人在共同犯罪中的分工和其在共同犯罪中所起的作用之间不是完全对等的关系，但从实际发生的共同犯罪案件来看，分工往往对作用的认定具有重要的参考意义。例如，《刑法》第 26 条将组织、领导犯罪集团进行犯罪活动的人一律规定为主犯，就是因为其在共同犯罪中的分工决定了其在共同犯罪中必然会起到重要作用。所谓组织、领导犯罪集团进行犯罪活动的人，就是犯罪集团的首要分子。从分工来看，这些首要分子就是组织犯。组织犯组织和领导犯罪集团的犯罪活动、策划、组织、领导和指挥集团成员实施具体的犯罪行为，所以在集团犯罪活动中肯定会起到重要作用，故刑法将其一律规定为主犯。再如，帮助犯是故意帮助他人实行犯罪的人，其并不直接实行犯罪，其帮助行为和犯罪结果之间没有直接因果性，一般也不会对实行犯起到支配作用，所以一般被认定为从犯。又如，教唆犯是故意唆使他人实行犯罪的人，虽然和帮助犯一样，教唆犯自己并不直接实行犯罪，教唆行为和犯罪结果之间也没有直接因果性，但教唆犯是犯意发起者，没有教唆犯的教唆就不会有特定犯罪的发生，所以司法实践中一般会将其认定为主犯。

最后，对作用的认定要结合共犯人在共同犯罪中的具体表现进行综合判断。虽然分工对作用的认定具有重要的参考意义，但分工不是决定作用的唯一因素。除分工之外，对作用的认定还应结合共犯人的参与程度、对他人行为的影响程度、对犯罪结果的原因力程度等因素进行综合判定。例如，帮助犯虽然在一般情况下是从犯，但如果自始就积极参与犯罪预谋，在事中按照分工承担"望风""接送"之类的帮助实行犯罪的行为，事后又一并参与分赃的，就有可能被认定为主犯。再如，同样是实行犯，如果是犯罪实行行为的主要承担者，在共同犯罪中直接造成严重危害结果，或者在共同犯罪过程中还指挥、协调其他人的行为，就应是主犯。但行为人如果只是参与实行部分行为，或者是在他人的支配下参与实行犯罪，就也可能是从犯。

总之，根据我国刑法的规定，共犯人在共同犯罪中所起作用的大小，是区分主从犯的唯一标准。在判断作用大小时，应着重从客观层面通过综合考虑共犯人在共同犯罪中的分工和所处地位、实际参与程度、对危害结果的因果作用，甚至是对赃物的控制等来进行综合判定。

（二）主犯的认定

根据《刑法》第 26 条第 1 款的规定，主犯包括两类：一是组织、领导犯罪集团进行犯罪活动的犯罪分子，二是其他在共同犯罪中起主要作用的犯罪分子。

组织、领导犯罪集团进行犯罪活动的犯罪分子，就是犯罪集团的首要分子。"组织"主要是指为首纠集他人组成犯罪集团，使集团成员固定或基本固定。"领导"是指"策划""指挥"。"策划"主要是指为犯罪集团的犯罪活动出谋划策，主持制定犯罪活动计划；"指挥"主要是指根据犯罪集团的计划，直接指使、安排集团成员的犯罪活动。犯罪集团的首要分子组织、领导犯罪集团进行犯罪活动，在共同犯罪中起到重要作用，故均是主犯。

需注意的是，犯罪集团的首要分子都是主犯，但不能说所有的首要分子都是主犯。因为我国刑法中的首要分子除存在于犯罪集团中外，还存在于聚众犯罪中，而聚众犯罪中的首要分子不一定均是主犯。《刑法》第 97 条规定："本法所称首要分子，是指在犯罪集团或者聚众犯罪中起组织、策划、指挥作用的犯罪分子。"可见，我国刑法中的首要分子包括两类：一是犯罪集团的首要分子，二是聚众犯罪的首要分子。犯罪集团的首要分子肯定是主犯，但聚众犯罪中的首要分子并不一定是主犯。根据刑法分则的规定，聚众犯罪可以分为两类：一类是属于共同犯罪的聚众犯罪。如根据《刑法》第 317 条第 2 款的规定，聚众持械劫狱的，首要分子、积极参加者和其他参加者都要受到刑罚处罚，成立共同犯罪。再如《刑法》第 292 条规定的聚众斗殴罪，其首要分子和积极参加者要受到刑罚处罚，而一般参加者不受处罚，首要分子和积极参加者成立共同犯罪。另一类聚众犯罪是否成立共同犯罪，要以案件的具体情况而定。例如，《刑法》第 291 条规定的聚众扰乱公共场所秩序、交通秩序罪，只处罚首要分子，而不处罚其他参加者。当首要分子只有一人时，就无共同犯罪可言。但当首要分子为二人以上时，则构成共同犯罪。在第一类聚众犯罪中，虽然可以刑法分则对首要分子规定了较重的法定刑为依据，认定首要分子为主犯，但对这种首要分子不能适用刑法总则关于主犯的规定。在第二类聚众犯罪中，刑法分则规定只处罚首要分子。如果案件中的首要分子只有一人，则无所谓共同犯罪，也就无所谓主犯与从犯之分。如果案件中的首要分子为二人以上，则他们构成共同犯罪，应在首要分子之间比较他们所起作用的大小。如果他们都起主要作用，则皆为主犯；如果有人起主要作用，有人起次要作用，则分别认定为主犯与从犯。所以说，首要分子并不一定都是主犯，犯罪集团的首要分子都是主犯，但聚众犯罪中的首要分子并不一定都是主犯。

其他在共同犯罪中起主要作用的犯罪分子，即除犯罪集团的首要分子以外的在共同犯罪中起主要作用的犯罪分子，包括犯罪集团中首要分子以外的在犯罪集团犯罪中起主要作用的犯罪分子和在一般共同犯罪中起主要作用的犯罪分子。相对于犯罪集团的首要分子只要根据其分工就可认定其为主犯而言，这类主犯的认定难度显然要高得多。对此，应当紧紧围绕"是否在共同犯罪中起主要作用"这一标准来考察共犯人在共同犯罪中的表现。在一般情况下，以下这些人可以被认定为主犯：（1）犯罪的发起者。犯罪的发起者是最初引发共同犯罪的人，没有发起者的发起行为，就不会有共同犯罪，所以一般可以将其认定为主犯，尤其是在发起者又亲自参与了犯罪实行或虽未参与实行但安排、监督其他人实行犯罪的情况下。例如，甲指使乙、丙、丁在其暂住处非法制造爆炸物，甲既是犯意的提出者，又安排其他同案犯在其暂住处实施非法制造爆炸物的行为，应当被认定为主犯。（2）犯罪的指挥者。这种共犯人虽然可能不是犯罪的发起者，但在共同犯罪中指挥、协调其他人的行为，对其他人的行为和整个共同犯罪行为具有支配和控制作用，应当被认定为主犯。例如，罪犯甲、乙、丙、丁曾多次秘密策划越狱逃跑。某日夜，四人再次密谋越狱逃跑的办法、时间、线路。当夜四人和衣而睡至凌晨，甲以小便为名起床窥测看守执勤动静后，示意大家行动。在甲的指挥下，四人合力拉脱房门扣夺门而逃。本案中，甲不但积极参与了脱逃的预谋、策划过程，还在窥测动静后示意其他人开始行动，在共同脱逃中起指挥作用，因此是本案的主犯。（3）犯罪的主要实行者。这些人虽然可能不是犯罪的发起者或指挥者，但积极参与共同犯罪的实行，对犯罪结果的发生作出了重要贡献，也被应认定为主犯。

［案例 6-1］李某等破坏计算机信息系统案[①]

　　被告人李某于 2006 年 10 月开始制作计算机病毒"熊猫烧香"，并请被告人雷某对该病毒提出修改建议。雷某认为，该病毒会修改被感染文件的图标，且没有隐藏病毒进程，容易被发现，建议李某从两个方面对该病毒进行修改。李某按照雷某的建议修改了"熊猫烧香"病毒。由于技术方面的原因，修改后的病毒虽然够不改变别人的图标，但会使别人的图标变花、变模糊，且隐藏病毒进程的问题也没有解决。2007 年 1 月，雷某亲自对该病毒进行修改，也未能解决上述两个问题。2006 年 11 月中旬，李某在互联网上叫卖该病毒，同时也请被告人王某及其他网友帮助出售该病毒。随着病毒的出售和赠送给网友，"熊猫烧香"病毒迅速在互联网上传播，由此导致自动链接的李某个人网站 www.krvkr.com 的流量大幅上升。王某得知此情形后，主动提出为李某卖"流量"，并联系被告人张某购买李某网站的"流量"，所得收入由王某和李某平分。为了提高访问李某网站的速度，减少网络拥堵，经王某和李某商量后，王某化名董磊为李某的网站在南昌锋讯网络科技有限公司租用了一

---

　　① 参见湖北省仙桃市人民法院（2007）仙刑初字第 350 号刑事判决书。

个 2G 内存、百兆独享线路的服务器，租金由李某、王某每月各负担 800 元。张某购买李某网站的流量后，先后将 9 个游戏木马挂在李某的网站上，盗取自动链接李某网站的游戏玩家的"游戏信封"，并将盗取的"游戏信封"拆封、转卖，从而获取利益。2006 年 12 月至 2007 年 2 月，李某获利 145 149 元，王某获利 80 000 元，张某获利 12 000 元。"熊猫烧香"病毒的传播，造成北京、上海、天津、山西、河北、辽宁、广东、湖北等省市众多单位和个人的计算机受到病毒感染，不能正常运行，同时也使众多游戏玩家的游戏装备、游戏币被盗。2007 年 2 月 2 日，李某将其网站关闭，之后再未开启该网站。

湖北省仙桃市人民法院审理后认为，被告人李某、雷某故意制作计算机病毒，被告人李某、王某、张某故意传播计算机病毒，影响了众多计算机系统正常运行，后果严重，其行为均已构成破坏计算机信息系统罪。本案系共同犯罪，被告人李某在共同犯罪中起主要作用，是主犯，应当对其参与的全部犯罪处罚。被告人王某、张某、雷某在共同犯罪中起次要作用，是从犯，依法应当从轻处罚。法院判处被告人李某有期徒刑 4 年，判处被告人王某有期徒刑 2 年 6 个月，判处被告人张某有期徒刑 2 年，判处被告人雷某有期徒刑 1 年。

本案中，四名被告人分别实施了故意制作计算机病毒和故意传播计算机病毒的行为，均属于直接实施了破坏计算机信息系统罪的实行行为，成立破坏计算机信息系统罪的共同犯罪。其中，被告人李某不但是共同犯罪的引发者，还直接制作和传播计算机病毒，被告人雷某应李某邀请为李某制作计算机病毒提供修改建议并直接对该病毒进行修改，被告人王某和张某则仅实施了传播计算机病毒的行为。尽管四被告人均是实行犯，但从整个共同犯罪的发生和发展过程来看，被告人李某所起的作用明显要比其他三被告人的作用大得多，故法院认定李某为主犯，其他三被告人为从犯。

(三) 从犯的认定

根据《刑法》第 27 条第 1 款的规定，从犯是在共同犯罪中起次要或者辅助作用的人。据此，从犯也可以分为两类：一是在共同犯罪中起次要作用的人，二是在共同犯罪中其辅助作用的人。

在共同犯罪中起次要作用的人，一般是指次要的实行犯。这种从犯虽然直接参与实施了实行行为，但在整个共同犯罪中仍然只起到了次要作用。对次要作用的判断，要根据其参与整个犯罪的情况，即通过综合考虑其在整个共同犯罪中所处的地位、参与实施犯罪的程度、具体罪行的大小、对犯罪结果的发生所起的作用等因素来进行判断。起次要作用的实行犯，一般具有这样一些特征：(1) 对犯意的形成起次要作用，比如被他人劝诱或纠集，对主犯的犯罪意图表示附会或服从；（2）在具体实施犯罪中处于被支配、被指挥的地位；（3）没有实行涉及犯罪中的关键重要情节的行为，对犯罪结果发生所起的作用较小。

在共同犯罪中起辅助作用的人，一般是指帮助犯，即指没有直接参与犯罪的实行，但为实行犯实行犯罪提供便利条件的人。这种人由于没有直接参与犯罪实行，与犯罪结果发生之间没有直接因果性，所以一般会被认定为从犯。帮助犯的帮助行为与上述第一类从犯行为的区别不在于两者在共同犯罪中的作用，而在于非实行行为与实行行为的区别。起辅助作用的从犯，一般有这样几种情况：（1）提供犯罪工具；（2）提供犯罪对象；（3）为实行犯带路，查看作案地点；（4）在侵犯财产犯罪中帮助实行犯调离财物所有者或监管者；（5）犯罪前允诺事后为实行犯运赃、窝赃、销赃。需指出的是，帮助犯虽在大部分情况下是从犯，但不排除在特定情况下是主犯，这需结合其在犯罪实行前、实行中和实行后的参与程度，帮助行为对结果发生的影响力大小等因素进行综合评定，不能仅以其在分工上是帮助犯就一律认定其为从犯。也就是说，从犯中包括了帮助犯，但帮助犯不一定都是从犯。

在第一章所举的于某银、戴某阳故意杀人案中，被告人于某银意欲杀害丈夫，事前提出用安眠药杀害丈夫的犯意，并通过采取下安眠药、用毛巾勒和手掐颈部的方法，直接造成其丈夫死亡，在共同犯罪中处于主导和支配地位，起主要作用，是主犯。被告人戴某阳在明知于某银要害死其丈夫的情况下，在事前准备阶段与于某银一起去药店买安眠药，因药店没有安眠药而未买到；在事中实施阶段，又听从于某银的指使，将于某银10岁的儿子带离现场，便利了于某银顺利实施犯罪；事后，又隐匿犯罪证据，将作案用的毛巾装到裤兜里带离现场，在逃跑途中扔掉。被告人戴某阳没有直接实施杀人行为，仅起到辅助于某银杀人的作用，故应被认定为从犯。一、二审法院的认定是合理的。

关于从犯，司法实践中特别成为问题的是对望风行为的定性问题，即为他人实行犯罪望风的人究竟属于从犯还是属于主犯。在德日刑法中，望风行为的法律性质是一个被充分关注的问题。由于德日刑法是以分工为标准将共犯人划分为正犯、教唆犯和帮助犯，并明文规定对帮助犯的处罚要轻于对正犯的处罚，因此望风者是被认定为正犯还是被认定为帮助犯，会直接影响对其处罚的轻重。在这种立法体例下，如果望风者仅因没有直接实施构成要件行为而一律被认定为帮助犯，当帮助犯在共同犯罪中起到了重要作用时，就可能出现处罚畸轻的现象。故德日刑法理论逐渐抛弃"实施构成要件行为者为正犯"的正犯判断标准，转而采用"在共同犯罪中起到支配或重要作用者为正犯"的判断标准，将部分起到重要作用的帮助犯认定为正犯，从而实现处罚公正。与德日刑法不同，我国刑法对共同犯罪人并不是按照分工标准进行处罚的，而是按照其在共同犯罪中的作用来设置不同的处罚规则，望风者是正犯还是帮助犯，不会影响对其处罚的轻重，所以望风者认定为帮助犯不会导致处罚畸轻。当然，在实际案件中，望风者的行为样态各异，在共同犯罪中所起的作用大小差异巨大，我国的司法实践也会面临如何判断望风者在共同犯罪中的作用从而将其认定为主犯还是从犯的问题。对此，也要遵循主从犯的基本认定原则，通过综合考虑望风者在犯意形成、犯罪实行过程中所起的作用来确定其是主犯还是从犯。一般可以分为以下几种情况：

（1）在犯罪实行之前积极参与犯罪的策划、组织，并且在犯罪实行过程中实施望风行为。在这种情况下，行为人对共同犯罪的形成和完成均起到了重要作用，原则上应被认定为主犯。此种情况具体又可以分为两种情形：一种是共谋过程中已经明确了行为人的分工。例如，甲与乙共谋入室盗窃，约定由乙实施入室盗窃行为，由甲为其望风。甲按照约定在乙实施盗窃行为之际为其望风。另一种是共谋过程中没有明确行为人的分工，而是在实施犯罪过程中依具体情况而定。例如，甲、乙、丙三人共谋盗窃电瓶车，先后盗窃了25次。三人共谋盗窃时没有明确分工，而是在每次盗窃时在现场随机分工配合。无论在哪种情形中，行为人事先与其他人共谋，事中在现场为他人望风，客观上起到了坚定他人实施犯罪行为的信心和防止外来因素对他人实施犯罪行为的干扰的作用，其行为与他人的行为实际上已连成一个整体，他们互相配合共同促成了犯罪的完成，其望风行为的重要性是不言而喻的，应认定其为主犯。

（2）在犯罪实行之前同意望风，但没有参与犯罪的策划，在他人实行犯罪过程中实施望风行为。例如，甲欲盗窃，邀请乙为自己在实施犯罪时望风。乙应甲之邀请，为其实施了望风行为，甲顺利完成盗窃行为。在这种情况下，乙的望风行为仅仅对甲实施盗窃行为起到了心理上的帮助作用，并没有强有力地支配犯罪的实施，原则上应认定乙为从犯。

（3）在承继的共同犯罪中，如果望风者是以自己的意思或利益为目的，或者在与先行者进行意思联络的过程中达成共同犯罪意图并形成犯罪的分工协作，原则上应认定其为主犯。例如，甲正在进行盗窃，乙偶然到来，甲要求乙与自己一起犯罪，让乙在门外望风并许诺事后平分赃款，乙同意并实施了望风行为，对乙应认定为主犯。如果望风者是在帮助或为先行者犯罪提供便利的意思下实施望风行为，或者在与先行者进行意思联络的过程中明确以帮助的意思而加功于共同犯罪，应当认定其为从犯。例如，甲以强奸的故意对被害人乙实行暴力，这时丙正好过来，甲要求丙帮忙放风，丙在帮助甲的意思下实施了放风行为，对丙应认定为从犯。

[案例6-2] 舒某海等盗窃案①

被告人舒某海、赵某肥共谋盗窃云南省马龙县工商银行东光分理处。1996年4月23日，被告人舒某海、赵某肥邀约被告人韩某福，携带刺刀、马刀、包等作案工具于下午5时乘车来到马龙县城，又买了手套、手电筒等工具窜到马龙县工商银行东光分理处。当晚11时许，被告人舒某海从天窗进入分理处马某葵宿舍，被告人赵某肥、韩某福也先后进入宿舍。由韩某福放哨，舒某海戴手套，赵某肥带刺刀，一同来到营业室，撬开营业室折叠大门，从缝隙进入营业室内。舒某海、赵某肥两被告人撬开办公桌的抽屉，找到保险柜钥匙，打开保管金库钥匙的保险柜，取出钥匙，打开金库门和存放现金的保险柜，盗取人民币124 579.15元，用营业室里的一件夹克包起盗窃物并逃离现场。次日，三被告人返回县寻甸云南省舒某海住处，赵某肥、韩某福将现金的封条撕掉烧毁，赃款藏于床下。被告人舒某海于4月25日被抓获归案，被告人赵某肥于4月26日被抓获归案。缴获盗窃赃款120 116.80元，已退还失主。

云南省曲靖地区中级人民法院认为，被告人舒某海、赵某肥、韩某福无视国家法律，盗窃银行金库人民币124 579.15元，其行为均构成盗窃罪，且盗窃数额特别巨大，情节特别严重。被告人舒某海、赵某肥在共同犯罪中起主要作用，是主犯。被告人韩某福在共同犯罪中起次要作用，是从犯，应比照主犯从轻处罚。判决舒某海、赵某肥犯盗窃罪，判处死刑，剥夺政治权利终身；判决韩某福犯盗窃罪，判处无期徒刑，剥夺政治权利终身。

一审宣判后，舒某海以"没有起主要作用，被抓后检举他人"为由，赵某肥以"不是我策划的，量刑过重"为由，韩某福以"被诱骗参与犯罪，量刑过重"为由，分别提起上诉。

云南省高级人民法院认为原判定罪准确，量刑适当，审判程序合法。裁定驳回上诉，维持原判。

本案中，盗窃银行是由被告人舒某海、赵某肥二人共谋的，二人是共同犯罪的发起者，且二人均直接进入犯罪现场作案，相互协力、相互补充，都直接实施了盗窃罪的实行行为，对于犯罪的完成都起到了决定性作用，故应当都被认定为主犯。被告人韩某福虽然参与了盗窃共同犯罪，但只是受舒某海、赵某肥的邀约参与共同犯罪的，没有参与共谋，不是犯罪的发起者，也没有直接实施盗窃罪的实行行为，只是实施了便于犯罪顺利完成的望风行为，对犯罪的完成仅起了辅助作用，故应被认定为从犯。一、二审法院对三被告

---

① 中国高级法官培训中心，中国人民大学法学院. 中国审判案例要览：1997年刑事审判案例卷. 北京：中国人民大学出版社，1998：86-90.

人行为的定性是合理的。

三、司法实践中的几个特殊问题

(一) 数名共犯人均为主犯时罪责大小的认定

在处理共同犯罪案件时，应当尽量划分主从犯，以便准确量刑，但如果确实难以区分主、从关系，可以将全部共犯人认定为主犯。不过，即使在认定全部共犯人均为主犯时，也应进一步区分主犯之间的罪责大小，以保证在量刑中体现罪刑相适应原则。

[案例6-3] 祝某峰、祝某强抢劫案①

2014年5月18日，被告人祝某峰、祝某强预谋持刀抢劫带包的单身女性，二人商量好由祝某峰持刀架在被害人脖子上，威胁其交出钱财，祝某强负责抢劫财物。为了实施抢劫，祝某峰、祝某强将拖鞋换成运动鞋，祝某峰准备了一把水果刀藏在外套内侧口袋中，为了防止被查，祝某峰有意让祝某强不要携带手机。当日22时许，被告人祝某峰、祝某强上街物色作案目标。二人到江山市市区某蛋糕店楼下，见一名拎包的年轻女子，便尾随该女子准备伺机抢劫。二人跟着该女子沿南门路一直往南走，因该女子走进某小区一单元楼内，二人只好作罢。

被告人祝某峰、祝某强到江山市市区某路交叉口，见一名拎包的年轻女子从马路对面走过来，便尾随该女子伺机抢劫。后该女子突然蹲下，接着往回走，因怕该女子生疑，二人便继续往前走。

被告人祝某峰、祝某强到江山市市区城中路某店门口附近，见一名拎包的年轻女子，便尾随该女子伺机抢包，因该女子走进一单元楼内，二人只好作罢。后二人走至城建局附近时，被巡逻民警查获，作案的刀具也被依法扣押。

浙江省江山市人民法院审理后认为，被告人祝某峰、祝某强以非法占有为目的，以暴力、威胁方法抢劫他人财物，其行为已构成抢劫罪。关于辩护人提出被告人祝某强属从犯的辩护意见，经查，二被告人在共同犯罪中作用相当，尚不足以区分主次，对此辩护意见不予采纳。被告人祝某峰、祝某强为了犯罪，准备工具、制造条件，属犯罪预备，依法可以比照既遂犯减轻或

---

① 最高人民法院刑事审判第一、二、三、四、五庭. 刑事审判参考：总第112集. 北京：法律出版社，2018：86-90.

免除处罚。被告人祝某强犯罪时已满 14 周岁不满 18 周岁，依法应当从轻处罚。二被告人能如实供述自己罪行，依法可以从轻处罚。综合本案的犯罪性质、情节以及对社会的危害程度，判决被告人祝某峰犯抢劫罪，判处有期徒刑 6 个月，缓刑 1 年，并处罚金人民币 2 000 元；被告人祝某强犯抢劫罪，免予刑事处罚。

本案中，被告人祝某峰、祝某强共同预谋抢劫，对抢劫的对象、抢劫的手段及其分工作了安排。在分工中，二人预谋由祝某峰持刀架在被害人脖子上，由祝某强负责抢劫财物。在每次制造抢劫条件、跟踪被害人时，二人都一同进行。据此，法院认定二人在共同犯罪中均属主犯。但是，即使同是主犯，也仍然应该区分罪责的大小，而不是不加区别地认定各主犯的罪责等同。最高人民法院《关于审理抢劫刑事案件适用法律若干问题的指导意见》指出，"一案中有两名以上主犯的，要从犯罪提意、预谋、准备、行为实施、赃物处理等方面区分出罪责最大者和较大者"。就本案而言，被告人祝某峰的作用相对要大于被告人祝某强的作用。首先，从预谋的分工来看，祝某峰负责持刀并将刀架在被害人脖子上，祝某强负责劫取财物。从社会危害性来说，持刀的危害性比取财的危害性更大一些。特别是在被害人反抗的情况下，持刀者施暴与取财者施暴相比，前者危害更大一些，甚至可能造成他人重伤、死亡。其次，在具体作案准备上，祝某峰甚至起到了指挥的作用。祝某峰特别有意让祝某强不要携带手机，目的很明确，就是为了防止被查。而携带手机作案，则可能在案发后被公安机关运用科技手段追查出作案者。这也反映了祝某峰的反侦查意识比较强及主观恶性比较大。最后，从日常生活常识来看，作案时祝某峰已满 18 周岁，而祝某强则不满 18 周岁，从一般生活经验来看，年龄小的听从年龄大的可能性更大一些。从本案祝某峰让祝某强不要携带手机这一点看，也说明祝某强听从祝某峰的事实是存在的。这一事实虽然还不足以动摇二人同是主犯的认定，但在二人同是主犯的前提下，对于更细地区分二人的罪责是有参考意义的。据此，法院在认定被告人祝某峰、祝某强的行为构成抢劫罪（预备），并认定二人均属主犯的同时，根据二人认罪态度较好、祝某强犯罪时未满 18 周岁的情况，对祝某峰作出减轻处罚，而对祝某强作出免予刑事处罚的判决是合理的。

司法实务中经常碰到的问题是：数人共同致一人死亡，数人均为主犯的，如何区分各主犯的罪责大小？根据当前我国"严格控制、慎重适用"的死刑政策，在数人共同致一人死亡的案件中，除非犯罪性质特别恶劣，情节、后果特别严重，原则上只能对罪责最为严重的被告人判处死刑。对此，最高人民法院《关于贯彻宽严相济刑事政策的若干意见》明确指出："对于多名被告人共同致死一名被害人的案件，要进一步分清各被告人的作用，准确确定各被告人的罪恶，以做到区分对待；不能以分不清主次为由，简单地一律判处重刑。"最高人民法院《关于审理抢劫刑事案件适用法律若干问题的指导意见》也指出："对于共同抢劫致一人死亡的案件，依法应当判处死刑的，除犯罪手段特别残忍、情节及后果特别严重、社会影响特别恶劣、严重危害社会治安的外，一般只对共同抢劫犯罪中作用最突出、罪行最严重的那名主犯判处死刑立即执行。"可见，在此类案件中，如何区分各主犯的罪责大小将直接影响对哪个被告人可以判处死刑，因而是司法实务中非常重要的问题。

笔者认为，在此类案件中，应当通过全面考察各被告人在犯意形成、犯罪实施、犯罪后各阶段的具体地位、作用以及主观恶性、人身危险性等因素来审慎区分各被告人的罪责大小。总体来看，应综合考虑下列因素：（1）从犯罪动机的角度看，一般来说，动机卑劣的被告人主观恶性大，如出于恶意竞争杀害竞争对手、预谋杀人或杀人决意明显、性情残暴动辄肆意杀人、抢劫杀害孤寡老人或少年儿童等的被告人，其罪责相对较大。（2）从犯意产生的角度看，一般来说，提起犯意的被告人罪责相对较大。通常，提起犯意的被告人往往会积极实施犯罪，且对共同犯罪行为有一定的控制力，故作用相对突出，罪责相对较大。但二人均有犯意，仅一人首先提出，另一人一拍即合并积极参与预谋，起意者在实行阶段作用并不突出的，也可不认定起意者罪责最大。此外，实践中常有各被告人供述不一、互相推诿的情形，这就需要结合各被告人前后供述、自身情况及与被害人的关系等因素，综合认定，确实无法确定起意者的，也可认定为共同起意。（3）从参与犯罪积极程度的角度看，一般来说，主动参加、纠集他人参与犯罪、全程参与、积极实施、直接行凶的被告人罪责相对较大。如某一被告人组织、策划、指挥整个犯罪过程，则应认定其罪责较大，而听从他人指挥实施犯罪的，可被认定为罪责相对较小。（4）从犯罪准备的角度看，一般来说，提出犯意并积极准备犯罪工具、物色作案对象、策划犯罪路线、实施踩点等行为的被告人罪责相对较大。（5）从实施致死行为的角度看，实施最核心和最重要的致死行为的被告人罪责相对较大。即在能够分清各被告人的行为对死亡结果所起的具体作用的情况下，实施直接致死行为的被告人罪责较大。一人下手凶狠，连续捅刺多刀，另一人捅刺一两刀，明显有节制，则捅刺刀数多的被告人罪责较大。一人捅刺的是被害人的胸腹部等要害部位，另一人捅刺的是腿部、臀部等次要部位，则捅刺要害部位的被告人罪责较大。采取扼掐颈部方法杀人，一人动手掐，另一人按住被害人手脚，则直接扼掐的被告人罪责较大。二人以上先后用同样的凶器捅刺被害人同样的部位，伤害程度相当的，则先实施行为的被告人罪责较大。（6）从案后抛尸、毁灭罪证等的角度看，一般来说，作案后提议破坏案发现场、毁灭尸体及作案工具等罪证，并积极实施的，其罪责相对较大。(7) 从赃款赃物处理的角度看，一般来说，对赃款赃物的分配具有决定权或者分得较多赃款赃物的被告人罪责相对较大。(8) 从犯罪后的表现看，作案后有自首、立功、认罪悔罪、积极赔偿、主动施救、取得被害人谅解等情节的被告人，罪责要比没有这些情节的被告人相对小。需要指出的是，判断被告人罪责的大小需要从不同角度同时展开，而不能局限于某一角度。对被告人最终罪责的认定，应是综合分析判断的结果。而在犯罪过程中地位、作用明显大于其他被告人的被告人，即使在犯罪后有自首或立功表现，但该情节依法不足以从轻处罚的，也可以对该被告人判处死刑立即执行。另外，在共同犯罪人罪责确实难以区分时，如果其中某个被告人系累犯，也可从主观恶性和人身危险性的角度予以区分。

[案例6-4] 龙某成、吴某跃故意杀人、抢劫案①

2006年11月24日22时30分许，被告人龙某成、吴某跃经预谋，携带水果刀、塑料胶带等工具，在昆明市租乘被害人保某文驾驶的桑塔纳出租车至昆明卷烟厂附近龙泉路"友缘"招待所门口时，持刀威胁并用塑料胶带捆绑保某文，劫得现金420元、价值661元的小灵通手机1部、交通银行卡和农业银行卡各1张，并逼迫保某文说出银行卡密码，后将保某文捆绑弃于一废弃防空洞内。二人驾车逃离途中，将车丢弃，从保某文交通银行卡上取走1800元。

同月28日22时许，被告人龙某成、吴某跃经预谋，携带匕首、塑料胶带、尼龙绳等作案工具，在云南省个旧市租乘被害人李某驾驶的奇瑞牌出租车（价值人民币2万元）至红河州财校附近公路边时，持匕首戳刺李某，劫得现金100余元和价值400元的NEC. N620型手机1部。后龙某成驾车至个旧市锡城镇戈贾森林公园，将李某拖至公路旁猴子山树林里，二人分别用匕首朝李某颈、胸、背部连捅数十刀，致李某当场死亡。

云南省红河哈尼族彝族自治州中级人民法院审理后认为，被告人龙某成、吴某跃以非法占有为目的，以暴力手段抢劫他人财物，其行为均构成抢劫罪；二人在抢劫完毕后，为灭口而故意非法剥夺他人生命，其行为又均构成故意杀人罪，依法应数罪并罚。二被告人犯罪情节特别恶劣，手段特别残忍，后果和罪行极其严重，应依法严惩。判决被告人龙某成和吴某跃犯故意杀人罪，判处死刑，剥夺政治权利终身；犯抢劫罪，判处有期徒刑15年，并处罚金人民币2万元；决定执行死刑，剥夺政治权利终身，并处罚金人民币2万元。

一审宣判后，被告人龙某成、吴某跃提起上诉。龙某成上诉称，原判未

① 最高人民法院刑事审判第一、二、三、四、五庭. 中国刑事审判指导案例：第1卷. 北京：法律出版社，2017：149-152.

认定其在共同犯罪中的作用小于吴某跃，量刑失当，请求改判。吴某跃上诉称，其与龙某成在共同犯罪中的作用可以分清，其归案后如实交代了两次犯罪的详细情况，其亲属愿赔偿附带民事诉讼原告一定的经济损失，其有认罪、悔罪表现。

云南省高级人民法院经审理后认为，原判定罪准确，量刑适当，审判程序合法。裁定驳回上诉，维持原判，并依法报请最高人民法院核准。

最高人民法院经复核认为，被告人龙某成、吴某跃以非法占有为目的，采取暴力、胁迫手段抢劫他人财物，其行为均构成抢劫罪。龙某成、吴某跃抢劫后，为灭口杀死被害人，其行为还构成故意杀人罪。龙某成、吴某跃抢劫财物数额巨大，抢劫后为灭口杀死一人，情节恶劣，手段残忍，后果和罪行极其严重，应依法惩处并数罪并罚。在共同犯罪中，龙某成首先持刀捅刺被害人，两次作案后负责驾车逃跑，毁灭大部分罪证，并占有较多赃物，其作用相对较大。吴某跃在共同犯罪中作用相对较小，且归案后认罪态度较好，综合考虑全案的犯罪事实和情节，对吴某跃判处死刑，可不立即执行。第一审判决、第二审裁定认定的事实清楚，证据确实、充分，定罪准确，审判程序合法，对龙某成量刑适当，对吴某跃犯故意杀人罪的量刑不当，犯抢劫罪的量刑适当。故核准对被告人龙某成以故意杀人罪判处死刑，剥夺政治权利终身；以抢劫罪判处有期徒刑15年，并处罚金人民币2万元；决定执行死刑，剥夺政治权利终身，并处罚金人民币2万元的部分。撤销对被告人吴某跃犯故意杀人罪的量刑部分和决定执行刑罚部分，判决被告人吴某跃犯故意杀人罪，判处死刑，缓期二年执行，剥夺政治权利终身，与原判以抢劫罪判处其有期徒刑15年，并处罚金人民币2万元并罚；决定执行死刑，缓期二年执行，剥夺政治权利终身，并处罚金人民币2万元。

本案是一起二人共同抢劫杀人致一人死亡的案件。二被告人共同预谋，共同购买作案工具和踩点，均持刀威胁、捅刺并捆绑被害人，共同实施杀人行为造成一人死亡，在共同犯罪中均起主要作用，均系主犯。但经综合分析，二人在共同犯罪中的罪责仍可进行进一步区别。首先，在犯罪预备阶段，二人均供述一起购买了作案工具、进行了踩点，但对于谁是抢劫杀人犯意的提起者，二人相互推诿，据现有证据，难以区分二人在该阶段的具体作用。其次，在犯罪实行阶段，二被告人两次作案实施的具体行为不尽相同。在第二次作案中，二人均实施了暴力行为，抢劫后共同杀害了被害人，尸体检验鉴定未能区分系谁的行为直接致死被害人，但二被告人的供述均证实系龙某成首先持刀捅刺了被害人，龙某成首先实施的暴力行为不仅为抢劫罪的完成提供了条件，也为后来故意杀人罪的实施奠定了基础，其作用大于吴某跃。在第一次作案中，二人按照事先分工，一起持刀胁迫被害人、捆绑被害人并将被害人弃于防空洞内，二人作用大体相当。综合两次作案情况，可以认定龙某成在犯罪实行阶段的作用大于吴某跃。最后，在犯罪后续阶段，据在案证据，龙某成丢弃、毁灭了大部分罪证，占有赃物也比吴某跃多，也可以认定其在该阶段的作用大于吴某跃。因此，综合本案共同犯罪的具体情节，可以认定龙某成的罪责大于吴某跃。在本案只造成一人死亡，二被告人均无法定从重、从轻处罚情节的情况下，应只判处一人死刑。故最高人民法院复核后，依法核准龙某成死刑，对吴某跃改判为死刑，缓期二年执行。

[案例6-5] 郭某伟、李某抢劫案①

　　被告人郭某伟、李某因犯罪在同一监狱服刑时认识，刑满释放后，二人亦有联系。2014年7月26日，李某从湖北省荆门市来到宜昌市猇亭区与郭某伟见面。其间，郭某伟、李某多次预谋实施抢劫，并购买了手套、绳子等作案工具。同年7月29日，郭某伟、李某二人在宜昌市猇亭区政府附近，拦下被害人周某林（女，殁年41岁）驾驶的红色"吉利美日"牌出租车（价值人民币21 740元）。郭某伟谎称去三峡机场，并按事前预谋，郭某伟上车后坐在后排，李某则坐在副驾驶室。当周某林驾驶车辆行至猇亭区逢桥路延伸段时，郭某伟声称喝醉酒要呕吐，要周某林停车。周某林停车后，郭某伟立即用绳子套住周某林的颈部，因周某林极力反抗，绳子滑落。此时，李某将车钥匙拔出后，对周某林进行殴打并将绳子拾起再次套住周某林的颈部，又在周某林的颈部缠绕两圈递给郭某伟。郭某伟接过绳子猛勒周某林的颈部，李某则捂住周某林的嘴，郭某伟、李某共同致周某林死亡。随后，郭某伟、李某将周某林的尸体移至后排座位，郭某伟驾驶车辆返回其工作的工厂宿舍取换洗的衣服等物。李某唯恐周某林没有死亡，要郭某伟带湿毛巾用于捂周某林的嘴。郭某伟从宿舍取走二人的衣服返回车内时，递给李某一件用水淋湿的衣服，李某即用湿衣服捂住周某林的嘴，直至其确认周某林毫无动静才松手。作案后，郭某伟驾驶该车与李某沿318国道往荆州方向逃跑，行驶至宜昌市高新区白洋镇雅畈村路段时，车辆因故障熄火。郭某伟、李某将周某林的尸体抛弃于路边树林中，郭某伟将周某林的衣服脱光，连同从车上拆卸的坐垫等物，丢弃至一水沟中，并弃车逃跑。郭某伟、李某逃跑到枝江市董市镇姚家港三宁化工公司附近的长江边时将周某林的衣服、手机等物以及各自作案时穿的衣服换下后丢弃于长江中，将周某林的手机卡丢弃于江边草丛中。

　　湖北省宜昌市中级人民法院审理后认为，被告人郭某伟、李某以非法占有为目的，采取暴力手段抢劫他人财物，其行为均已构成抢劫罪。郭某伟、李某共同预谋抢劫，并共同采取暴力手段致人死亡，二被告人地位、作用相当，不分主从。二被告人的犯罪情节特别恶劣，后果特别严重，社会危害极大，且均系累犯，人身危险性极大，均应从重处罚。据此，依法以抢劫罪，分别判处被告人郭某伟、李某死刑，剥夺政治权利终身，并处没收个人全部财产。

一审宣判后，被告人郭某伟、李某分别提出上诉。郭某伟上诉称，其没有作案，其辩护人提请二审法院根据查明的事实和证据依法判决。李某上诉称，其是从犯，原判量刑过重，其辩护人提出相同的辩护意见。

湖北省高级人民法院经审理后认为，上诉人郭某伟、李某以非法占有为目的，采取暴力手段抢劫他人财物，并致人死亡，其行为均构成抢劫罪。郭某伟、李某事先共同策划杀害女出租车司机后抢劫出租车，并进行具体分工。为杀人灭口，郭某伟、李某二人不顾被害人哀求，用绳索将被害人勒死，并用湿衣服捂其口鼻，以防其未死亡，后将被害人抛尸野外。犯罪情节特别恶劣，罪行极其严重。郭某伟、李某曾因犯罪被判处刑罚，在刑罚执行完毕后5年内又实施犯罪，均系累犯，人身危险性极大，依法应从重处罚。二审开庭时，郭某伟拒不认罪，李某态度恶劣，均无悔罪表现。原审判决认定的事实清楚，证据确实、充分，定罪准确，量刑适当，审判程序合法。裁定驳回上诉，维持原判，并依法报请最高人民法院核准。

最高人民法院经复核认为，被告人郭某伟和李某均系共同犯罪的主犯，且均系累犯，应依法从重处罚。第一审判决、第二审裁定认定的事实清楚，证据确实、充分，定罪准确，审判程序合法、对郭某伟量刑适当。鉴于被告人李某在共同犯罪中的地位、作用略低于被告人郭某伟，对其判处死刑，可不立即执行。故核准湖北省高级人民法院维持第一审以抢劫罪判处被告人郭某伟死刑，剥夺政治权利终身，并处没收个人全部财产的刑事裁定；撤销湖北省高级人民法院刑事裁定和宜昌市中级人民法院刑事判决中以抢劫罪判处被告人李某死刑，剥夺政治权利终身，并处没收个人全部财产的部分；判决被告人李某犯抢劫罪，判处死刑，缓期二年执行，剥夺政治权利终身，并处没收个人全部财产；对被告人李某限制减刑。

本案中，被告人郭某伟和李某均积极实施抢劫致死的犯罪行为，均系主犯，但从犯罪预谋、准备工具、具体实施等阶段综合判断，郭某伟的地位、作用要略大于李某，罪责最为严重。首先，虽然二被告人共同预谋抢劫，但郭某伟提议抢劫黑出租车并杀死被害人，李某表示同意。在预谋阶段，郭某伟的罪责略大于李某。其次，在二被告人实施抢劫前，郭某伟提议购买作案工具绳子和手套，李某随之共同购买。郭某伟在准备作案工具的环节，罪责大于李某。最后，在具体抢劫杀人过程中，郭某伟实施了持绳子勒死被害人的最主要行为，李某实施了用绳子套住被害人脖子并捂住被害人口鼻的行为。相对而言，在致死被害人上，郭某伟的行为作用更为突出，罪责大于李某。综上，在本案只造成一人死亡的情况下，综合共同犯罪的具体情节，可以认定郭某伟的罪责要大于李某。最高人民法院依法核准郭某伟死刑，改判李某死缓并限制减刑是适当的。

（二）只有部分共犯人到案，是否应当区分主从犯

实践中经常出现数人共同作案，但只有部分共犯人到案的情况，对到案的共犯人在审判时是否应当区分主从犯，实务和理论上均存在不同看法。在此类案件中认定主从犯所面临的主要问题是，由于部分同案犯未到案，现有证据可能存在不完整性和可变性。如果根据现有证据认定到案被告人为主犯或从犯，等到其他共犯人归案后，现有证据可能会发生变化，从而会影响主从犯认定的准确性。正因如此，以往的实务做法多数不区分主从犯。但是，由于主从犯的认定毕竟会对被告人的量刑产生直接影响，所以即使有部分共犯人未到案，也应当在严格审查现有证据的基础上尽量区分主从犯，从而体现量刑的公正性。对此，最高人民法院《关于审理抢劫刑事案件适用法律若干问题的指导意见》也明确规定："在抢劫共同犯罪案件中，有同案犯在逃的，应当根据现有证据尽量分清在押犯与在逃犯的罪责，对在押犯应按其罪责处刑。"此外，《全国部分法院审理毒品犯罪案件工作座谈会纪要》也指出："毒品犯罪中，部分共同犯罪人未到案，如现有证据能够认定已到案被告人为共同犯罪，或者能够认定为主犯或者从犯的，应当依法认定。""对于确有证据证明在共同犯罪中起次要或者辅助作用的，不能因为其他共同犯罪人未到案而不认定为从犯，甚至将其认定为主犯或者按主犯处罚。只要认定为从犯，无论主犯是否到案，均应依照刑法关于从犯的规定从轻、减轻或者免除处罚。"

[案例 6-6] 陈某武、李某光贩卖、运输毒品案①

被告人陈某武与陈某共谋到云南购买毒品，并分别邀约陈某友、李某兵、陈某权一同前往。2012 年 7 月 24 日，陈某、李某兵、陈某权驾驶比亚迪轿车，陈某武和陈某友驾驶丰田凯美瑞轿车先后前往云南。7 月 25 日，在陈某、陈某权、李某兵到达云南省勐海县打洛镇后，陈某、陈某权偷渡到缅甸小勐拉。7 月 26 日，陈某武、陈某友到达打洛镇后偷渡到小勐拉与陈某、陈某权会合。陈某武、陈某、陈某权、陈某友在入住的小勐拉凯旋宾馆内多次与货

---

① 最高人民法院刑事审判第一、二、三、四、五庭. 刑事审判参考：总第 112 集. 北京：法律出版社，2018：60-63.

主"小龙"等人查验毒品样品、商议购买毒品。其间，被告人李某光、张某勇分别通过银行汇款给陈某武16万元和8.5万元购买毒品。7月31日晚，陈某武、陈某由缅甸返回打洛镇。8月1日凌晨1时许，李某兵按照陈某的安排将比亚迪轿车开到事先指定的地点，送货人将毒品装入该车油箱。陈某武驾驶丰田凯美瑞轿车与陈某、陈某友在前探路，李某兵驾驶比亚迪轿车运输毒品跟随其后。3时35分至3时50分，云南省勐海县公安边防支队在云南省西双版纳州国道老路3100路标处先后将陈某武、陈某友、陈某和李某兵拦下检查，发现比亚迪轿车后排座位下的油箱电泵处有改动痕迹，怀疑藏有违禁品，遂将两车带到勐海县荣光汽修厂。6时30分，在荣光汽修厂专业人员的协助下，当场从比亚迪轿车油箱内查获含量为46.88%的毒品海洛因2 760克，含量为14.45%的甲基苯丙胺片剂（俗称"麻古"）9 015克。

贵州省毕节市中级人民法院审理后认为，被告人陈某武以牟取非法利益为目的贩卖、运输毒品，已构成贩卖、运输毒品罪。被告人李某光得知陈某武至境外购买毒品后将毒资汇至陈某武账户，要求陈某武为其代购毒品并支付相应车费，也构成贩卖、运输毒品罪。其中，陈某武与陈某共谋购买毒品，与毒贩上线联系，参与检验毒品样品、试货、商议毒品价格，斥巨资购买毒品，验收毒品数量，驾驶车辆行驶在运毒车辆之前探路，在犯罪中起主要作用，系主犯。判处被告人陈某武死刑，剥夺政治权利终身，并处没收个人全部财产；判处被告人李某光死刑，剥夺政治权利终身，并处没收个人全部财产。

一审宣判后，陈某武、李某光提起上诉。其中被告人陈某武上诉称，陈某在逃致关键事实不清，其行为应定运输毒品罪，系从犯，量刑过重。

贵州省高级人民法院经审理认为，原判认定上诉人陈某武、李某光犯贩卖、运输毒品罪的事实清楚。陈某武邀约陈某友贩卖、运输毒品，其行为已构成贩卖、运输毒品罪。李某光贩卖毒品，其行为已构成贩卖毒品罪。在陈某武等人贩卖、运输毒品的共同犯罪中，陈某武与陈某等人共谋购买毒品，参与检验毒品样品、商议毒品价格、出资购买毒品，为他人代购毒品，驾驶车辆在运毒车辆之前探路，起主要作用，系本案主犯，应当按照其参与的全部犯罪处罚。其所提出的"系从犯，量刑过重"的上诉理由不能成立，不予采纳。原审法院对陈某武的定罪准确，对陈某武、李某光的量刑适当，但对李某光的定罪不当，应予以改判。判决维持毕节市中级人民法院对上诉人陈某武的刑事判决；撤销毕节市中级人民法院对上诉人李某光的刑事判决，以贩卖毒品罪改判李某光死刑，剥夺政治权利终身，并处没收个人全部财产。依法将陈某武、李某光的死刑判决报请最高人民法院核准。

最高人民法院经复核认为，第一审判决、第二审判决认定的事实清楚，证据确实、充分，定罪准确，对被告人陈某武量刑适当，审判程序合法。李某光受邀参与贩毒，未参与运输毒品，且归案后能如实供述罪行，对李某光判处死刑，可不立即执行。判决核准贵州省高级人民法院刑事判决中维持第一审以贩卖、运输毒品罪判处被告人陈某武死刑，剥夺政治权利终身，并处没收个人全部财产的部分；撤销贵州省高级人民法院以贩卖毒品罪判处被告人李某光死刑，剥夺政治权利终身，并处没收个人全部财产的判决部分；判决被告人李某光犯贩卖毒品罪，判处死刑，缓期二年执行，剥夺政治权利终身，并处没收个人全部财产。

本案中，被告人陈某武与陈某、陈某友（已判刑）、李某兵（已判刑）、陈某权等人一同贩卖、运输毒品，虽然陈某和陈某权因在逃而未到案，但结合现有证据可以认定如下事实：第一，陈某武伙同陈某共谋贩毒。虽然陈某未到案，但是手机通话清单、卷中其他证据材料可以证明陈某武与陈某共谋到云南购买毒品。结合卷中其他证据材料可以证明，陈某武与陈某为购买毒品而多次预谋，陈某主要负责购买包装等物，二人联系出发事宜。第二，陈某武纠集同案犯陈某友参与贩卖、运输毒品。陈某友供述"被抓前约一个星期，陈某武打电话说最近他们准备去做一批生意（指贩毒），问我要不要去，我说可以"，该内容与在案相关证据相印证。同时，车辆行驶信息、住宿登记信息以及陈某友的供述证实，二人驾驶陈某武的轿车，7月24日出发，沿着金关-昆明-景洪-打洛镇-缅甸-打洛镇的路线贩卖、运输毒品。第三，陈某武亲自到境外查验毒品，商议毒品数量、价格。陈某友供述，其与陈某武到达云南省勐海县打洛镇后就随同陈某武一起偷渡到了缅甸小勐拉，与陈某、陈某权会合，陈某武、陈某权、陈某联系购买毒品并商议价格。因陈某、陈某权在逃，三人的具体分工无法获知，但是陈某友的供述得到了卷中其他证据材料及陈某武供述的印证。且从相关证据来看，陈某武与上线联系更加紧密，尤其是"麻古"主要靠陈某武联系，交易毒品时也是陈某武在场，陈某只是负责联系李某兵运输毒品。第四，陈某武主动代张某勇、李某光购买毒品，该事实有张某勇、李某光的供述及手机通话清单、银行转账凭证等证据证明。根据以上事实，虽然本案另两名主犯陈某、陈某权在逃，但已经足以证明被告人陈某武在共同贩卖、运输毒品犯罪中起主要作用，且系罪责最为严重的主犯之一，故最高人民法院依法核准被告人陈某武死刑。

（三）单位犯罪时，对其直接负责的主管人员和其他直接责任人员是否区分主从犯

对于单位犯罪时，对其直接负责的主管人员和其他直接责任人员是否应当区分主从犯，刑法理论上存在三种不同观点：肯定说认为，只要单位犯罪行为由两个以上单位成员参与实施，且彼此之间存在犯意联络，即应认定构

成共同犯罪，按共同犯罪的规定进行处罚，即通过区分主从犯来确定各自的刑罚。当然，如果实施犯罪的单位成员只有一人，便谈不上共同犯罪的问题。实施犯罪的单位成员虽为二人以上，但如果彼此之间不存在犯意联络，也应视被为单独犯罪。否定说认为，主从犯是相对于共同犯罪而言的，而单位犯罪时单位中相关责任人员之间是其作为单位有机体内部的诸要素相互联系、相互作用的关系，不是共同犯罪的关系，故不应区分主从犯，而是应根据相关责任人员在单位犯罪中的地位、作用和犯罪情节，分别判处刑罚。折中说认为，在处理单位犯罪时，对其直接负责的主管人员和其他直接责任人员，原则上不区分主从犯，而只按照他们在单位犯罪中所起的作用分别处罚，但在特殊情况下，即在不区分主从犯难以做到罪刑相适应时，则可以区分主从犯。

　　最高人民法院的司法解释持折中说的立场。2000 年最高人民法院《关于审理单位犯罪案件对其直接负责的主管人员和其他直接责任人员是否区分主犯、从犯问题的批复》指出："在审理单位故意犯罪案件时，对其直接负责的主管人员和其他直接责任人员，可不区分主犯、从犯，按照其在单位犯罪中所起的作用判处刑罚。"对于该批复，参与起草的人员这样解释：从刑法关于共同犯罪的规定来看，主从犯的区分主要是针对自然人犯罪而言的，犯罪单位中主管人员和其他直接责任人员的共同犯罪不同于普通自然人的共同犯罪。因而"在以单位名义实施犯罪时，有关责任人员具有共同的、实施单位犯罪的故意和共同的、实施单位犯罪的行为，只有从这一意义上讲，才可以成立共同犯罪"，"根据刑法第二十六条、第二十七条的规定，就可以有主从犯之分。虽然对于单位犯罪案件中直接负责的主管人员和其他直接责任人员一般情况下不需要按照共同犯罪区分主、从犯，但根据具体案件的特殊情况，也不完全排除可以进行这种区分。所谓特殊情况，主要是指根据具体案情，如果不区分主、从犯，在对被告人决定刑罚时很难做到罪刑相适应"[1]。2001 年最高人民法院《全国法院审理金融犯罪案件工作座谈会纪要》表达了类似意见，指出："对单位犯罪中的直接负责的主管人员和其他直接责任人员，应根据其在单位犯罪中的地位、作用和犯罪情节，分别处以相应的刑罚，主管人员与直接责任人员，在个案中，不是当然的主、从犯关系，有的案件，主管人员与直接责任人员在实施犯罪行为的主从关系不明显的，可不分主、从犯。但具体案件可以分清主、从犯，且不分清主、从犯，在同一法定刑档次、幅度内量刑无法做到罪刑相适应的，应当分清主、从犯，依法处罚。"

　　根据前述司法解释，在确定单位犯罪相关责任人员的刑事责任时，原则

---

① 祝二军.《关于审理单位犯罪案件对其直接负责的主管人员和其他直接责任人员是否区分主犯、从犯问题的批复》的理解与适用. 刑事审判参考：总第 11 集. 北京：法律出版社，2000：113.

上不区分主从犯，通过考虑以下三方面的因素分别处以相应的刑罚：一是相关责任人员在单位犯罪中的地位。直接负责的主管人员与其他直接责任人员在单位犯罪中的地位存在重大差别。直接负责的主管人员在单位犯罪中处于支配地位，通常是单位犯罪的组织者、决策者和指挥者，对单位犯罪的实施起着决定性的作用。其他直接责任人员则处于服从地位，虽然参与单位犯罪的实施，但只是在具体执行直接负责的主管人员的犯罪决定，其行为的危害程度相对较低。二是相关责任人员在单位犯罪中所起的作用。单位犯罪通常是由多个责任人员在单位意志的支配之下分工协力完成的，不同的责任人员在单位犯罪中所起的作用并不相同，具体表现为不同责任人员在主观上的积极态度与在客观上的参与方式和程度都会有所不同。三是相关责任人员参与单位犯罪的具体情节。犯罪情节对刑事责任的确定具有重要意义，在单位犯罪中，同样应当全面考察各个责任人员参与犯罪的具体情况与各种犯罪情节。但是，如果在某一单位犯罪中涉案人数较多，不同被告人的行为确实存在危害程度上的明显差异，在同一个法定刑幅度内量刑明显不符合罪刑相适应原则，可以根据各被告人在单位犯罪中所起作用的大小区分主从犯。

［案例 6-7］ 杨某林、曹某强等骗取出口退税案①

　　1994 年 3 月，被告单位攀枝花市对外经济贸易公司（以下简称"攀枝花外贸公司"）经对外贸易经济合作部批准，取得自营和代理攀枝花市商品出口的经营权。1995 年下半年，时任攀枝花外贸公司总经理的被告人杨某林主持召开经理办公会，被告人曹某强、张某金、赵某宇等公司中层干部参加会议。在明知攀枝花外贸公司只能经营自营出口和代理本市商品出口业务的情况下，会议决定，与被告人张某光及林某坤（在逃）合作开展代理广东潮汕地区的服装、塑料出口业务，并指定时任进出口部经理赵某宇负责操作代理出口业务，时任财务科科长张某金负责代理出口业务的结汇、申办退税等事宜。之后，杨某林、赵某宇等人在知道张某光、林某坤不是货主的情况下，代表攀枝花外贸公司先后与张某光、林某坤签订了多份代理出口协议。协议约定：张某光、林某坤负责联系外商，提供出口货源、增值税专用发票和出口货物专用税收缴款书，联系报关，自带外汇本票与攀枝花外贸公司结汇；攀枝花外贸公司负责提供报关委托书、空白外汇核销单等出口单证，向攀枝花市国税局申请退税及所退税款的划拨。杨某林等人在对合同约定的部分供货企业进行考察时，发现供货企业的生产能力与合同约定的出口数量不符，出口产品存在质次价高等问题，无法保证货物真实出口，仍然允许张某光、

林某坤自带货源，自行报关，自带香港银行开出的美元即期汇票到攀枝花市结汇。为了达到在攀枝花市办理出口退税的目的，攀枝花外贸公司通过与张某光、林某坤签订虚假的工矿产品供销合同和外销合同等方式，以"倒计成本法"做假财务账，将"四自三不见"的代理出口业务处理为自营出口业务，并根据虚构的自营业务账目制作虚假的退税申请表，随同退税单证呈报攀枝花市国税局申请出口退税。1995 年 7 月至 1999 年 12 月，攀枝花外贸公司先后 27 次向攀枝花市国税局虚假申报出口退税款共计 3 855.878 36 万元，除最后一次因被举报而停止退税外，实际骗取出口退税款共计 3 646.864 35 万元。攀枝花外贸公司从中扣除代理费 186 万余元，将其余款项汇到张某光、林某坤指定的银行账户上，张、林随即伙同他人将款划转据为己有。其中，在被告人杨某林担任总经理期间，攀枝花外贸公司先后分 20 笔向攀枝花市国税局虚假申报，骗取退税款共计 3 020.874 318 万元；在被告人曹某强担任总经理期间，攀枝花外贸公司先后分 6 笔向攀枝花市国税局虚假申报，骗取出口退税款共计 625.990 032 万元。被告人张某光在 1995 年 9 月至 1998 年 7 月与攀枝花外贸公司合作开展所谓代理潮汕地区的出口业务中，通过非法途径购买海关验讫的报关单出口退税联和增值税专用发票，通过非法途径在黑市购买外汇进行结汇，伪造出口的假象，并通过攀枝花外贸公司虚假申报，先后分 9 次从攀枝花市国税局骗取出口退税款共计 664.740 151 万元。

四川省攀枝花市中级人民法院认为，被告单位攀枝花外贸公司及其直接负责的主管人员被告人杨某林、曹某强，直接责任人员被告人张某金、赵某宇，采用隐匿代理协议、与被告人张某光及林某坤签订虚假的内外销合同、以"倒计成本法"做假财务账、伪造出口货物销售明细账等方式，隐瞒代理出口及从事"四自三不见"买单业务的事实，虚构自营出口事实，向攀枝花市国税局虚假申报出口退税，骗取国家出口退税款，均已构成骗取出口退税罪。被告人杨某林、曹某强系被告单位的总经理，组织经理办公会集体研究决定，超出经营范围从事违规的代理业务及虚构自营事实向国税部门骗取出口退税，并安排张某金、赵某宇的具体工作，是本案的主犯；被告人张某金、赵某宇、张某光为本案的从犯。

一审宣判后，被告人杨某林、曹某强、张某金、赵某宇、张某光不服，向四川省高级人民法院提起上诉。

四川省高级人民法院经审理后除改变赵某宇的量刑之外，维持了一审的其他判决内容。

本案中，被告单位攀枝花外贸公司与被告人张某光共同骗取国家出口退税，属共同犯罪，法院认定被告单位系主犯，张某光系从犯。同时，在该单位犯罪内部，两名直接负责的主管人员杨某林、曹某强是公司总经理，组织经理办公会集体研究决定，超出经营范围从事违规的代理业务骗取出口退税，并安排另外两名直接责任人员即被告人张某金、赵某宇的具体工作，被法院认定为主犯。而张某金、赵某宇虽然是单位犯罪的直接责任人员，但由于他们作为下属，是听从被告人杨某林、曹某强的安排和指使的，在犯罪过程中起次要作用，故法院认定他们为从犯。

需要指出的是，如果单位在与其他自然人或单位的共同犯罪中是从犯，对其直接负责的主管人员和其他直接责任人员，原则上均应认定为从犯，而不应在认定单位是从犯的前提下再将其中的部分自然人认定为主犯，因为这对自然人被告明显不利，客观上也与事实和逻辑不符。

如果单位和自然人共同犯罪，且单位为主犯，自然人为从犯，则对自然人的处罚也应当适用单位犯罪的相关规定。这一方面符合共同犯罪的基本理论，因为在一个共同犯罪中只有一个犯罪，所以只能有一个定罪量刑的数额标准，否则就与共同犯罪认定本身相矛盾；另一方面也是从量刑平衡角度考虑的结果，因为单位犯罪的起刑点通常较高，而法定刑大多较轻，如果对作为从犯的自然人适用自然人犯罪的规定，势必造成对从犯的处罚反而高于对主犯的处罚的不公结果。

（四）部分共犯人发生转化犯罪时，不同罪名下是否区分主从犯

司法实践中经常会出现部分共犯人的行为转化成其他犯罪的情形，即不同共犯人最终所触犯的罪名不同。在这种情况下，是否应当区分主从犯？例如，甲、乙、丙三人手拿棍棒前往约定的斗殴地点，途中偶遇老乡丁、戊两人。甲、乙要丁、戊一同去斗殴，哪怕凑凑人头助威也行。丁、戊碍于老乡情面，便跟随其后。到达约定地点后，对方三人见甲一方人多势众，一开始就边打边逃。丁、戊两人乘机止步，甲、乙、丙三人紧追猛打，并将对方一人伤害致死。本案中，甲、乙、丙三人聚众斗殴致人死亡，根据刑法规定应转化为故意杀人犯罪。但丁和戊只是徒手参与聚众斗殴的助威行为，并未实际加入追击和打斗，应只对聚众斗殴罪承担刑事责任。那么，法院在量刑阶段是否应当在甲、乙、丙和丁、戊之间区分主从犯？能否认定丁和戊为聚众斗殴罪的从犯？再如，甲在入室盗窃，邀约乙为其在外望风。甲入室盗窃过程中被被害人发现，为了逃脱而对被害人使用了暴力，但乙对此毫不知情。本案中，甲的行为转化成抢劫罪，而乙仍仅应对盗窃罪承担刑事责任。那么，法院在量刑时是否应当在甲、乙之间区分主从犯？能否认定乙为盗窃罪的从犯？

要回答上述问题，首先要明确不同罪名之间能否成立共同犯罪。因为主从犯是在承认成立共同犯罪的前提下对共犯人类型的划分，如果不同罪名之

间不能成立共同犯罪，自然无主从犯的区分问题，只有认为不同罪名之间可能成立共同犯罪，才有主从犯的区分问题。对此，第一章中已经作过分析，根据现在理论和实务的通行观点，共同犯罪中所谓的共同犯罪行为，是指各共犯人在构成要件的重要部分上相同。二人以上实施相同的行为符合不同的构成要件的，只要不同构成要件之间存在规范性质上的重合关系，就可以成立共同犯罪。据此，上述案例的各被告人之间均可以成立共同犯罪。既然承认成立共同犯罪，那么在量刑阶段就应当通过考虑各被告人在共同犯罪中的作用来确定主从犯关系，从而保证处罚的公正。在上述案例中，转化后的犯罪在规范性质上均可以包容转化前的犯罪，所以各被告人在转化前的犯罪层面有共同的犯罪行为，应当通过评价各被告人对完成转化前的犯罪的作用来确定主从犯关系。在第一例中，转化前的犯罪是聚众斗殴罪，甲、乙、丙直接实施了殴打行为，即聚众斗殴罪的实行行为，而丁、戊只是跟随助威，属于帮助行为，综合来看，丁、戊所起的作用明显要小于甲、乙、丙，对丁、戊应认定为从犯，对甲、乙、丙应认定为主犯。本例中，假设甲、乙、丙三人的追击行为没有造成他人严重伤亡的危害后果，在共同聚众斗殴犯罪的范围内，对丁、戊的参与行为依法认定为从犯，应当不存在任何问题。如果在丁、戊的行为性质没有发生任何变化的情况下，仅仅因甲、乙、丙三人的行为转化为了重罪就否定丁、戊的从犯性质，显然是不合适的。在第二例中，转化前的犯罪是盗窃罪，甲直接实施了盗窃罪的实行行为，而乙只是应邀负责在外望风，乙行为的作用明显要小于甲行为的作用，故应认定甲为主犯、乙为从犯。同样，在本例中，假设甲的行为没有转化成抢劫罪，认定乙为从犯没有问题。而在甲的行为转化成抢劫罪的情况下，乙的行为性质并没有因此发生任何变化，否定其从犯性质，显然也是不合理的。

综上所述，当部分共犯人发生转化犯罪时，虽然不同共犯人最终触犯的罪名不同，但仍然可以成立共同犯罪。在此前提下，应当通过考察各共犯人对转化前的犯罪的作用来区分主从犯，从而给予各共犯人适当的处罚。

第七章 雇佣犯罪中的共犯认定

在司法实践中，一些带有雇佣性质的共同犯罪案件多有发生。雇佣犯罪作为一种古老的犯罪形式，对社会具有极大的危害性。而刑法理论和司法实务对有关雇佣犯罪的一些基本问题，如雇佣犯罪与共同犯罪的关系、雇佣犯罪中的实行过限的认定、雇佣犯罪中雇主与受雇人的罪责认定等，仍存在较大的认识分歧。本章将对此展开分析。

一、雇佣犯罪的概念、特征、本质与种类

（一）雇佣犯罪的概念与特征

雇佣犯罪并不是刑法学的规范概念，是对司法实践中雇佣他人进行犯罪活动这一特殊犯罪现象的概括，是司法实践中使用的一个不成文术语。考察理论上有关雇佣犯罪的概念可知，其含义与司法实践中的含义大致相同，是指一方以提供一定利益为条件，要求另一方实施特定犯罪的犯罪形式。其中，提供利益的一方是雇主，对方是受雇者。具体来看，雇佣犯罪具有以下基本特征：

（1）从犯罪主体来看，雇佣犯罪中至少存在两个以上主体，即雇主和受雇者。自然人可以成为雇主或受雇者没有问题，有问题的是，单位是否可以成为雇主或受雇者？首先，单位要成为雇佣犯罪的主体，需以其可以成立单位犯罪为前提。只有在刑法明文规定单位可以成为犯罪主体的犯罪中，才存在单位犯罪及单位承担刑事责任的问题，单位才可能成为雇用犯罪的主体。如果自然人以单位名义雇佣他人实施单位不能成为犯罪主体的犯罪，就不构成单位犯罪，应以相应罪名对自然人追究刑事责任。其次，从雇主和受雇者的角度来看，单位多以雇主身份出现。比如在商业竞争中，有些企业雇用他人窃取其他企业的商业秘密，构成侵犯商业秘密罪。单位也可能是受雇者，只是此类情形比较罕见，只有在某些犯罪，如非法出具金融票证罪中，才可

能存在。

（2）从犯罪行为来看，雇佣犯罪主要表现为雇主提供一定的利益，受雇者按其要求实施一定的犯罪行为。雇主一方，既可能是仅仅通过向受雇者提供一定的利益利诱受雇者实行犯罪，也可能是在提供利益的同时与受雇者共同策划犯罪，还可能是在提供利益的同时与受雇者共同实行犯罪。雇主提供利益的方式，或者说雇佣的方式，并不限于提供金钱财物，还包括提供诸如设定债权、免除债务等财产性利益，甚至还可以包括提供职务升迁、工作安排等非财产性利益。受雇者一方，必须实施了特定犯罪的实行行为。如果受雇者虽然接受了利益，但仅是受邀为提供利益方实行犯罪提供一定的帮助行为的，则不成立雇佣犯罪。例如，甲欲盗窃某仓库，就与该仓库的保管员乙商量，在乙值班时进行盗窃，到时候乙假装睡着，事成之后给乙分成。后甲窃取了价值数万元的财物，销赃后给乙一万元。此例中，甲、乙之间有金钱交易，甲以分成（等同于支付报酬）为条件让乙不阻止其盗窃行为，但是，盗窃的实行行为是由甲实施的，乙实施的只是帮助行为，故谈不上甲雇用乙盗窃，不属于雇佣犯罪。

另外，雇主一方，是以提供利益的方式积极促成受雇者实行犯罪的，他不可能是不作为犯。成立不作为犯要以行为人自身负有特定义务为前提，这种义务具有不可转让性。雇主不可能将本应由自己承担的义务转给受雇者，故不可能成为不作为犯。受雇者一方，则既可能是受雇实施作为犯罪，也可能是受雇实施不作为犯罪。例如雇用医生对其病人不进行救助而致病人死亡的，就是受雇者以不作为方式实施犯罪行为。

（3）从犯罪心态来看，由于在雇佣犯罪中雇主和受雇者一般都具有明确的犯罪目的，所以雇佣犯罪只可能是故意犯罪，过失犯罪不可能成立雇佣犯罪。犯罪故意分为直接故意和间接故意，间接故意又分为三种常见形式，即为了追求某一犯罪结果而放任另一犯罪结果的发生，为了追求某一非犯罪结果而放任另一犯罪结果的发生和在突发性犯罪中放任某一犯罪结果的发生。由于雇佣犯罪是一种有预谋、有计划的犯罪形式，所以在为了追求某一非犯罪结果而放任另一犯罪结果的发生和突发性犯罪中，一般不存在雇佣犯罪。但如果行为人是为了追求某一犯罪结果而放任另一犯罪结果的发生，则这种情况在雇佣犯罪中是可能发生的。例如，雇主甲意图用汽车撞人的方法伤害丙，当其发现丙正和其他人一起走在街上时，明知此时行动有可能伤及他人，但为了使丙受伤，仍命令受雇者乙行动，结果造成多人受伤。此时，甲对丙的伤害是直接故意，而对他人的伤害则是放任的心态，符合间接故意的特征。因此，间接故意可以构成雇佣犯罪。另外，由于雇佣犯罪是由多人共同实施的，所以对某一犯罪结果，有可能某些人是追求的心态，而某些人是放任的心态。

（二）雇佣犯罪的本质

在雇佣犯罪中，存在双方主体，即雇主和受雇者。雇主以提供一定利益的方式促使受雇者实行犯罪，受雇者则按照雇主的要求实行犯罪，二者共同导致了犯罪结果的发生，均与犯罪结果之间具有因果性，故完全符合共同犯罪的法律特征，本质上属于共同犯罪。只不过，不同的雇佣犯罪具有不同的表现形式，尤其是雇主的行为具有多样性，因此会形成不同的共同犯罪形式。

受雇者在共同犯罪中实施的是特定犯罪的实行行为，故必然属于正犯，而雇主则可能因具体参与行为的不同而成为不同的共犯形态。首先，当雇主基于自身犯罪目的考虑，以提供一定利益的方式促使受雇者产生犯意进而实施犯罪时，雇主符合教唆犯的法律特征，是教唆犯；其次，当雇主不但利诱受雇者实行犯罪，还自己直接参与实施犯罪时，雇主就符合正犯的法律特征，和受雇者成立共同正犯；最后，当雇主利诱不具有刑事责任能力的人实行犯罪时，雇主符合间接正犯的法律特征，是间接正犯。

对于以上第三种情形，我国传统刑法理论要求共同犯罪中的每一个自然人都必须具有刑事责任能力，否则就不成立共同犯罪，所以会认为雇主与受雇者之间不成立共同犯罪。但笔者认为，从合理处理共同犯罪案件的角度来看，应当将共同犯罪看作一种违法类型，各行为人之间只要有共同的违法行为就可以成立共同犯罪，共同犯罪成立与否和各行为人是否具有责任能力无关，责任能力影响的是在成立共同犯罪之后各行为人是否应当最终对该共同犯罪承担责任。所以，即使雇主是间接正犯，其仍与受雇者之间是共同犯罪关系。

综上，雇佣犯罪本质上就是共同犯罪，实践中应当合理运用共同犯罪的立法和理论来处理雇佣犯罪案件。

（三）雇佣犯罪的种类

1. 明确授意的雇佣犯罪与概括性授意的雇佣犯罪

如上所述，从分工的角度来看，雇主在雇佣共同犯罪中可以是教唆犯、共同正犯或间接正犯。但无论雇主在具体个案中属于哪种共犯人形态，他均是犯意的发起者，是他授意受雇者实施犯罪从而使双方形成共同犯罪故意的。因此，根据雇主授意的明确性程度，可以将雇佣犯罪分为明确授意的雇佣犯罪与概括性授意两种类型。明确授意的雇佣犯罪，是指雇主在指使受雇者实施一定犯罪行为时，对行为性质和行为结果作了明确限定，要求受雇者严格按照自己的要求实施犯罪；概括性授意的雇佣犯罪，是指雇主虽然指使受雇者实施一定犯罪行为，但对行为性质和行为结果等因素没有作出明确限定，任由受雇者根据具体情况"自由发挥"。比较常见的情形如，雇主使用"教训""摆平""整他一顿""收拾他"等模糊表述进行授意，对具体是轻伤、重伤还是杀害没有作出明确表示；再如授意他人"搞点钱"，但对具体的取财方式，是偷、是抢、是骗还是敲诈，没有明确说明。

2. 纯正的雇佣犯罪和不纯正的雇佣犯罪

如上所述，在雇佣犯罪中，有的雇主不参与具体犯罪的实施，而有的雇主参与具体犯罪的实施，有学者据此将雇佣犯罪界分为纯正的雇佣犯罪和不纯正的雇佣犯罪："前者是指雇主只实施了表授犯罪意图的行为，并不参与犯罪的实施……后者则是指雇主不但实施了雇用他人的行为，而且参与了犯罪活动。"[1] 笔者认为，依据雇主是否参与具体犯罪实施而对雇佣犯罪进行分类，与正确认定犯罪人刑事责任的司法活动之价值追求是相契合的。因为，在雇佣犯罪中，雇主是否参与具体犯罪实施，其行为的客观危害性和征表出来的主观恶性是完全不同的，该分类方法可以为司法裁判根据行为的客观危害性和行为人的主观恶性判定刑事责任之轻重提供路径指示。因此，笔者引借该分类方法，根据雇主是否参与共同犯罪的具体实施，将雇佣共同犯罪划分为纯正雇佣共同犯罪和不纯正雇佣共同犯罪。前者是指雇主在共同犯罪中只实施了雇用犯罪人代替其实施犯罪的行为，自己并不参与具体犯罪实施的雇用共同犯罪；后者是指雇主不仅实施了雇用犯罪人实施犯罪的行为，还亲自参与了具体犯罪的实施。

二、雇佣犯罪中的实行过限问题

雇佣犯罪中的实行过限问题，主要是指受雇者的行为是否实行过限，这是司法实务中在处理雇佣犯罪案件时经常碰到的问题。如上所述，在雇佣犯罪中，雇主是犯意的发起者，是他授意受雇者实施犯罪从而形成了共同犯罪故意。所以判断受雇者的行为是否实行过限，就是要判断受雇者的行为是否超出雇主的授意范围。而雇主的授意，又分为明确的和概括性的两种，在这两种情形中判断的难度有所差异，需要分开讨论。

（一）明确授意的雇佣犯罪中实行过限的认定

在雇主授意明确的场合，由于雇主对行为性质和行为结果进行了明确限定，所以认定受雇者的行为是否超出授意范围，一般来说相对容易。例如，

---

[1]　刘凌梅. 雇佣犯罪若干问题刍论. 国家检察官学院学报，2003（4）.

雇主授意受雇者实施伤害行为，但受雇者实施了抢劫行为；雇主授意受雇者实施盗窃行为，但受雇者在盗窃完成后还实施了放火行为。在这两个例子中，抢劫行为和放火行为显然都属于实行过限，应由受雇者单独承担刑事责任。但是，下列几种情形仍然值得注意：

（1）雇主授意实施的犯罪行为虽然明确，但该犯罪行为在性质上包含了其他犯罪，如果受雇者为了完成授意的犯罪而实施了该其他犯罪，则该犯罪原则上不属于实行过限。例如，甲雇用乙抢劫，乙在抢劫过程中杀害了被害人。抢劫的手段行为是暴力、胁迫或其他方法，其中的"暴力"在程度上最重，可以包括故意杀人，所以抢劫罪在性质上包含了故意杀人行为。那么，如果甲在雇用乙抢劫时没有对抢劫的手段作出任何限制，就可以认为甲已经预见到乙可能会通过故意杀人的方式完成抢劫，乙的故意杀人行为就不属于实行过限，甲也应承担抢劫致人死亡的刑事责任。当然，如果甲在授意时明确表示只能采取不会造成人员伤亡的手段抢劫，乙对此也表示同意，而乙最终以故意杀人的方式实施了抢劫，可以认为乙的故意杀人行为超出了甲的授意范围，属于实行过限。

对于雇用他人实施绑架犯罪，他人在绑架过程中故意杀害被绑架人，该杀人行为是否属于实行过限，存在争议。有学者指出：在甲雇用乙绑架某企业经理丙之子丁，企图以此索要巨额赎金，乙在绑架过程中遭到丁的反抗，便殴打丁直到丁不能反抗，待到乙将丁送到甲处时，发现丁已死亡的场合，由于绑架的性质决定了会采用一定暴力（包括致命的暴力）行为来抵制各种形式的反抗，因此造成被害人死亡的结果不属于实行过限。[①] 但笔者认为，虽然绑架行为往往会采取一定暴力，但该暴力的最高程度原则上不应包括故意杀人。因为，根据《刑法》第 239 条第 2 款的规定，绑架过程中杀害被绑架人或者故意伤害被绑架人，致人重伤或死亡的，处无期徒刑或死刑。这里的"杀害被绑架人"不是结果加重犯，而应理解为结合犯。[②] 既然是结合犯，就意味着尽管杀害被绑架人的行为在实际案件中容易发生，但绑架行为本身在性质上并不包含故意杀人。所以，雇用他人绑架，他人杀害被绑架人的行为一般应属于实行过限。例外情形是，雇主在雇用时授意受雇者在必要时可以杀害被绑架人，或者已经预见到受雇者可能会在绑架过程中杀害被绑架人，如雇主唆使受雇者使用致命凶器实施绑架。在这些场合，可以认为雇主和受雇者就故意杀人行为形成了共同故意，受雇者的杀人行为不属于实行过限。

（2）雇主授意实施的犯罪行为虽然明确，但该犯罪行为在性质上很容易引发更为严重的结果，如果受雇者在实施犯罪过程中造成了该严重结果，该

①　刘凌梅. 雇佣犯罪若干问题刍论. 国家检察官学院学报，2003（4）.

②　张明楷. 刑法学：下. 5 版. 北京：法律出版社，2016：891.

结果不属于实行过限。例如，甲雇用乙将丙毁容，由于烧伤面积大，加之丙身体健康不佳，丙死亡。甲是否应对这一加重结果承担刑事责任？笔者认为，甲雇用乙对丙实施重伤行为，而重伤行为本身很容易造成被害人死亡，甲对此是有预见的，故该结果不属于实行过限，甲应对其承担刑事责任。

[案例7-1] 李某河、鲁某民、田某民、刘某兴、依某宏故意伤害案①

被告人李某河在担任舞钢市委书记期间，因对被害人吕某一举报自己的违法违纪问题心怀不满而对吕某一实施报复。1996年6月，在李某河的直接干预下，吕某一被逮捕，1997年4月被以贪污罪判处有期徒刑1年。1997年6月，吕某一刑满释放后提出申诉，并继续举报李某河的问题。1998年5月，李某河担心吕某一的举报会影响自己升任平顶山市委常委、政法委书记，就与鲁某民商定，找人"收拾"吕某一。1999年5月12日，河南省高级人民法院依法撤销了对吕某一的判决、裁定，宣告其无罪。5月31日，吕某一给李某河写信，表示要把舞钢市的贪污问题揭发出来。李某河与鲁某民再次策划报复吕某一，商定由鲁某民雇人砍折吕某一的胳膊或腿。鲁某民找来被告人田某民，让其雇凶手报复吕某一，并给田某民5 000元现金。田某民以吕某一欠自己钱不还为借口出钱让刘某兴、依某宏二人买两把刀，指使二人最好把吕某一的胳膊或腿砍残废，狠狠"收拾"吕某一。在田某民查找吕某一家庭住址的过程中，李某河通过鲁某民将吕某一的家庭住址转告给田某民。1999年6月15日至17日，田某民、刘某兴、依某宏三次前往吕家，因吕家无人而行凶未逞。6月18日，田某民、刘某兴、依某宏乘坐刘某国驾驶的出租车，再次买刀两把，于22时许窜到舞钢市计生委家属院。此时，鲁某民在电话中催促田某民说："要狠狠收拾他，把活做得利落一点。"田某民随即催促刘某兴和依某宏："要弄快点弄""下手重了就重了"。23时许，刘某兴、依某宏上到五楼吕某一家门前，踢坏家门闯入室内。刘某兴首先砍吕某一头部两刀，又刺其左胸部一刀。吕某一和妻子钟某琴与刘某兴展开搏斗，将刘某兴压倒在地。此时，依某宏从吕、钟两人身后连续猛刺数刀，将两人刺倒在地。刘某兴、依某宏逃离现场后，伙同田某民乘坐刘某国所驾出租车逃走。吕某一、钟某琴当夜被送往医院，钟某琴经抢救无效死亡，吕某一受重伤，后经抢救脱险。

河南省安阳市中级人民法院经审理后认为，被告人李某河雇凶伤害吕某一，致一人死亡、一人重伤，其行为已构成故意伤害罪，且作案动机卑劣，社会影响极坏，应依法从严惩处。被告人刘某兴刑满释放后不思悔改，在田某民的拉拢、收买、雇用下，对田交代的收拾吕某一、将吕某一砍残废的任

---

① 最高人民检察院公报，2002（3）.

务积极响应，在共同犯罪中积极主动，对依某宏又起了指挥作用，其行为已构成故意伤害罪，且作案手段残忍，后果特别严重，应依法严惩。被告人依某宏系保外就医的罪犯，在田某民和刘某兴的指挥下，积极参与犯罪，持尖刀照被害人吕某一、钟某琴要害部位猛刺数刀，对被害人死亡的后果持放任的态度，并造成了一人死亡、一人重伤的严重后果，其行为符合故意杀人罪（间接）的特征，且作案手段残忍，后果特别严重，应依法严惩。被告人鲁某民在李某河的授意下为李某河报复吕某一积极参与出谋划策，被告人田某民积极拉拢、收买并雇用、指挥刘某兴、依某宏对吕某一行凶，二被告人对造成一人死亡、一人重伤的后果，均起了关键作用，二被告人的行为均已构成故意伤害罪，且犯罪情节严重，论罪应当判处死刑，但二被告人是在他人授意下实施犯罪的，根据本案情况，还不是必须立即执行的罪犯。法院判决被告人李某河犯故意伤害罪，判处死刑，剥夺政治权利终身；判决被告人刘某兴犯故意伤害罪，判处死刑，剥夺政治权利终身；判决被告人依某宏犯故意杀人罪，判处死刑，剥夺政治权利终身；判决被告人鲁某民犯故意伤害罪，判处死刑，缓期二年执行，剥夺政治权利终身；判决被告人田某民犯故意伤害罪，判处死刑，缓期二年执行，剥夺政治权利终身。

　　一审判决宣告后，各被告人均不服，分别提起上诉。

　　河南省高级人民法院经依法审理维持了一审法院对被告人李某河、鲁某民、田某民、刘某兴的判决，但撤销了对被告人依某宏的判决，改判依某宏犯故意伤害罪，判处死刑，剥夺政治权利终身。并依照最高人民法院的授权裁定核准被告人李某河、刘某兴、依某宏死刑。

　　本案中，被告人李某河明确授意受雇者砍折被害人吕某一的胳膊或腿，但受雇者在重伤吕某一的同时，还致吕妻死亡。对于受雇者致吕妻死亡的行为是否属于实行过限，存在分歧。根据笔者的观点，被告人李某河雇用他人重伤被害人吕某一，重伤行为本身很容易造成被害人死亡，如果受雇者造成了吕某一的死亡，李某河无疑应对该死亡结果承担刑事责任。但本案的特殊性在于受雇者不是造成了吕某一的死亡，而是造成了吕某一妻子的死亡，即加重结果发生在了不同的被害对象上。对此，笔者认为，李某河雇用的是两个被判过刑的人去重伤吕某一，表明其对受雇者会采用不计后果的手段对付被害人是有预见的。此外，在受雇者找不到吕某一时，李某河还提供了吕某一的家庭地址。因此，李某河应该能够预见到受雇者在伤害吕某一的同时可能会伤害其家人，即李某河对吕妻受到伤害甚至死亡是有预见的。所以，吕妻的死亡没有超出李某河的授意范围，受雇者造成的死亡结果不属于实行过限，李某河对此后果应当承担刑事责任。

　　本案中还有一点值得注意，即依某宏的行为性质对李某河所应承担的刑事责任的影响。对于依某宏的行为性质，一审法院认定为故意杀人罪，二审法院认定为故意伤害罪。这里的问题是：如果认定依某宏的行为构成故意杀人罪，李某河是否还应对吕妻的死亡结果承担刑事责任？笔者认为，在教唆他人实施重伤行为的场合，由于重伤行为极易造成被害人死亡，故他人最终无论是以杀人的方式还是以伤害的方式造成了被害人的死亡，该死亡结果对于教唆者来说，都不属于实行过限。在他人最终以杀人方式致被害人死亡的场合，尽管该杀人行为可以被认为是实行过限，但杀人行为造成的被害人死亡的结果仍应归属于教唆者，不属于实行过限。

（3）如果雇主在明确授意之后，又到犯罪现场组织、指挥或者参与犯罪的具体实施，在受雇者实施超出授意范围的犯罪行为时，要看雇主对该犯罪是否负有阻止义务。如果雇主因之前的雇用、组织、指挥或参与行为而对受雇者的行为负有阻止义务而不阻止，即使受雇者的行为超出了原授意范围，也不属于实行过限，雇主应对其承担刑事责任。例如，甲雇用乙共同伤害丙（女），在致丙重伤后，乙又要强奸丙。在这种情况下，由于甲之前的雇用和参与行为致使丙陷入极度脆弱的状态，甲对丙负有保护义务，即负有阻止乙强奸丙的义务。如果甲能够阻止而不阻止，则乙的强奸行为不属于实行过限，甲与乙不但成立故意伤害罪的共同犯罪，还成立强奸罪的共同犯罪。

（二）概括性授意的雇佣犯罪中实行过限的认定

在雇主授意的内容较为概括的场合，由于雇主对行为性质和行为结果都没有作出明确限制，雇主和受雇者之间所形成的共同故意内容不明确，判断受雇者的行为是否超出共同故意范围就会比较困难。对此，有论者指出，只要教唆犯的概然教唆使被教唆的人产生了犯意，无论被教唆的人实施了何种犯罪，没有明显超出教唆范围的，都不应被视为实行过限。[1] 另有论者也指出，无论受雇者实施行为造成何种后果，只要其实行行为没有明显超出雇主的授意范围，都不应被视为实行过限。[2] 然而，在概括性授意的雇佣场合，正是因为雇主的授意或教唆范围不明确才产生了行为是否实行过限的判断难题，既然授意范围不明确，又如何判断受雇者的行为是否明显超出教唆范围？标准本身不明确，何以成为判断其他行为性质的依据？所以，上述说法尽管在理论层面没有问题，但对实务操作而言，其意义是有限的。

笔者认为，判断概括性授意的雇佣犯罪中受雇者的行为是否实行过限，应根据本书"共同犯罪中实行过限的认定"一章中所述的判断方法，通过考察雇主对受雇者的行为是否具有预见或是否知情和具有阻止义务来进行认定。

---

① 刘凌梅. 雇佣犯罪若干问题刍论. 国家检察官学院学报, 2003 (4).
② 周晓燕. 雇佣犯罪中雇佣双方的罪责认定. 中国检察官, 2011 (12).

首先，应考察雇主对受雇者实施的行为是否具有预见，若有预见，且受雇者实施的行为和雇主授意的行为在侵害法益上具有同质性，则受雇者的行为原则上不属于实行过限，雇主应对其承担刑事责任。而且，相对于一般的教唆犯罪而言，对雇主是否预见的判断可以相对宽松，即不要求雇主预见到受雇者实施特定行为的高度可能性，只要受雇者实施的行为和雇主授意的行为具有侵害法益上的同质性，就可以认定雇主对受雇者实施的行为或造成的结果具有预见。这是因为，相对于一般的教唆犯罪而言，雇佣犯罪中的雇主不但唆使他人产生犯意，还以提供利益的方式强化他人的犯意和推动他人实施犯罪，客观上对他人实施的行为及其造成的结果具有更强的因果性。所以，只要受雇者实施的行为所侵害的法益在性质上没有明显脱逸于雇主授意的行为所侵害的法益，就可以认定雇主对此具有预见。其次，如果雇主自己也来到犯罪现场组织、指挥犯罪或参与犯罪实行，就应考察雇主对受雇者的行为是否知情和负有阻止义务。如果雇主知情，且因之前的雇佣行为或其他参与行为而对受雇者的行为负有阻止义务，即使其对受雇者的行为事先没有预见，也应当对受雇者的行为予以阻止。如果雇主能够阻止而不阻止，则受雇者的行为不属于实行过限，雇主应对其承担刑事责任。

[案例7-2] 刘某光故意杀人案①

被告人刘某光因其妻与被害人夏某甲（殁年34岁）有婚外情而与其妻离婚。离婚后刘某光心怀不满，将雇人教训夏某甲的想法告诉了被告人徐某军。徐某军即找到被告人刘某，刘某又邀约被告人肖某长及钟某参与。经多次共谋后，1991年11月28日晚，刘某、肖某长、钟某携带三支火药枪，与徐某军一同从徐某军家出发，前往安县永河乡永兴村4组夏某甲正在修建的新房处，徐某军怕被认出中途离开。29日凌晨，刘某、钟某、肖某长来到夏某甲正在修建的新房外将夏某甲从工棚引出，肖某长持枪向夏某甲射击，但未击中，刘某、钟某随即开枪击中夏某甲，致夏某甲当场死亡。刘某光先后支付刘某等人报酬600余元。经法医鉴定，夏某甲系因铁砂大量进入右肺致肺组织挫碎，少量铁砂穿入右心肌，致心脏损伤，以及大量失血致失血性休克死亡。

四川省绵阳市中级人民法院审理后认定被告人刘某、刘某光、徐某军、肖某长犯故意杀人罪，分别判处被告人刘某无期徒刑，剥夺政治权利终身；被告人刘某光有期徒刑15年；被告人徐某军有期徒刑5年；被告人肖某长有期徒刑3年，缓刑5年。

一审宣判后，被告人刘某、刘某光不服，分别提起上诉。其中，刘某光

① 参见四川省高级人民法院（2013）川刑终字第630号刑事判决书。

认为，自己对被害人仅有伤害的故意，徐某军等人的行为超出了自己所要求的结果，自己的行为应被认定为故意伤害致人死亡。

四川省高级人民法院审理后认为，刘某光与徐某军、刘某等人在共谋报复方式时曾提到使用火药枪、雷管、匕首等工具都行，表明刘某光对教训、报复的程度持放任态度，本案具体实施报复行为的被告人持火药枪将被害人直接打死，故认定其构成故意杀人罪并无不当。裁定驳回上诉，维持原判。

本案中，被告人刘某光雇用他人教训被害人夏某甲，其为雇主。根据二审法院认定的事实，刘某光与徐某军、刘某等人在共谋教训、报复被害人的方式时曾提到使用火药枪、雷管、匕首等工具都行，这就说明，虽然刘某光的授意内容不明确，属于概括性授意，但他对受雇者可能会实施杀人行为事先已经具有预见，而且杀人没有超出侵害人身的"教训"范畴，所以受雇者的故意杀人行为对刘某光而言不属于实行过限，法院认定刘某光构成故意杀人罪是适当的。

［案例7-3］丰某良等故意伤害、故意杀人案①

被告人丰某良、孙某立、王某建、吕某长、曹某友因本单位职工连某海曾经多次向兰考县人民检察院等单位举报其经济问题等原因，对连某海怀恨在心。自1998年10月至案发前，被告人丰某良、孙某立、王某建、吕某长、曹某友勾结被告人付某田，在兰考县农机局、川奇大酒店、良友饭店等地多次预谋对连某海进行报复。1999年8月20日、24日，在被告人丰某良的指使下，被告人孙某立先后从兰考县农机局和农机监理站财务上支取现金5 000元，雇用被告人付某田实施报复。首次付钱后，被告人孙某立指使被告人王某建带领被告人付某田到连某海的住处窥探。后被告人付某田又以3 000元雇用了被告人袁某起。被告人袁某起决定以使用汽油纵火的方式实施报复并将该决定告诉了被告人付某田，付某田又带领袁某起到连某海家熟悉地点。被告人袁某起又勾结本单位职工张某亮共同作案，袁某起为作案准备了25升汽油一桶。1999年9月2日晚，被告人袁某起携带汽油窜至连某海家企图纵火，因未能把汽油运进连某海家院内而未能得逞。9月4日凌晨，被告人袁某起伙同张某亮再次来到连某海家院外，袁某起踩着张某亮的肩膀爬上院墙，在张某亮的帮助下用背包带及张某亮的腰带将汽油桶缒入连某海家院内。被告人袁某起进入连某海家院内后，将汽油从连某海家堂屋门的下缝中倒入屋内，并用铁链将堂屋门拴住，然后用打火机点燃汽油后逃窜，致使被害人连某海、徐某静、连甲、连乙一家四口当场死亡，烧毁房屋及写字台、电饭煲、空调等家具、家电，价值人民币20 330元。

① 中国法律年鉴编辑部. 中国法律年鉴（2001）. 北京：中国法律年鉴社，2001：301-303.

开封市中级人民法院经审理认为，被告人丰某良、孙某立为泄私愤雇佣他人行凶报复举报人，案发前二被告人均得知被告人付某田曾讲过"死的好做"，对本案可能造成的死亡后果是明知的，放任了死亡后果的发生，二被告人的行为已构成故意杀人罪。被告人付某田为私利接受他人雇佣并转雇他人行凶，在案发前明知袁某起采用放火手段而未予制止，对可能造成死亡结果是明知的，其行为已构成故意杀人罪。被告人袁某起为钱财受雇后采取放火的方法实施犯罪，主观杀人的故意明确，其行为已构成故意杀人罪，且造成四人死亡的严重后果。被告人张某亮为钱财而帮助他人放火非法剥夺他人生命，其行为已构成故意杀人罪。被告人王某建、吕某长、曹某友在案发前对可能造成的死亡后果不明知，主观上仅有预谋阶段对连某海进行伤害的故意，其行为均已构成故意伤害罪。判决被告人丰某良、孙某立、袁某起、付某田犯故意杀人罪，判处死刑，剥夺政治权利终身；被告人王某建、吕某长犯故意伤害罪，判处有期徒刑十二年，剥夺政治权利三年；被告人曹某友犯故意伤害罪，判处有期徒刑四年。

一审宣判后，各被告人丰某良、孙某立、袁某起、付某田、王某建、吕某长均不服，分别向河南省高级人民法院提起上诉。

河南省高级人民法院经依法审理后改判丰某良、孙某立犯故意伤害罪，分别判处死刑，剥夺政治权利终身，维持一审判决对其他被告人的判决。

本案中，被告人丰某良等在雇用他人实施犯罪时，并未明确表示要受雇者杀死被害人连某海，而只是说要"报复"连某海，属于概括性授意。受雇者在被授意后，以用汽油纵火的方式将连家四口烧死，毫无疑问构成故意杀人罪。但对于丰某良、孙某立是否也构成故意杀人罪，一、二审法院持不同观点。一审法院认定二被告人也构成故意杀人罪，二审法院否定了一审法院的观点，认为二被告人应构成故意伤害罪。但与此同时，二审法院也认为二被告人应对被害人死亡的结果承担刑事责任，适用故意伤害致人死亡的法定刑判处二被告人死刑。这是因为，丰某良等人在雇用他人"报复"连某海时，虽未明确表示要杀害受害人，但也未对后果作出任何限定，在受雇人采取了一系列足以致被害人死亡的准备措施后，没有阻止也没有反对，这就说明二被告人对受雇者可能会致被害人死亡是有预见的，再加上致被害人死亡也没有超出侵害人身的"报复"范畴，所以二审法院在认定二被告人的行为构成故意伤害罪的基础上仍然认定二被告人应对被害人死亡的结果承担刑事责任。

三、雇佣犯罪中的罪责认定

在雇佣犯罪中，如何认定雇主和受雇者的罪责大小，也是实务中经常碰到的问题。根据雇主与受雇者在共同犯罪中的地位和作用，确定雇主与受雇者的罪责大小，是准确量刑的前提。对于雇主与受雇者的罪责区分，有观点认为，没有犯意的提出，就不会引发犯罪，因此提出犯意的雇主当然是罪责最重者；也有观点认为，判断罪行的轻重，关键要看客观行为造成的实际危害后果的大小，因此，实行犯罪的被雇佣者的罪责最重。笔者认为，雇主与受雇者在个案中的罪责大小不能简单地一概而论，应当结合案情具体分析。

确定雇主和受雇者罪责大小的根据是各自在共同犯罪中所起的作用，这是一条基本原则。雇主和受雇者在共同犯罪中所起的作用，应当着重根据雇主和受雇者在共同犯罪中的地位、分工、犯罪手段和情节等因素进行综合判断。这里实际上涉及两个问题：一是雇主和受雇者谁是主犯、谁是从犯；二是在雇佣双方同为主犯的情况下，谁的罪责更重。

（一）主从犯的认定

1. 雇主均应被认定为主犯

在纯正的雇佣犯罪中，雇主以提供一定利益的方式利诱受雇者产生犯意，甚至还和受雇者一起谋划犯罪的具体实施方式，但由于没有参与犯罪的具体实施，属于教唆犯。对于教唆犯，《刑法》第 29 条规定：教唆他人犯罪的，应当按照他在共同犯罪中所起的作用处罚。即对教唆犯追究刑事责任，需根据主犯、从犯的一般处罚原则。理论上一般认为，由于教唆犯是犯意的发起者，没有教唆犯的教唆，就不会有共同犯罪，所以对教唆犯在一般情况下应认定为主犯，只有在少数情况下也可以认定为从犯。笔者认为，纯正雇佣犯罪中的雇主虽然是教唆犯的一种，但和其他教唆犯还是存在一定差别的。在纯正雇佣犯罪中，雇主不仅促使受雇者产生犯意，而且为了实现其犯罪目的，积极为受雇者提供报酬或其他利益，与受雇者之间存在的以利益为纽带的契约关系，对推动受雇者实行犯罪行为和造成犯罪结果具有更强的因果性，也体现出雇主更为强烈的对犯罪结果的积极追求。所以，与一般教唆犯相比，雇主在共同犯罪中所起的作用更大，主观恶性更深，应一律以主犯论处，不存在认定其为从犯的可能性。

在不纯正的雇佣犯罪中，雇主既是教唆犯，又是正犯，不仅是共同犯罪的发起者、指挥者或组织者，还是共同犯罪的直接实行者，对犯罪结果的发生具有直接的因果性。如果认可纯正雇佣犯罪中的雇主应一律被认定为主犯，那么不纯正雇佣犯罪中的雇主就更应该一律被认定为主犯。

2. 受雇者可能是主犯或从犯

受雇者直接实施犯罪的实行行为，对犯罪结果的发生具有直接的因果性，所以在一般情况下也应被认定为主犯。但也不排除在有些情况下，受雇者在共同犯罪中所起的作用要明显小于雇主的作用，如在犯罪现场完全在雇主的指挥甚至一定程度的胁迫下分担了不重要的实行行为。在这种情况下，可以将受雇者认定为从犯。此外，在很多雇佣犯罪中，受雇者往往有多人，其中有些受雇者可能只是为其他受雇者实行犯罪提供帮助，所起的作用明显小于其他受雇者的作用，也应被认定为从犯。总之，和雇主只能被认定为主犯不同，受雇者在共同犯罪中所起的作用往往是不固定的，应根据其行为对犯罪结果的影响分别认定其为主犯或从犯。

［案例 7 - 4］单某春等故意杀人案①

被告人单某春因付甲（被害人，女，殁年 40 岁）怀疑其与付的丈夫孙甲有两性关系而曾与付甲发生争吵，遂对付甲产生怨恨。2007 年秋，单某春多次指使被告人赵某田（单某春的姨父）雇凶收拾付甲，并告之付甲的体貌、衣着等特征。赵某田找到被告人赵某文，赵某文又找到被告人吴某军，后赵某文、吴某军与赵某田、单某春商定，单某春向赵某文、吴某军支付人民币 17 万元作为酬金，并先期给付 5 万元。赵某文、吴某军经预谋后购买车牌号辽 MT58＊＊ 出租车和铁锤作为作案工具。2008 年 1 月 19 日，吴某军、赵某文驾驶辽 MT58＊＊ 出租车到辽宁省昌图县宝力镇防保站附近守候付甲，伺机作案。当日 15 时 30 分许，付甲从婆婆孙乙家出来，租乘守候的辽 MT58＊＊ 出租车，当行驶至昌图县老城镇大台村附近时，赵某文用铁锤击打付甲头部。其间车辆侧翻到路边，围观群众帮助将车辆抬到公路上，赵某文、吴某军将付甲抬到车上后驾车继续行驶。途中赵某文将车停下，又用铁锤击打付甲头、面部数下，致付甲头、面部损伤，导致付甲重度颅脑损伤而死亡。赵某文、吴某军将付甲丢弃在昌图县老城镇长山村七组北侧路边沟内，后赵某文将作案情况告诉赵某田，赵某田让赵某文外出躲避。其间，单某春通过赵某田多次给付赵某文、吴某军人民币共约 20 万元。

辽宁省铁岭市中级人民法院审理后认定四被告人均构成故意杀人罪。判处被告人赵某文死刑，缓期二年执行，剥夺政治权利终身；判处被告人单某春无期徒刑，剥夺政治权利终身；判处被告人赵某田有期徒刑 14 年；判处被告人吴某军有期徒刑 13 年。

一审宣判后，被告人赵某文、单某春不服，提起上诉。

辽宁省高级人民法院审理后认为，上诉人单某春、赵某文，原审被告人赵某田、吴某军故意非法剥夺他人生命，其行为均已构成故意杀人罪，且致被害人死亡，均应依法惩处。单某春、赵某文、赵某田、吴某军系共同犯罪，单某春提起犯意，并提供资金雇用他人实施杀人行为；赵某田为单某春联系

---

① 参见辽宁省高级人民法院（2014）辽刑三终字第 00101 号刑事判决书。

赵某文、吴某军，指使二人实施杀人行为；赵某文、吴某军具体实施犯罪。赵某文、单某春、赵某田均系主犯；吴某军系从犯，应当依法从轻处罚。原判决认定事实和适用法律正确，量刑适当，诉讼程序合法。裁定驳回上诉，维持原判。

本案中，单某春、赵某田经合谋，由单某春提供资金雇用赵某文、吴某军杀害被害人，单某春、赵某田是雇主，赵某文、吴某军是受雇者。对于单某春、赵某田，由于是雇主，故法院认定二人均为主犯。而对于赵某文、吴某军，由于在二人一起实施杀害被害人的过程中，是赵某文用铁锤击打被害人头部导致被害人重度颅脑损伤而死亡，吴某军并未对被害人实施致命性打击，故法院认定前者为主犯，后者为从犯。

（二）雇佣双方均为主犯时的罪责认定

在大部分雇佣犯罪中，雇主和受雇者往往均会被认定为主犯。接下来的问题是：如何区分主犯之间的罪责大小？这个问题在雇凶杀人案件中显得特别重要。根据当前我国"严格控制、慎重适用"的死刑政策，在雇凶杀人致一人死亡的案件中，除非犯罪性质特别恶劣，情节、后果特别严重，原则上只能对罪责最为严重的被告人判处死刑。因此在此类案件中，如何区分各主犯的罪责大小将直接影响到对哪个被告人可以判处死刑（尤其是死刑立即执行），因而是司法实务中非常重要的问题。

（1）在纯正的雇佣犯罪中，雇主不参与犯罪实行，受雇者的实行行为直接导致犯罪结果发生，但并不能据此就一律认定受雇者的罪责大于雇主的罪责。这是因为，虽然雇主不参与犯罪实行，但他在雇佣阶段对犯罪的参与程度在个案中也往往是不同的，从而使得其与受雇者在共同犯罪中所起的作用大小会发生变化。

在雇主仅仅向受雇者表明雇用意思，而未参与犯罪的组织、策划和指挥，具体犯罪的实施完全由受雇者自主决定的场合，雇主虽是犯意的发起者，但其行为毕竟不是实行行为，对受雇者的实行行为也不具有支配性，与犯罪结果之间不具有直接因果性，而受雇者则是相对独立地直接造成了犯罪结果，所以在认定双方均为主犯的前提下，一般可以认为受雇者的罪责大于雇主的罪责。

在雇主雇用他人后又与受雇者一起积极策划、准备犯罪，甚至还组织、指挥受雇者实行犯罪，而受雇者只是按部就班地执行雇主的犯罪计划的场合，虽然表面上仍然是受雇者的行为直接造成了犯罪结果，但雇主不仅是犯意的发起者，还积极支配受雇者的实行行为，应认为雇主的作用要大于受雇者的作用，在认定双方均为主犯的前提下，一般应认为雇主的罪责大于受雇者的罪责。

（2）在不纯正的雇佣犯罪中，雇主在雇用他人后又与受雇者一起实行犯罪，雇主既是犯意的发起者，又与犯罪结果的发生具有直接因果性，相对于受雇者而言，其在共同犯罪中所起的作用更大，所以在认定双方均为主犯的前提下，一般应认为雇主的罪责大于受雇者的罪责。当然，也可能存在例外情况，如雇主虽然参与实行犯罪，但只分担了其中相对不重要的部分，而受雇者不但承担了重要的实行行为，还组织和指挥整个犯罪实行过程。在这种情况下，在认定双方均为主犯的前提下，也可能认定受雇者的罪责大于雇主的罪责。

总之，不管是纯正的雇佣犯罪还是不纯正的雇佣犯罪，在雇佣双方均为主犯时，应根据双方对具体个案的参与程度、对犯罪结果发生的影响力大小等因素综合判定罪责的大小，雇主和受雇者的罪责大小，会随着个案案情的变化而变化，并非固定不变的。

[案例7-5] 胡某、胡某飞、童某峰故意杀人案[1]

2005年国庆节假期期间，被告人胡某因怀疑被害人李某耀在其贩卖毒品时从中作梗，便指使被告人胡某飞教训李某耀一顿，将其打致"住院"，并答应事后给胡某飞好处。随后胡某带胡某飞到李某耀居住处对李进行了指认，并交给胡某飞人民币1 500元。同年10月7日晚，胡某飞纠集了被告人童某峰一同作案，并购买了两把弹簧刀。当晚8时许，胡某飞、童某峰看见李某耀出门在路上行走，胡某飞即冲上前持刀朝李某耀背部捅刺。李被刺后挣脱逃跑，童某峰追上将李抓住，胡某飞赶上后又持刀朝李身上捅刺。李再次挣脱逃走，胡某飞、童某峰追上将李按倒在地并持刀朝李身上乱刺，造成李某耀因双肺被刺破致急性大失血当场死亡。

湖北省武汉市中级人民法院审理后认为，被告人胡某指使被告人胡某飞对李某耀实施伤害报复行为，造成一人死亡的严重后果，其行为已构成故意伤害罪。被告人胡某飞受胡某指使，邀约被告人童某峰持械共同故意非法剥夺他人生命，两者行为均已构成故意杀人罪。犯罪手段特别残忍，情节特别严重，应依法惩处。判决被告人胡某犯故意伤害罪，判处死刑，缓期二年执行，剥夺政治权利终身；判决被告人胡某飞犯故意杀人罪，判处死刑，剥夺政治权利终身；判决被告人童某峰犯故意杀人罪，判处死刑，缓期二年执行，剥夺政治权利终身。

一审宣判后，三被告人均不服，提起上诉。

---

[1] 最高人民法院刑事审判第一、二、三、四、五庭. 中国刑事审判指导案例：第2卷. 北京：法律出版社，2017：481-484.

　　湖北省高级人民法院经审理认为，原审判决事实清楚，证据确实、充分，定罪准确，量刑适当，审判程序合法，遂依法裁定驳回上诉，维持原判。依法以故意伤害罪核准上诉人胡某死刑，缓期二年执行，剥夺政治权利终身；以故意杀人罪核准上诉人童某峰死刑，缓期二年执行，剥夺政治权利终身；并依法报请最高人民法院核准上诉人胡某飞死刑。

　　最高人民法院经复核依法核准湖北省高级人民法院以故意杀人罪判处被告人胡某飞死刑，剥夺政治权利终身的刑事裁定。

　　本案中，存在两层雇佣关系：一是被告人胡某雇用了被告人胡某飞，胡某没有直接参与犯罪实施，属于教唆犯；二是胡某飞雇用了被告人童某峰，又与童某峰一起实施了犯罪行为，既是教唆犯又是正犯。童某峰受雇后与胡某飞一起实施犯罪行为，属于正犯。综合全案案情来看，三被告人虽然在共同犯罪中的分工不同，但对于被害人的死亡而言，均起到了重要作用，故法院未在三被告人之间区分主从犯，即认定三被告人均为主犯。在此基础上，由于胡某只出资雇用胡某飞伤害被害人李某耀，没有直接参与实施伤害李某耀的犯罪行为，故相较于既雇请了童某峰参与作案，又与童某峰共同积极实施了致人死亡的犯罪行为的胡某飞而言，其罪责要轻；同时，胡某飞与童某峰相较而言，胡某飞的罪责显然也要比其雇请的童某峰的罪责重。因此，法院在认定三被告人均为主犯的基础上，认定胡某飞的罪责最重，对其判处死刑立即执行，而对另两名罪责较轻的被告人判处死刑，缓期三年执行。

第八章　黑恶势力犯罪中的共犯认定

2018年1月11日，中共中央、国务院印发《关于开展扫黑除恶专项斗争的通知》，正式在全国范围内部署开展"扫黑除恶"专项斗争。这里的"黑"指黑社会性质组织犯罪，"恶"指恶势力犯罪。黑恶势力犯罪不仅严重侵害广大人民群众的人身、财产等权益，更严重扰乱社会生活和经济秩序，对社会稳定造成严重破坏，即使没有这次"扫黑除恶"专项斗争，黑恶势力犯罪也是我国刑法当前和未来很长时间内的打击重点。无论是黑社会性质组织犯罪还是恶势力犯罪，在本质上都是共同犯罪。本章将对司法实务中常见的与黑恶势力犯罪有关的几个认定问题进行分析。

一、黑社会性质组织与恶势力（犯罪集团）的界分

黑社会性质组织和恶势力，都是以存在一定人数为前提的违法犯罪组织，它们所实施的犯罪在本质上都是共同犯罪，但是，黑社会性质组织犯罪是由刑法分则明文规定的，属于必要的共同犯罪，对相关犯罪人的定罪量刑依照刑法分则的规定即可；而恶势力犯罪，刑法并没有明文规定，而是由相关司法文件规定的，其属于任意的共同犯罪，对相关犯罪人的定罪量刑必须同时根据刑法分则的具体条文和总则关于共同犯罪的规定。两者在共同犯罪的具体性质和定罪处罚根据上不同，在社会危害性程度上也明显不同，所以准确界分两者对司法实务而言极为重要。

对黑社会性质组织，《刑法》第294条第5款规定："黑社会性质的组织应当同时具备以下特征：（一）形成较稳定的犯罪组织，人数较多，有明确的组织者、领导者，骨干成员基本固定；（二）有组织地通过违法犯罪活动或者其他手段获取经济利益，具有一定的经济实力，以支持该组织的活动；（三）以暴力、威胁或者其他手段，有组织地多次进行违法犯罪活动，为非作恶，欺压、残害群众；（四）通过实施违法犯罪活动，或者利用国家工作人员的包庇或者纵容，称霸一方，在一定区域或者行业内，形成非法控制或者重

大影响，严重破坏经济、社会生活秩序。"理论界和实务界一般将黑社会性质组织的这四个特征分别概括为"组织特征"、"经济特征"、"行为特征"和"危害性特征"。"组织特征"限定黑社会性质组织是一种强有力的较为稳固的犯罪组织，属于犯罪集团；"经济特征"表明黑社会性质组织必须具有一定的经济基础；"行为特征"表明黑社会性质组织的行为方式及其非法性；"危害性特征"限定黑社会性质组织的存在目标是通过实施违法犯罪活动称霸一方，对一定区域或者行业形成非法控制或重大影响。

对于恶势力，刑法并未明文规定。虽然恶势力（犯罪）的称谓在司法实务中早有使用，但一直以来恶势力（犯罪）均是由司法文件进行规定的，所以它并非一个法定概念。目前规定恶势力（犯罪）的司法文件主要是 2018 年最高人民法院、最高人民检察院、公安部、司法部颁布的《关于办理黑恶势力犯罪案件若干问题的指导意见》（以下简称《2018 年指导意见》）和 2019 年最高人民法院、最高人民检察院、公安部、司法部颁布的《关于办理恶势力刑事案件若干问题的意见》（以下简称《2019 年意见》）。其中，《2019 年意见》是对恶势力犯罪的专门规定，在刑法没有对恶势力犯罪进行正式规定的情况下，它是目前办理恶势力犯罪案件的主要规范根据。对于何谓"恶势力"，这两个司法文件作了完全一致的规定，即恶势力是指"经常纠集在一起，以暴力、威胁或者其他手段，在一定区域或者行业内多次实施违法犯罪活动，为非作恶，欺压百姓，扰乱经济、社会生活秩序，造成较为恶劣的社会影响，但尚未形成黑社会性质组织的违法犯罪组织"。据此，恶势力犯罪具有以下三个基本特征：

（1）组织特征。司法文件将恶势力定性为一种违法犯罪组织，但此处的"组织"不同于犯罪集团的"犯罪组织"，因为它不要求形成较为稳定的组织形式，只要求"经常纠集在一起"。"经常纠集在一起"意味着恶势力中的成员必须为多数。对此，上述两个司法文件均规定"恶势力一般为 3 人以上"。可见，恶势力犯罪虽然不需要形成较为稳定的组织，但它又不同于普通的共同犯罪，其在人数要求上高于普通共同犯罪。

（2）行为特征。恶势力犯罪的行为特征是以暴力、威胁或者其他手段，在一定区域或者行业内多次实施违法犯罪活动。

恶势力犯罪作为一种犯罪形态，其特点首先在于采用暴力、威胁或者其他手段实施犯罪活动。这里的"暴力"，是指殴打、伤害、捆绑、禁闭等足以危及人身健康或者生命安全的手段。"威胁"，是指以立即使用暴力相威胁，实行精神强制。"其他手段"是指非暴力的手段。恶势力犯罪在通常情况下采用暴力手段实施违法犯罪活动，因而具有对社会秩序和社会治安的严重破坏性，但在某些情况下，也可能采用非暴力手段，其中包括采用软暴力实施违法犯罪活动的情形。对于何谓软暴力，我国刑法同样没有明文规定，《2018 年指导意见》对依法惩处利用软暴力实施的黑恶犯罪作了规定："黑恶势力为谋取不法利益或形成非法影响，有组织地采用滋扰、纠缠、哄闹、聚众造势等手段侵犯人身权利、财产权利，破坏经济秩序、社会秩序，构成犯罪的，应当分别依照《刑法》相关规定处理：……"此外，2019 年最高人民法院、最高人民检察院、公安部、司法部颁布的《关于办理实施"软暴力"的刑事案件若干问题的意见》第 1 条明确规定："'软暴力'是指行为人为谋取不法利益或形成非法影响，对他人或者在有关场所进行滋扰、纠缠、哄闹、聚众造势等，足以使他人产生恐惧、恐慌进而形成心理强制，或者足以影响、限制人身自由、危及人身财产安全，影响正常生活、工作、生产、经营的违法犯罪手段。"从以上规定可以看出，软暴力是与暴力相对而言的，应属于"其他手段"范畴。这里应当指出的是，无论是黑社会性质组织犯罪还是恶势力犯罪，都必然具有暴力犯罪的性质，软暴力手段只是一种辅助性的手段。为非作恶、欺压百姓的恶势力犯罪表现，不可能完全利用所谓软暴力达成。因此，单纯的软暴力不能构成恶势力犯罪。正如有学者指出的："软暴力手段与暴力性手段交替使用，暴力、暴力威胁作为经常性手段，暴力性手段居于支配性地位，是恶势力组织影响力的基础，是恶势力的基本行为特征。"① 根据《2019 年意见》的规定，恶势力实施的违法犯罪活动，主要包括强迫交易、故意伤害、非法拘禁、敲诈勒索、故意毁坏财物、聚众斗殴、寻衅滋事，也包括主要以暴力、威胁为手段的其他违法犯罪活动。恶势力犯罪还可能伴随实施开设赌场、组织卖淫、强迫卖淫、贩卖毒品、运输毒品、制造毒品、抢劫、抢夺、聚众扰乱社会秩序、聚众扰乱公共场所秩序、聚众扰乱交通秩序以及聚众"打砸抢"等违法犯罪活动。由此可见，恶势力的违法犯罪活动可以分为主要违法犯罪活动和伴随违法犯罪活动两种类型，而主要违法犯罪活动均是以暴力、威胁为手段实施的，这也表明了恶势力犯罪的暴力性质。

恶势力犯罪在行为特征方面还体现在在一定区域或者行业内多次实施违法犯罪。恶势力犯罪只能发生在一定区域或者行业内，恶势力只有在一定区域或者行业内多次实施犯罪活动，才能形成犯罪的威慑力，造成人民群众的心理恐慌，才能对该特定区域或者行业产生严重社会影响。如果犯罪行为不是发生在特定区域或者行业，而是行为人流窜各地实施犯罪活动，或者在较为广泛的区域从事犯罪活动，则难以构成恶势力犯罪。

（3）危害性特征。恶势力犯罪的危害性特征表现为，为非作恶，欺压百姓，扰乱经济、社会生活秩序，造成较为恶劣的社会影响。任何犯罪都具有

---

① 黄京平. 黑恶势力利用"软暴力"犯罪的若干问题. 北京联合大学学报（人文社科版），2018 (2).

社会危害性，即对刑法所保护的法益的侵害。恶势力犯罪作为一种特殊的犯罪形态，它的社会危害性要大于普通犯罪的社会危害性，因为恶势力犯罪的严重危害结果和恶劣社会影响及于一定区域或者行业，其社会危害性具有散发性和辐射性。"在某种意义上可以说，为非作恶，欺压百姓是恶势力犯罪的本质特征。"① 这一特征决定了恶势力犯罪侵害的是一定区域或者一定行业的人民群众的人身权利和财产权利，并且具有扰乱公共秩序的性质。恶势力的主要违法犯罪活动，例如非法拘禁、敲诈勒索、聚众斗殴、寻衅滋事等，都属于此类违法犯罪。值得注意的是，在《2019 年意见》中，以下三个规定以是否具有为非作恶、欺压百姓的性质作为恶势力认定的根据：1）第 5 条规定："单纯为牟取不法经济利益而实施的'黄、赌、毒、盗、抢、骗'等违法犯罪活动，不具有为非作恶、欺压百姓特征的"，"不应作为恶势力案件处理。"2）第 8 条第 1 款规定："恶势力实施的违法犯罪活动，主要为强迫交易、故意伤害、非法拘禁、敲诈勒索、故意毁坏财物、聚众斗殴、寻衅滋事，但也包括具有为非作恶、欺压百姓特征，主要以暴力、威胁为手段的其他违法犯罪活动。"3）第 8 条第 2 款规定："仅有前述伴随实施的违法犯罪活动，且不能认定具有为非作恶、欺压百姓特征的，一般不应认定为恶势力。"由此可见，为非作恶、欺压百姓是恶势力的危害性特征或本质特征，是决定恶势力成为"恶"势力的根本性因素。

关于恶势力可能触犯的罪名，司法文件规定了主要罪名和伴随罪名，但不能说只要犯有司法文件所规定的这些罪名就属于恶势力。在犯有上述罪名的情况下，区分恶势力犯罪与普通犯罪的标准就是司法文件所反复强调的八个字：为非作恶、欺压百姓。因此，为非作恶、欺压百姓是在认定恶势力的时候需要独立判断的要素，它是恶势力的本质特征。根据《2019 年意见》的规定，如果没有为非作恶、欺压百姓的特征，而是单纯为牟取不法经济利益，或者因本人或近亲属的婚恋纠纷、家庭纠纷、邻里纠纷、劳动纠纷、合同债务纠纷而引发，以及其他确属事出有因的违法犯罪活动，不应作为恶势力案件处理。因此，为非作恶、欺压百姓这一特征对认定恶势力具有极其重要的意义。

通过对比黑社会性质组织和恶势力的基本特征可以看到：首先，与黑社会性质组织必须通过违法犯罪活动或者其他手段获取经济利益不同，恶势力并无此要求。恶势力惯常实施的故意伤害、非法拘禁、聚众斗殴、寻衅滋事等犯罪，均不以获取经济利益为目的。不过，对恶势力没有"获取经济利益"的要求，并不意味着恶势力不能通过实施违法犯罪活动获取经济利益，恶势

---

① 陈兴良. 恶势力犯罪研究. 中国刑事法杂志，2019（4）.

力实施强迫交易、敲诈勒索、贩卖毒品、运输毒品、制造毒品、抢劫、抢夺等犯罪，往往也是为了获取经济利益。这就是说，虽然刑法对黑社会性质组织有经济特征的要求而司法文件对恶势力没有经济特征的要求，但经济特征并不是两者的区别点。其次，在行为特征方面，无论是黑社会性质组织还是恶势力，均要求以暴力、威胁或者其他手段多次进行违法犯罪活动，且这些违法犯罪活动要持续性地发生在一定区域或行业内，所以，行为特征也不是两者的关键区别点。再次，在成员人数上，虽然黑社会性质组织和恶势力均要求人数较多，但对这些成员之间的关系有不同要求。黑社会性质组织要求成员之间形成较为稳定的组织，而恶势力并不要求，只要求"经常纠集在一起"。所以，组织特征是两者的一个区别点。最后，在危害性方面，虽然两者都在一定区域或者行业内通过多次实施违法犯罪活动为非作恶、欺压百姓，但构成黑社会性质组织要实现对一定区域或者行业的非法控制或重大影响，而构成恶势力只要求"造成较为恶劣的社会影响"。所以，危害性特征也是两者的一个区别点。由此可见，黑社会性质组织和恶势力的主要区别体现在组织特征和危害性特征这两个方面。

在组织特征方面，黑社会性质组织是较稳定的犯罪组织，不仅人数较多，而且有明确的组织者、领导者，骨干成员基本固定，不同成员之间有比较明确的层级关系和职责分工，一般具有较强的内部管理和控制能力。而恶势力并不具备黑社会性质组织所具有的成熟的组织形态，不仅一般不具有黑社会性质组织的人数规模，而且组织结构简单、松散，成员多数不固定，成员之间一般也没有明确的分工。虽然纠集者可能相对固定，但并不要求有明显的首要分子，在成员相对固定的情况下甚至不要求纠集者的相对固定。对此，《2019年意见》明确指出："恶势力一般为3人以上，纠集者相对固定。纠集者，是指在恶势力实施的违法犯罪活动中起组织、策划、指挥作用的违法犯罪分子。成员较为固定且符合恶势力其他认定条件，但多次实施违法犯罪活动是由不同的成员组织、策划、指挥，也可以认定为恶势力，有前述行为的成员均可以认定为纠集者。"正是恶势力在组织结构方面的松散性，决定了其对内部成员并不具有明显的管理和控制能力。

在危害性特征方面，黑社会性质组织称霸一方，"在一定区域或者行业内，形成非法控制或者重大影响，严重破坏经济、社会生活秩序"。黑社会性质组织是为了与正统社会相对抗而存在的，只有在社会一定区域、行业内形成了非法控制或重大影响才意味着在正统社会之外还存在一个非法的、地下的"黑"社会。因此，是否在一定区域、行业内形成了非法控制或重大影响，是认定黑社会性质组织是否成立的决定性标志，是黑社会性质组织与其他组织严密的犯罪组织之间的根本区分点。为了实现对一定区域或行业的非法控制或重大影响，黑社会性质组织会通过有组织地实施违法犯罪活动，欺压、残害群众的方法树立自己在一定区域或行业内的"威信"，让该区域或行业内的人"俯首称臣"，按照其所确立的规则从事经济活动等社会活动。恶势力的危害性表现为"为非作恶，欺压百姓，扰乱经济、社会生活秩序，造成较为恶劣的社会影响"。尽管成立恶势力也要求在一定区域或者行业内为非作恶，欺压百姓，但并不要求形成对一定区域或行业的控制，而是仅要求"造成较为恶劣的社会影响"。

除恶势力之外，《2018年指导意见》和《2019年意见》还均规定了恶势力犯罪集团。《2018年指导意见》规定："恶势力犯罪集团是符合犯罪集团法定条件的恶势力犯罪组织，其特征表现为：有三名以上的组织成员，有明显的首要分子重要成员较为固定，组织成员经常纠集在一起，共同故意实施三次以上恶势力惯常实施的犯罪活动或者其他犯罪活动。"《2019年意见》规定："恶势力犯罪集团，是指符合恶势力全部认定条件，同时又符合犯罪集团法定条件的犯罪组织。"可见，恶势力犯罪集团首先必须具备恶势力的基本特征，在此基础上，还必须同时符合犯罪集团的法定条件。所以，恶势力与恶势力犯罪集团的区别仅在于是否符合犯罪集团的法定条件。对于犯罪集团的成立条件，《刑法》第26条第2款规定："三人以上为共同实施犯罪而组成的较为固定的犯罪组织，是犯罪集团。"据此规定，犯罪集团应当同时具备以下三个条件：人数为三人以上，以实施共同犯罪为目的，形成较为固定的组织。在一般恶势力中，成员人数也是三人以上，成员之间也是以实施共同犯罪为目的，与犯罪集团相比，唯一缺少的条件就是形成较为固定的组织。所以，从恶势力发展成恶势力犯罪集团，唯一需要的就是形成较为固定的组织，或者说，恶势力与恶势力犯罪集团的关键区别就在于是否形成了较为固定的组织。所谓形成较为固定的组织，意味着该组织不仅人数较多，而且有明确的组织者、领导者，重要成员较为固定，不同成员之间有比较明确的层级关系和职责分工。根据《2019年意见》的规定，恶势力犯罪集团中，存在以下两种角色分工：第一种是恶势力犯罪集团的首要分子，是指在恶势力犯罪集团中起组织、策划、指挥作用的犯罪分子。首要分子是恶势力犯罪集团的核心人物，在恶势力犯罪集团从事的犯罪活动方面发挥了组织、指挥和策划的作用。第二种是恶势力犯罪集团的其他成员，是指知道或者应当知道是为共同实施犯罪而组成的较为固定的犯罪组织，仍接受首要分子领导、管理、指挥，并参与该组织的犯罪活动的犯罪分子。

综上可见，所谓"扫黑除恶"，所要打击的犯罪实际上包括了三种形态，分别是恶势力犯罪、恶势力犯罪集团犯罪和黑社会性质组织犯罪，三者在危害程度上是依次递进的关系，从而形成三个层次的黑恶犯罪形态。其中，黑社会性质组织也是一种犯罪集团，它和恶势力犯罪集团在组织特征方面没有差异，核心的区别点在于危害性，即是否通过实施违法犯罪活动对一定区域或行业形成非法控制或重大影响。而黑社会性质组织与普通恶势力之间不仅在危害性方面存在明显差异，在组织方面也明显不同：恶势力并没有形成较为固定的组织。恶势力与恶势力犯罪集团的区别点主要在于组织方面，即是否形成较为固定的组织。如上所述，这三种犯罪形态在社会危害性上程度不同，在共同犯罪的具体性质和定罪处罚根据上也不同，在司法实务中需要对其进行准确界分。即使恶势力犯罪与恶势力犯罪集团犯罪均为任意的共同犯罪，但是被认定为恶势力还是恶势力犯罪集团，会对犯罪人的量刑产生较大影响。如《2019年意见》规定："符合恶势力犯罪集团认定标准的，应当在上述法律文书中明确定性，列明首要分子、其他成员、违法犯罪事实以及据以认定的证据，并引用刑法总则关于犯罪集团的相关规定。"因此在司法实践中，对两者进行准确区分具有重要意义。

[案例8-1] 刘某勇等组织、领导、参加黑社会性质组织案①

被告人刘某勇于2001年刑满释放后，纠集、网罗"两劳"释放人员和社会闲散人员陈某辉、杨甲、韦某辉、黄某志、刘某才、韦某龙、曾某眉、陈某兵、曹某艳、杜某、杨乙、危某旭、周某、马某波（以上均为同案被告人）等人，购买枪支、刀具等作案工具，在湖北省仙桃市境内大肆进行故意杀人、故意伤害、寻衅滋事等违法犯罪活动，逐步形成人数众多，有明确的组织者、领导者，骨干成员基本固定的犯罪组织。刘某勇利用该组织在当地形成的恶势力和影响，开设赌场，强行入股烟花爆竹市场，插足公交运营市场，入股仙桃市远达物资贸易有限公司和仙桃市九珠食品有限责任公司肉联厂等经营经济实体，安排组织成员采取暴力、威胁手段，打压、排挤竞争对手，非法控制仙桃市的水泥、肉品销售市场和特定线路的公交运营市场，大肆非法聚敛钱财为组织成员提供生活费用，或者为组织及组织成员的犯罪活动提供资助；形成了以刘某勇为组织者、领导者，杨甲、陈某辉、韦某辉、黄某志、刘某才等人为积极参加者，以韦某龙、曾某眉、陈某兵、曹某艳、杜某、杨乙、危某旭、周某、马某波等人为参加者的黑社会性质组织。成立几年来，为了组织及组织成员的利益，该组织大肆进行故意杀人、故意伤害、敲诈勒索、寻衅滋事等违法犯罪活动，肆意欺压、残害群众，为非作恶，称霸一方，严重破坏了仙桃市的社会、经济生活秩序。

本案中，刘某勇等人通过实施一系列违法犯罪活动，逐步形成了人数众

---

① 最高人民法院刑事审判一、二、三、四、五庭. 中国刑事审判指导案例：第5卷. 北京：法律出版社，2017：118-123.

多，有明确的组织者、领导者，骨干成员基本固定的犯罪组织，具备了黑社会性质组织的组织特征；通过开设赌场，强行入股烟花爆竹市场，插足公交运营市场，入股仙桃市远达物资贸易有限公司和仙桃市九珠食品有限责任公司肉联厂等经营经济实体，安排组织成员采取暴力、威胁手段，打压、排挤竞争对手，大肆非法聚敛钱财为组织成员提供生活费用，或者为组织及组织成员的犯罪活动提供资助，具备了黑社会性质组织的经济特征；在湖北省仙桃市境内大肆进行故意杀人、故意伤害、寻衅滋事等违法犯罪活动，具备了黑社会性质组织的行为特征。更为重要的是，刘某勇等人通过先后入股仙桃市远达物资贸易有限公司、兴发烟花爆竹专营有限公司、九珠食品有限责任公司肉联厂、特定线路的公交运营市场，垄断了仙桃市的水泥销售市场、烟花爆竹销售市场、生猪屠宰销售市场及特定公交线路的运营权，多数生产企业因产品无法进入而被迫退出当地市场，多数经营者因无法销售其他产品而放弃了经营多年的代理权，多数上游企业因无法购买到质优价廉的原材料及原材料短缺不足，提高了经营成本，蒙受了巨大的经济损失，因此刘某勇等人在水泥销售、烟花爆竹销售、生猪屠宰销售及特定公交线路运营等行业形成了非法控制；除在经济上对相关行业进行非法控制外，刘某勇等人还多次为了逞强争霸、确立强势地位而实施故意杀人、故意伤害、寻衅滋事等违法犯罪行为，严重影响了社会的稳定和人民群众的安全感，在当地造成了重大影响，在危害性上已经远远超出了恶势力的范畴，完全符合黑社会性质组织的危害性特征。基于以上理由，法院认定刘某勇等人的行为构成组织、领导、参加黑社会性质组织罪。

[案例8-2] 杨某起、杨甲等寻衅滋事案①

被告人杨某起、杨甲等人为了索取汕尾市红草高新产业园区征地范围内（征地范围属南洋村）的部分建筑工程，从中获利，遂于 2017 年 3 月初在南洋村内搭建板房，成立了百盛公司（该公司法定代表人为被告人杨某起，属个人独资企业），并在微信上建立群名为"百盛建筑工程公司"、群主为被告人黄甲的微信群，用于成员联系和发布公司通知等，意图通过阻挠施工、殴打他人、寻衅滋事等违法犯罪行为达到其非法目的。被告人杨某起先后纠集了被告人杨甲、黄甲、郭某、杨乙、余甲、施某、江某、余乙、王某、杨丙、杨丁和陈某、袁某、黄乙、何某等人实施扰乱单位秩序、殴打他人、寻衅滋事等违法犯罪行为。具体犯罪事实包括：（1）2017 年 3 月 16 日 11 时左右，被告人杨某起、杨甲纠集魏某、"社久三"、"孔甲"、"黄甲"等数名外省籍男子到某通公司工地上，以南洋村的征地赔偿款还没有发放为由，责令该工程

---

① 广东省汕尾市城区人民法院（2017）粤 1502 刑初 284 号刑事判决书.

停工，并提出工地位于南洋村辖区内，应当由南洋村本地人做该工地的工程，从中阻挠施工。其间，被告人杨某起等人站在正在施工的挖土机后面，导致挖土机、作业工人停工一个多小时。经汕尾市价格认证中心鉴定，停工造成经济损失共计人民币1425元。（2）2017年3月31日凌晨，被告人王某和魏某（均是百盛公司的保安）伙同百盛公司的工人"黄甲""孔乙""社久三""李某""小某"等人在被告人杨丁的小卖部喝酒后，又相约到汕尾市城区红草镇埔边某记饭店吃夜宵，在经过埔边某盛饭店时遇到正在该饭店吃夜宵的杨戊及其朋友，因与杨戊有过矛盾，双方在某盛饭店打架，"孔乙"去拿饭店的菜刀时，被饭店老板即被害人韩某制止，在此过程中，将被害人韩某伤害致伤。经法医鉴定，被害人韩某全身软组织挫、擦伤三处，头皮挫裂创一处并致右侧顶骨骨折，其损伤程度达到轻伤二级。

广东省汕尾市城区人民检察院以被告人杨某起、杨甲等犯寻衅滋事罪提起公诉，并在起诉书中认定杨某起、杨甲等为涉黑犯罪集团。

广东省汕尾市城区人民法院经审理认为：被告人杨某起、杨甲等人无视国法，破坏社会秩序，伙同同案人随意殴打他人，致二人以上轻微伤，情节恶劣，又伙同同案人任意损毁公司或他人价值2000元以上的财物，情节严重，其行为均已构成寻衅滋事罪。被告人杨某起注册成立百盛公司后，以合法形式掩盖非法目的，并招募多名成员形成恶势力犯罪集团，多次组织、领导该集团成员以威胁、打砸等非法手段共同实施违法犯罪活动，是该恶势力犯罪集团的首要分子，依法应按该恶势力犯罪集团所犯的全部罪行处罚；被告人杨甲、杨乙、郭某、黄甲、余甲在被告人杨某起的组织、领导下，积极参与恶势力犯罪集团，并在被告人杨某起的领导下参与策划或纠集部分打砸人员实施违法犯罪活动，在共同犯罪中均起主要作用，是主犯，依法应当按其所参与的或者组织、指挥的全部犯罪处罚；被告人施某、江某、余乙、王某、杨丙、杨丁参与恶势力犯罪集团，受他人纠集、指使实施寻衅滋事行为，在共同犯罪中起次要作用，是从犯，依法均应当从轻处罚。遂判决各被告人犯寻衅滋事罪，分别判处4年3个月到1年不等的有期徒刑。

本案中，检察院、法院都认定被告人杨某起等人的行为构成寻衅滋事罪，但对杨某起等人所形成的犯罪组织属于什么性质存在分歧：检察院认为是黑社会性质组织，法院最终认定为恶势力犯罪集团。如前文分析，黑社会性质组织和恶势力犯罪集团在组织特征方面没有差异，均需要满足犯罪集团的法定条件，核心的区别在于危害性，即是否通过实施违法犯罪活动对一定区域或行业形成非法控制或重大影响。本案中，被告人杨某起纠集数名被告人共同多次实施寻衅滋事等违法犯罪活动，被告人杨某起起组织、领导作用，是首要分子，被告人杨甲、杨乙、郭某、黄甲、余甲参与策划或纠集部分打砸人员实施违法犯罪活动，是骨干成员，被告人施某、江某、余乙、王某、杨丙、杨丁受杨某起等人的纠集、指使实施寻衅滋事行为，是一般参加者。不同被告人之间有比较明确的层级关系和职责分工，符合犯罪集团的法定条件。在此前提下，杨某起等人所形成的犯罪组织属于黑社会性质组织还是恶势力犯罪集团，就取决于其是否通过实施违法犯罪活动对一定区域或行业形成非法控制或重大影响。从案情来看，杨某起犯罪集团的犯罪行为主要表现为在汕尾市红草高新产业园区征地范围内或其他场所随意殴打他人或任意损毁他人财物，虽然在当地造成了较为恶劣的社会影响，但还不足以被认定为对某一区域或行业形成了非法控制或重大影响。因此，法院认定为恶势力犯罪集团是正确的。

二、单位犯罪与黑恶势力犯罪的界分

在实践中，有些黑恶势力会采用单位的外观，如为了实施"黑恶犯罪"而专门成立公司、企业，有些单位在生产经营过程中也可能实施部分涉及黑恶的违法犯罪活动，如在遇到经济纠纷或者开展经营活动的时候，采用暴力、威胁或者其他类似手段来解决问题。那么在这些情形中，该如何区分单位犯罪和黑恶势力犯罪？

首先，单位犯罪的"单位"必须是依法设立的，或者设立后主要从事合法经营或业务活动。根据《刑法》第30条的规定，作为犯罪主体的单位，应当是依法设立的公司、企业等合法组织，其以履行一定社会职责或者从事一定的生产经营活动为存在的前提条件。另根据相关立法解释、司法解释①，对以下情形，不以单位犯罪论处：（1）个人为进行违法犯罪活动而设立的公司、企业、事业单位，实施犯罪的。（2）公司、企业、事业单位合法设立后，以实施犯罪为主要活动的。（3）盗用单位名义实施犯罪，违法所得由实施犯罪的个人私分的。据此，为实施黑恶犯罪而成立公司、企业等单位的，或者公司、企业等单位虽然合法设立，但在设立后以实施黑恶犯罪为主活动的，或者单位内部成员盗用单位名义实施黑恶犯罪的，均不能因该黑恶势力具有单位的外观而以单位犯罪论处，只能认定其为黑恶势力犯罪。例如，有些单位虽然按照合法程序设立，也从事过合法的经营活动，但在后来发生了变化，在遇到经济纠纷或者开展经营活动的时候，常常凭借暴力、威胁或者其他类似手段来解决问题。在这种情况下，如果符合黑恶势力犯罪的其他条件，可

---

① 2014年4月24日全国人大常委会《关于〈中华人民共和国刑法〉第三十条的解释》以及1999年6月25日最高人民法院《关于审理单位犯罪案件具体应用法律有关问题的解释》。

以认定其是黑恶势力犯罪。再如，某些组织在成立之初就以暴力、威胁等方法作为获取经济利益或者解决纠纷的手段，在逐渐称霸一方或者在一定区域或一定行业形成一定影响之后，尽管暴力色彩有所减弱，但仍然以其之前所形成的影响作为其开展活动或处理问题的后盾，在处理问题上具有浓厚的黑恶色彩，在性质上属于黑恶势力。某一单位在合法成立后，在开展业务活动过程中，偶尔有暴力、威胁犯罪行为，或者具有其他非暴力犯罪行为的，不能被认定为黑恶势力犯罪，只能被认定为单位犯罪。

其次，当有些公司、企业在生产经营过程中实施部分涉及黑恶的违法犯罪活动时，不能简单地将单位在正常经营过程中自身具有的组织特征、经济特征和一定的影响力事实"借用"或"挪用"以认定该公司、企业符合黑恶势力特征，进而将其认定为黑恶势力。公司、企业等单位作为组织形式而存在，自身除了具有一定的组织性特征和一定的经济实力，也具有一定的外部影响力，而且，单位的规模越大、实力越强，外部影响力往往也越大。如果公司、企业成立后并非专门或主要从事违法犯罪活动，或者说公司、企业的组织形式并不是为了违法犯罪而存在，只是在经营过程中其部分行为涉及黑恶违法犯罪活动，那么就不能简单地将公司、企业在正常生产经营过程中自身具有的组织特征、经济实力特征和一定的影响力事实"借用"或"挪用"以认定该公司、企业符合黑恶势力特征，进而将其认定为黑恶势力。黑恶势力成立所需的"组织特征"、"经济特征"和"危害性特征"必须要有一定的独立性，即独立于公司、企业正当经营管理的框架与体系之外。

[案例8-3] 张某生等组织、领导、参加黑社会性质组织案①

1997 年 1 月，被告人张某生被选为山西省闻喜县桐城镇中社村村委会主任，1999 年 4 月 2 日当选闻喜县城关镇第十二届人大代表。1997 年 1 月，被告人张某生、贾某、王某忠、李某官当选中社村村委会委员，研究以村委会、村支委名义制作一批牌匾，由被告人张某生、陈某云率人向驻在中社村区域内的单位送去。次年，中社村村委会、村支委又成立锣鼓队，每逢节日为中社村区域内的单位敲锣鼓、闹社火，获取钱财 66 笔，共计人民币 108 800 元，收款记入村委会账上后，给参加者发工资、提成共 71 958.78 元。张某生于 1997 年担任村委会主任后，研究成立村治安联防队，该队向过往该村的车辆收取费用共 3 000 余元。在张某生担任村委会主任期间，该村委会对在该村区域内的闻喜县民用建材公司索要土地补偿费 35 000 元，向闻喜东镇三铁焦化厂索要道路维修费 5 000 元，向闻喜县水泥厂索要粉尘污染费 40 000 元，向闻喜县城关信用社索要土地补偿费 30 000 元，向闻喜县技术监察局索要土地补偿费 70 000 元，向闻喜县审计局索要土地补偿费 15 000 元。所要共 195 000 元款项均入了中社村村委会的账，后以 15%～20% 的提成向要账人分发工资。

对于本案，山西省运城市人民检察院以被告人张某生等犯组织、领导、参加黑社会性质组织罪提起公诉，山西省运城市中级人民法院和山西省高级人民法院经审理、审理后均认为：以张某生为首的中社村村委会不是黑社会性质组织，指控张某生犯组织、领导黑社会性质组织罪，其他被告人犯参加黑社会性质组织罪的罪名不能成立。如何区分黑社会性质组织与有违法犯罪行为的单位，是本案定性的关键。第一，成立目的不同。有违法犯罪行为的单位，一般都是依法设立的公司、企业等合法经济实体或者社会组织，从事一定的生产经营活动或者履行一定的社会职责。而黑社会性质组织系为了实施违法犯罪活动而成立的非法组织。虽然二者都有基本的组织架构、职责分工，但前者是为了正常开展生产经营活动而设立的，而黑社会性质组织内部严密的组织结构、细致的职能分工、帮规纪律等，均是为了有组织地实施违法犯罪活动。第二，经济特征不同。有违法犯罪行为的单位，自成立起便有其正当的经营或职能范围以及较为稳定的运作方式和营收模式。违法犯罪行为对其而言，只是在单位行使职权或者经营过程中出现的偶然的"越权行为"或者"寻租行为"，违法犯罪所得不会成为其主要的、稳定的收入来源。而黑社会性质组织是以有组织地实施违法犯罪活动或者其他手段来获取经济利益，具有一定的经济实力，并以此支持该组织的活动。一言以蔽之，黑社会性质组织是"以黑养黑"，其维持犯罪组织日常运作的资金主要来源于违法犯罪活动，或者与违法犯罪活动有关。第三，行为特征不同。有违法犯罪行为的单位实施违法犯罪行为一般不具有经常性，违法犯罪并非该单位获取经济利益或者解决纠纷的主要手段。与此不同，黑社会性质组织实施违法犯罪行为具有经常性、一贯性，而且其所实施的违法犯罪行为具有明显的暴力性，通常表现为故意杀人、故意伤害、绑架、抢劫、敲诈勒索、聚众斗殴、寻衅滋事、故意毁坏财物等。第四，非法控制特征不同。黑社会性质组织本质上要通过实施违法犯罪活动称霸一方，在一定区域或者行业内形成非法控制或者重大影响，从而严重破坏经济、社会生活秩序。非法控制特征是连接其他三个特征的纽带，正是在"非法控制"这一点上，黑社会性质组织与其他犯罪组织区别开来：在对组织内部进行严格控制的基础上，通过对一定行业或者区域的控制最终实现对社会的控制。由此可以认为，非法控制是黑社会性质组织的本质特征。[①] 而有违法犯罪行为的单位，并不具有非法控制社会的意图，亦

---

① 陈兴良. 恶势力犯罪研究. 中国刑事法杂志，2019（4）.

无法形成对一定区域或行业内社会、经济秩序的严重破坏。

　　本案中，以被告人张某生为首的中社村村委会不属于黑社会性质组织，张某生等人的行为亦不构成组织、领导、参加黑社会性质组织罪，该村委会属于实施了违法犯罪行为的单位。首先，1997 年 1 月，被告人张某生被选为闻喜县桐城镇中社村村委会主任，任职期间，被告人张某生、贾某、王某忠、李某官当选为中社村村委会委员。现有证据表明，由张某生等人组成的中社村村委会系依据《中华人民共和国村民委员会组织法》规定的条件和程序选举产生的，具有合法的组织架构及权力运作机制。中社村村委会并不是为了实施违法犯罪而成立的。而且，根据本案事实、证据，并不能认定该村委会成立后以实施违法犯罪为主要活动。其次，张某生等人通过送匾，闹社火，收取土地补偿费、污染费、道路维修费等方式获取钱财，大多是经村委会或村支委研究决定的，所得钱款绝大部分均入了村委会大账，且其中多数是用于村里的公共开支的，并非张某生等人从事违法犯罪活动的物质保障。再次，本案中，张某生等人所犯的组织卖淫罪、非法拘禁罪等，均是个人行为，与村委会无关。张某生等人通过送匾、闹社火，收取土地补偿费、污染费、道路维修费等方式获取钱财属于村委会集体行为，而向中社村区域内的单位送匾，成立治安联防队，成立锣鼓队闹社火，收取占地单位土地补偿费、粉尘污染费、道路维修费均未违反法律规定。收取过路费虽属违法行为，但尚不构成犯罪。除此之外，与村委会有关的敲诈勒索犯罪也只有两起，由此说明中社村村委会实施违法犯罪活动并不具有一贯性和经常性。最后，张某生等人实施的违法犯罪活动虽在当地造成一定社会影响，但并没有达到在一定区域或行业内形成非法控制或重大影响，严重破坏经济、社会生活秩序的程度。中社村村委会财务管理比较健全，从获利的用途和去向来看，主要还是为了给中社村这个小集体和张某生等人组成的小团体谋取利益，并不具有非法控制一定区域或者一定行业内社会、经济秩序的意图。

　　综上，一、二审法院认定被告人张某生等人的行为不构成组织、领导、参加黑社会性质组织罪是正确的。

三、黑恶势力犯罪成员的认定

　　黑恶势力犯罪是共同犯罪，所以在处理黑恶势力犯罪案件时，认定哪些人是黑恶势力犯罪的成员，从而合理确定处罚范围，也是一个非常重要的问题。《刑法》第 294 条将黑社会性质组织成员区分为组织者、领导者，积极参加者和其他参加者三种类型；《2019 年意见》将恶势力成员区分为纠集者和其他成员两种类型，将恶势力犯罪集团成员区分为首要分子和其他成员两种类型。据此，我们可以把黑恶势力犯罪成员大体分为两大类：一类是核心成员，即黑社会性质组织的组织者和领导者、恶势力犯罪集团的首要分子、恶势力的纠集者；另一类是其他成员，即在核心成员组织、领导、纠集下参与共同犯罪的成员。在这两类成员中，核心成员实施的是组织、领导、策划、指挥或纠集的行为，这些行为的客观特征比较明显，作用也比较突出，认定起来相对容易；而在认定其他成员是否参加了黑恶势力时，情况则要复杂得多。首先，在主观方面，根据"责任主义"，认定行为人参加了黑恶势力要以其明知自己所参加的是黑恶势力为前提，如果不知道自己参加的是黑恶势力，就不能认定其为黑恶势力成员。但同时，认定某一组织是否属于黑恶势力，是一种非常专业和复杂的法律判断，作为外行的行为人往往难以作出准确判断。那么，行为人对黑恶势力的"明知"究竟意味着应认识到什么内容？其次，在客观方面，行为人究竟实施了怎样的行为、在黑恶势力中处于什么样的地位，才算是参加了黑恶势力？

（一）黑恶势力参加者"明知"的认定

参加黑社会性质组织，会构成参加黑社会性质组织罪；参加恶势力或恶势力犯罪集团，虽然不会构成独立的罪名，但会被认定为恶势力或恶势力犯罪集团的成员而对相应的共同犯罪承担刑事责任，且在量刑时会被从严处罚。根据"责任主义"，认定行为人参加了黑恶势力应当以其明知是黑恶势力为前提。理论界和实务界均存在一定争议的问题是：黑恶势力的参加者，必须认识到黑恶势力的全部特征，还是仅认识到部分特征即可？从实务中的做法来看，我国有关司法文件采取了后者的立场。例如，对于黑社会性质组织成员，2009年最高人民法院、最高人民检察院、公安部《办理黑社会性质组织犯罪案件座谈会纪要》（以下简称《2009年座谈会纪要》）规定："关于黑社会性质组织成员的主观明知问题。在认定黑社会性质组织的成员时，并不要求其主观上认为自己参加的是黑社会性质组织，只要其知道或者应当知道该组织具有一定规模，且是以实施违法犯罪为主要活动的，即可认定。"《2018年指导意见》规定："知道或者应当知道是以实施违法犯罪为基本活动内容的组织，仍加入并接受其领导和管理的行为，应当认定为'参加黑社会性质组织'。"可见，《2009年座谈会纪要》和《2018年指导意见》的规定采取了"部分特征认识说"的立场，即只需要行为人认识到"该组织具有一定规模，且是以实施违法犯罪为主要活动"或者"是以实施违法犯罪为基本活动内容的组织"即可，而不要求行为人全面认识黑社会性质组织的"组织特征"、"行为特征"、"经济特征"和"危害性特征"。对于恶势力或恶势力犯罪集团成员，

《2019 年意见》规定："恶势力的其他成员，是指知道或应当知道与他人经常纠集在一起是为了共同实施违法犯罪，仍按照纠集者的组织、策划、指挥参与违法犯罪活动的违法犯罪分子"；"恶势力犯罪集团的其他成员，是指知道或者应当知道是为共同实施犯罪而组成的较为固定的犯罪组织，仍接受首要分子领导、管理、指挥，并参与该组织犯罪活动的犯罪分子"。可见，《2019年意见》对恶势力或恶势力犯罪集团成员的认定同样采取了"部分特征认识说"的立场，并不要求行为人认识到恶势力或恶势力犯罪集团的全部特征。

对于司法实务中的"部分特征认识说"立场，有学者提出批评：实务界所采用的"部分特征认识说"应当说是公然违反了"明知"的法律规定和刑法原理，应当说是不合法、不合理的，也是十分危险的。刑法教义学原理的共识性立场主张：从责任刑法的基本法理来讲，行为人主观上认识的内容应当是"构成要件事实"和"规范的构成要件要素"。从此立场出发，涉黑犯罪中行为人主观上"明知"的内容必须是黑社会性质组织的"规范的构成要件要素"整体，即包括"黑社会性质组织"及其四个特征整体的基本内容，而不能是仅仅对"四个特征"中部分特征有所认识而对其他部分特征根本就没有认识。若行为人主观上对"黑社会性质组织"及其四个特征整体的基本内容没有认识，则依法不能被认定为"涉黑"犯罪，否则就可能沦为"客观归罪"的非法状态。①

笔者认为，司法实务的做法有其自身的道理，认定某一组织是否属于黑恶势力是一个非常专业和复杂的法律判断过程，如果严格要求黑恶势力的参加者准确认识到黑恶势力的全部特征，那么就几乎不会有人被认定为参加黑恶势力了。但与此同时，该学者的批判意见也值得引起司法实务的高度重视，尤其是在开展"扫黑除恶"专项斗争的过程中，应当坚持刑法教义学原理的共识性立场，避免不当降低黑恶势力犯罪的认定标准，警惕"扫黑除恶"过程中可能产生的灾难性法治后果。

另外，上述司法文件关于行为人对黑恶势力的"明知"，均规定了"知道或者应当知道"。其中的"知道"即明确知道，那么其中的"应当知道"该如何理解？或许有人会认为，根据我国《刑法》第 15 条关于过失犯罪的规定，"应当知道"但是没有认识到的情形应属于《过失》，而不是故意。但实际上，这里的"应当知道"是"明知"的一种，是"推定知道""推定故意"的意思。陈兴良教授指出，明知是行为人的一种主观心理状态，对明知如何认定，目前在我国司法解释中，往往把明知解释为知道或者应当知道。② 我国还有学者指出，"应当认识到"，同时具有行为人在"法律上有义务认识到"、"主观

---

① 魏东. "涉黑犯罪"重要争议问题研讨. 政法论坛，2019 (3).
② 陈兴良. 刑法中的故意及其构造. 法治研究，2010 (6).

上有能力认识到"和"客观上有可能认识到"三个方面的含义,如果缺少其中任何一个方面的内容,不论是行为人没有义务认识到,还是没有能力认识到,抑或是客观上没有可能认识到,"违法性认识"这个因素就不可能存在,相应的犯罪故意也就不可能成立。①

[案例8-4] 李某等参加黑社会性质组织案②

1997年6月,张某义(殁年49岁,2005年9月因与被告人李某发生矛盾而被李某等人枪杀)在湖北省武汉市武昌区被人持枪打残双腿,并在公安机关询问期间逃走。张某义认为此事是潘某生及其手下所为,为报复潘某生,也为扩充自己的势力,张某义遂纠集被告人陈某桥、周某鸿、余某涛、胡某国、王某斌、刘某、吴某、张某及陈某军、胡某涛、宋某华等人,于1998年2月至2001年5月期间,先后有组织地策划、实施了枪杀黄某荣、绑架金某玲、伤害邹某生、枪杀吕某润等一系列恶性案件;逐步形成了以张某义为首,以陈某桥、周某鸿、余某涛、胡某国和陈某军、胡某涛、宋某华等人为骨干,以王某斌、刘某、吴某、张某等人为成员的黑社会性质组织。2003年后,由于该组织的多名成员先后被司法机关抓获或负案潜逃,张某义通过被告人李某辉吸纳被告人李某为组织骨干成员,李某又网罗了被告人孙某、郑某喜、熊某平、梅某运、李甲、胡某云等一批新成员。上述老成员由张某义直接控制、指挥,新成员则在李某、李某辉的策划、组织下,大肆购买枪支、车辆等作案工具,于2003年4月和2004年6月实施了枪杀穆某刚、熊某军等人的恶性案件;并形成了以李某、李某辉、孙某为骨干,以郑某喜、熊某平、梅某运、李甲、胡某云等人为成员的黑社会性质组织的"新班子"。

在该组织中,张某义处于绝对的组织者、领导者地位;李某、孙某、陈某桥等骨干成员则根据张某义的指使,或亲自实施或指使其他组织成员实施犯罪;其他组织成员则根据张某义、李某等人的指使,具体实施各类违法犯罪活动。

张某义对先后吸纳的上述人员分别实行"发放工资奖金"和"一案一酬"两种管理模式,相互独立,互不干扰,并以集中住宿、组织旅游、到劳改场所看望组织成员等方式控制、指挥该组织的成员。张某义还通过日常管理和有组织地实施一系列违法犯罪活动,逐步形成了不该问的不问、不该说的不说、不该看的不看、作案时单线联系等一套约定俗成和普遍认同的组织纪律。张某义通过上述措施不断强化自己的组织、领导地位。李某在自己的势力范

---

① 陈可倩. 论犯罪故意的对象因素. 法学, 2015 (12).

② 最高人民法院刑事审判第一、二、三、四、五庭. 中国刑事审判指导案例:第5卷. 北京:法律出版社, 2017:108-113.

围内对其成员也按照上述管理模式强化自己的地位。

为了增强该黑社会性质组织的经济实力，张某义策划和指挥其成员，通过违法犯罪活动，利用黑恶势力向社会施加影响，有组织地渗透、控制缅甸、中国武汉等地的赌博业，强行占股参股，抽头吃红，还控制武汉市部分布匹运输线路，插手运输纠纷，垄断布匹货源，收取保护费，同时，张某义、李某还通过受雇佣杀人获取巨额报酬。该组织利用上述手段获取的非法利益高达人民币（以下所涉币种均为人民币）一千余万元。

张某义等人将获取的经济利益主要用于该组织的违法犯罪活动、增添作案工具及日常开支，以进一步增强犯罪实力。张某义、李某购买作案车辆、枪支等花费一百余万元；给组织成员发放工资、生活费及奖励住房、车辆等花费一百余万元；给组织成员发放作案酬金达两百余万元；给组织成员家属发放"安抚金"，探望、营救被抓捕的组织成员及组织旅游等花费四十余万元。案发后，公安机关收缴赃款四百余万元。

自 1998 年以来，该黑社会性质组织为了组织利益，共实施故意杀人案件 6 起，故意伤害案件 1 起，绑架案件 1 起，非法买卖、运输枪支案件 1 起，上述犯罪活动共造成 5 人死亡、1 人重伤。该组织的违法犯罪活动严重破坏了当地的经济和社会生活秩序，造成了极其恶劣的社会影响。

············（其他犯罪事实略。）

湖北省武汉市中级人民法院经审理后认为：张某义积极纠集、网罗被告人李某、李某辉、孙某、陈某桥等人形成较稳定的、人员众多的犯罪组织。该组织有明确的组织者、领导者，骨干成员基本固定，并通过暴力、威胁等手段，有组织地多次进行违法犯罪活动，为非作恶，逐步控制、影响并插手武汉市地下非法赌场和部分布匹运输线路，造成了极其恶劣的社会影响，严重破坏了社会正常的生活秩序和经济秩序。公诉机关指控被告人李某、李某辉、孙某等 17 人犯参加黑社会性质组织罪的事实成立，但指控被告人邢某斌、苏某文、黄某成犯参加黑社会性质组织罪的事实不能成立。

一审宣判后，被告人李某提出其与张某义是雇佣关系，未参加张某义组织、领导的黑社会性质组织；被告人孙某、熊某平、梅某运等"新班子"成员提出其不知道张某义领导的是黑社会性质组织，未参加张某义领导的犯罪活动，与李某是雇佣关系，不构成参加黑社会性质组织罪。

湖北省高级人民法院经审理认为：一审判决认定的事实清楚，证据确实、充分，定罪准确，审判程序合法。除对被告人黄某成量刑过重外，对其他被告人量刑适当。遂依法判决驳回李某、孙某、陈某桥等人的上诉，改判黄某成有期徒刑 3 年。

最高人民法院经复核认为，第一、二审判决认定的事实清楚，证据确实、充分，定罪准确，量刑适当，审判程序合法。遂依法裁定核准被告人李某、孙某、陈某桥死刑。

本案中，被告人李某在一审宣判后提出其与张某义是雇佣关系，未参加张某义组织、领导的黑社会性质组织。这一上诉理由显然是不能成立的。李某明知张某义是黑社会性质组织的组织者和领导者，还接受张某义的指挥和管理，并积极参加张某义组织、指挥的枪杀穆某刚等犯罪活动，对张某义组织、领导的黑社会性质组织的发展壮大起到了至关重要的作用。李某主观上有参加黑社会性质组织的故意，客观上实施了参加黑社会性质组织的行为，无疑构成参加黑社会性质组织罪。

孙某、熊某平、梅某运等"新班子"成员在一审宣判后提出，其不知道张某义领导的是黑社会性质组织，未参加张某义领导的犯罪活动，与李某是雇佣关系，不构成参加黑社会性质组织罪。对此，该案的裁判理由指出：认定行为人构成参加黑社会性质组织罪不以明确知道组织的黑社会性质为前提，理由是：第一，在现实生活中，一般很少有一个众所周知的黑社会性质组织等待他人参加。在我国，目前多数此类组织一般都不会以"黑社会"自居，对内、对外都不会宣称自己是黑社会性质组织。第二，对于一个组织是否属于黑社会性质组织是一种法律判断，且该判断是一项极为复杂的工作，因此，要求每一个参加者都明确知道所参加的组织的性质是不现实的。但是，这并不是说对行为人的主观认识就没有任何要求，从黑社会性质组织犯罪的特征来看，行为人必须知道或者应当知道自己所参加的是具有一定规模的组织。第三，黑社会性质组织本身有一个形成、发展的过程，实践中很难用一个明确的时间点来划分，因此，不可能要求行为人对所参加的组织性质的变化有准确的认知。第四，在司法实践中，行为人为逃避法律制裁，往往会以种种借口辩称自己不知道所参加的组织是黑社会性质组织，不能因其口头上的否认就改变其犯罪的性质。认定行为人构成参加黑社会性质组织罪不以明确知道组织的黑社会性质为前提，但要求行为人知道或者应当知道所参加的是由多人组成、具有一定层级结构、主要从事违法犯罪活动的组织群体。被告人熊某平、孙某、梅某运等人在案发前知道张某义、李某是黑道人物，也知道其所参加的是由多人组成、具有一定层级结构的组织群体，该组织主要从事违法犯罪活动，但仍接受该组织的领导和管理，按照该组织的纪律、规约行事，此足以认定上述"新班子"成员的行为构成参加黑社会性质组织罪。

可见，该案判决在坚持黑社会性质组织参加者应具有"明知"这一基本立场的基础上，对"明知"的内容和程度的理解与前述司法文件基本保持了一致，在"明知"的内容上只要求参加者认识到黑社会性质组织的部分特征，在"明知"的程度上要求参加者"知道或者应当知道"。

（二）黑恶势力参加者"参加"行为的认定

如果黑恶势力有吸纳新成员的专门仪式，那么就可以将是否举行专门的参加仪式作为重要的认定依据，但在实践中，多数黑恶势力在发展成员时并无此类专门程序，所以只能通过考虑其他因素来进行认定。

对于黑社会性质组织参加者的认定，《2009年座谈会纪要》规定："积极参加者，是指接受黑社会性质组织的领导和管理，多次积极参与黑社会性质组织的违法犯罪活动，或者积极参与较严重的黑社会性质组织的犯罪活动且作用突出，以及其他在组织中起重要作用的犯罪分子，如具体主管黑社会性质组织的财务、人员管理等事项的犯罪分子；其他参加者，是指除上述组织成员之外，其他接受黑社会性质组织的领导和管理的犯罪分子。"从该规定来看，黑社会性质组织的参加者，无论是积极参加者还是其他参加者，都要求"接受黑社会性质组织的领导和管理"，这就是说，"接受黑社会性质组织的领导和管理"是认定行为人参加了黑社会性质组织的重要标志。此处的"接受"一词有着主客观两方面的含义：一方面是指主观上有将自己置于黑社会性质组织管控之下的意愿，另一方面是指客观上有接受黑社会性质组织领导和管理的事实。2015年《全国部分法院审理黑社会性质组织犯罪案件工作座谈会纪要》（以下简称《2015年纪要》）继承了《2009年座谈会纪要》的基本精神，采用反向列举的方式，明确了以下三类人员不属于黑社会性质组织的成员：（1）主观上没有加入黑社会性质组织的意愿，受雇到黑社会性质组织开办的公司、企业、社团工作，未参与或者仅参与少量黑社会性质组织的违法犯罪活动的人员；（2）因临时被纠集、雇用或受蒙蔽为黑社会性质组织实施违法犯罪活动或者提供帮助、支持、服务的人员；（3）为维护或扩大自身利益而临时雇用、收买、利用黑社会性质组织实施违法犯罪活动的人员。仔细分析后不难发现，《2015年纪要》所列举的三类人员都是因为在主观或者客观方面尚未达到"接受黑社会性质组织的领导和管理"的认定标准而被排除在黑社会性质组织成员之外。

司法实践中，认定行为人是否"接受黑社会性质组织的领导和管理"，应当结合以下两个方面来进行判别：第一，是否参与实施了黑社会性质组织的违法犯罪活动。黑社会性质组织区别于其他犯罪组织的本质特征，就是依靠有组织的违法犯罪活动来达到对经济、社会生活进行非法控制，进而攫取非法利益的目的。黑社会性质组织的生存离不开有组织的违法犯罪活动，而是否参与有组织的违法犯罪活动又是表明被告人与涉案黑社会性质组织之间存在关系的重要标志。因此，这一点是判断参加行为的重要依据。第二，与涉案黑社会性质组织之间是否有无相对固定的从属关系。所谓相对固定的从属关系，是指在黑社会性质组织中组织者、领导者居于核心地位，积极参加者和其他参加者较稳定地处于被领导、被管理的地位。其中，有些人直接听命于组织者、领导者，其他更多的则是在分级管理的体系内听命于其他组织成员。但不管怎样，组织成员在黑社会性质组织中均应具有相对固定的位置，如果与黑社会性质组织没有任何从属关系，如只是临时受邀或基于个人意愿参与某起犯罪，即便行为人参与了有组织的违法犯罪活动，也不能将其认定为黑社会性质组织的成员。换言之，如果在黑社会性质组织中找不到可以对应的位置，就说明被告人与该黑社会性质组织没有从属关系；如果与黑社会性质组织的某一成员之间没有服从与被服从、管理与被管理关系，就不能认定被告人有参加黑社会性质组织的行为。

[案例8-5] 陈某东等人组织、领导、参加黑社会性质组织案①

广东省深圳市中级人民法院经审理查明：

（1）组织、领导、参加黑社会性质组织的事实。

被告人陈某东自20世纪80年代末开始，纠集"沙皮狗"等社会闲杂人员，在广东省宝安县沙井镇（现广东省深圳市宝安区沙井街道）一带逞勇斗狠、为非作恶，成为当地颇具声名的恶势力。自1994年以来，陈某东通过笼络乡邻、招纳小弟、聘用员工、纠集同道等途径，逐步建立起以其本人为组织者、领导者，以被告人伍某东、陈某田、赖某棠、王某明、陈某强、曾某发、曾某辉、易某胡、潘某钊、宁某作等人为积极参加者，包括被告人陈某明、林某、岳某、曾某新等以及另案处理的数十人组成的骨干成员固定、层级结构明确、人数众多、势力庞大，在沙井街道经济、社会生活中具有重大影响的黑社会性质组织。该组织按照"江湖规矩"管理组织成员，维系组织架构。该组织盘踞沙井街道一带，长期通过非法手段经营废品收购、码头运输、房地产等行业，实施了故意伤害、绑架、非法拘禁、抢劫、敲诈勒索、开设赌场、赌博、聚众斗殴、寻衅滋事、强迫交易、容留他人吸毒、贿赂国家工作人员、非法倒卖土地使用权等大量违法犯罪活动，攫取了巨额非法财富，严重破坏了当地的经济、社会生活秩序。

（2）以被告人陈某东为首的黑社会性质组织实施犯罪的事实。

容留他人吸毒的事实。1999年12月，被告人陈某东与被告人文某权等人合伙在深圳市宝安区沙井街道黄埔路口原新桥客运站一、二楼开办创世纪娱乐城。为招揽生意，陈某东、文某权明知所经营的场所内存在吸毒行为，非但不予制止，反而长期为顾客提供吸食K粉的吸管、碗、碟等工具。创世纪

---

① 最高人民法院刑事审判第一、二、三、四、五庭. 刑事审判参考：总第107集. 北京：法律出版社，2017：5-9.

娱乐城在经营期间，多次被公安机关查获有容留他人吸毒的违法犯罪活动，其中公安机关仅 2004 年 9 月 30 日就一次查获吸毒人员 213 人。

（故意伤害、绑架、非法拘禁、抢劫、敲诈勒索、赌博、聚众斗殴、寻衅滋事、强迫交易、行贿、非法倒卖土地使用权的事实略。）

（3）黑社会性质组织成员及本案其他被告人实施犯罪的事实。

被告人文某权寻衅滋事的事实。2003 年年底，被告人文某权等人获得 779 路、780 路、782 路公交路线的承包经营权，由文某权具体经营。2004 年年初，文某权认为其承包经营的公交线路的客源不如谭某启承包经营的 781 路公交线路的客源丰富，遂擅自改变规定的行驶路线，与 781 路公交车队并线竞争揽客。同时，文某权授意手下人员多次拦停营运的 781 路公交汽车，驱赶乘客，殴打司机，打砸汽车，逼迫 781 路公交车队改变规定的行驶路线或退出沙井客运市场。谭某启被逼在 2004 年 3 月初将 781 路公交车队 18 台公交车全部停止营运。在沙井街道办和沙井运输公司介入协调下，781 路公交车队恢复营运，并作出让步，改道走客源较少的路段。其后，因谭某启未退出沙井客运市场，781 路公交车队仍不时遭遇文某权等人的暴力滋扰。

…………（其他事实略。）

广东省深圳市中级人民法院经审理认为：以陈某东为首的犯罪组织形成了较稳定的黑社会性质组织结构，组织成员加入时具有一定形式，有一定的组织纪律和活动规约并较为明确地划定势力范围；该组织通过违法犯罪活动或者其他手段获取经济利益，具有一定的经济实力，并以经济实力支持该组织的活动；该组织成员利用组织势力和影响，有组织地实施故意伤害、绑架、非法拘禁、抢劫、敲诈勒索、赌博、聚众斗殴、寻衅滋事、强迫交易、行贿、非法倒卖土地使用权等违法犯罪活动，并腐蚀、拉拢国家工作人员，称霸沙井街道一带，为非作恶，欺压、残害群众，造成群众心理恐慌，安全感下降；该组织以暴力、威胁为基础，利用组织势力和影响，为组织成员划分势力范围，垄断沙井街道一带的大宗废品收购、沙石运输等行业，在一定区域和行业内均形成了非法控制和重大影响，严重破坏了沙井街道一带经济、社会生活秩序。公诉机关指控陈某东等 31 人分别构成组织、领导、参加黑社会性质组织罪，事实清楚、证据确实、充分，指控罪名成立……虽然被告人文某权曾与陈某东合作开办创世纪娱乐城、共同承包经营公交线路等，也有同案被告人指认文某权与陈某东私交颇好，但无证据证明文某权参与发起、创建以陈某东为首的黑社会性质组织，无证据证明文某权以何种方式参加该组织，无证据证明文某权在组织层级结构中处于何位置，无证据证实文某权对该组织及其运行、活动起到决策、指挥、协调、管理作用以及曾发展下线成员，因此，依法不能认定文某权为黑社会性质组织的领导者，亦不能认定其参加黑社会性质组织。公诉机关指控文某权犯领导黑社会性质组织罪,事实不清,证据不足,不予支持;文某权为争抢客源而授意他人随意拦截公交汽车,殴打司乘人员,情节恶劣,其行为已构成寻衅滋事罪,应当依法予以惩处;公诉机关指控文某权犯容留他人吸毒罪,已过追诉时效期限,并且不是必须追诉,已另行裁定终止审理……

一审宣判后,被告人陈某东等提起上诉,文某权未提起上诉。

广东省高级人民法院经审理,依法驳回陈某东等人的上诉,并依法对5名同案被告人改判。

本案中,检察机关以领导黑社会性质组织罪对被告人文某权提起公诉,并在起诉书中将其列为第二被告人。文某权及其辩护人均不认可该项指控,提出其系"六无人员"(无组织、无纪律、无大哥、无马仔、无仪式、无行为),不是黑社会性质组织成员的辩解和辩护意见。从已查明的案情来看,由于受我国香港地区有组织犯罪亚文化的影响,以陈某东为首的黑社会性质组织在吸收、发展组织成员时一般需要举行一定的仪式,或者敬酒、敬茶,或者奉上红包。如本案骨干成员赖某棠、曾某辉在20世纪90年代中期开始追随陈某东时,就分别采用了前述方式。但是,在案证据并不能证明文某权曾向陈某东或陈的"黑道"前辈举行过"拜大佬"仪式,也不能证明其以其他形式表达过加入意愿。因此,在认定文某权有无领导、参加行为时,还需要结合其是否参与实施黑社会性质组织的违法犯罪活动、是否与黑社会性质组织存在相对固定的从属关系来审查分析。

法院经审理后认定了两起与文某权有关的犯罪事实,其中第一起系黑社会性质组织实施的容留他人吸毒犯罪,第二起系文某权个人实施的寻衅滋事犯罪。应该说,除陈某东曾在公交线路经营初期有过短暂投资(约半年后撤资)之外,第二起犯罪与涉案黑社会性质组织并无其他关联。但是,第一起犯罪有所不同。陈某东、文某权于1999年与他人共同投资开办创世纪娱乐城,在开业之初,凭借陈某东的关系请来香港黑社会组织头面人物及娱乐明星助阵,故当地皆知该娱乐城有陈某东的股份,无人敢来闹事。创世纪娱乐城由文某权出面经营直至2006年,陈某东从中分红获利。这段时间正值以陈某东为首的黑社会性质组织扩张时期,该娱乐城的经营对于该黑社会性质组织壮大声势、扩充经济实力客观上起到了不可低估的作用。那么,是否可以因文某权参与了该起黑社会性质组织的犯罪活动便认定其具有领导或参加行为?从相关证人及各同案被告人的供述来看,文某权与陈某东是相识已久的朋友,私交甚好。虽然文某权长期与陈某东共同经营生意,且颇受陈某东手下"马仔"尊重,但没有证据证明其接受某一组织成员的管理或者对某一组织成员起着领导作用,也就是说其在陈某东的黑社会性质组织内既无上级也无下属。虽然文某权经营创世纪娱乐城达 7 年之久，客观上为陈某东的黑社会性质组织的发展提供了重要的帮助、支持，但其主观上并没有为该黑社会性质组织的存在、发展服务的意图。除出面经营娱乐城之外，文某权未曾介入陈某东黑社会性质组织的决策、指挥、协调、管理等内部事务，也未参与其他有组织的违法犯罪活动。因此，其与陈某东的经济合作实际上只是二人相互借助，各为其利。这一点，从陈某东与文某权共同投资经营公交线路后因无利可图便很快撤资的事实也可看出。文某权确曾利用陈某东的黑社会性质组织的成员为其解决纠纷，但相关同案被告人均否认自己是文某权的下属，且其他证据表明文某权借助该犯罪组织势力是经过陈某东事先默许的，文某权既无自行决定的行为，也无自行决定的权力。因此，文某权与该黑社会性质组织之间并不存在相对固定的从属关系，不应认定其领导或者参加了陈某东的黑社会性质组织。

恶势力犯罪集团与黑社会性质组织在组织特征上没有区别，都属于较为稳固的犯罪组织，对其内部成员具有较强的控制和管理能力，所以对参加行为的认定标准也应当是一致的，应着重考察行为人是否接受恶势力犯罪集团的领导和管理。但恶势力则有所不同，恶势力在组织结构方面松散，其对内部成员并不具有明显的管理和控制能力，所以一般无法以行为人是否接受恶势力的领导和管理为标准来判断其是否参加了恶势力。《2019 年意见》规定："恶势力的其他成员，是指知道或应当知道与他人经常纠集在一起是为了共同实施违法犯罪，仍按照纠集者的组织、策划、指挥参与违法犯罪活动的违法犯罪分子……仅因临时雇佣或被雇佣、利用或被利用以及受蒙蔽参与少量恶势力违法犯罪活动的，一般不应认定为恶势力成员。"从此规定可以看出，认定是否参加了恶势力，在客观层面应重点考察行为人是否经常或多次在纠集者的组织、策划、指挥下参与违法犯罪活动。偶尔或临时被雇佣、被利用或受蒙蔽参与少量违法犯罪活动的，不应被认定为参加了恶势力。

最后要指出的是，对于在涉黑恶公司、企业中从事工作的人员，在认定其是否为黑恶势力成员时需格外谨慎。根据《2015 年纪要》的规定，主观上没有加入黑社会性质组织的意愿，受雇到黑社会性质组织开办的公司、企业、社团工作，未参与或者仅参与少量黑社会性质组织的违法犯罪活动的人员，不属于黑社会性质组织的成员。《2018 年指导意见》也规定："没有加入黑社会性质组织的意愿，受雇到黑社会性质组织开办的公司、企业、社团工作，未参与黑社会性质组织违法犯罪活动的，不应认定为'参加黑社会性质组织'。"根据以上规定，虽然在黑社会性质组织开办的公司、企业中工作，但没有加入黑社会性质组织的意愿，没有参与黑社会性质组织违法犯罪活动或者仅参与少量违法犯罪活动的，不应被认定为黑社会性质组织成员。例如，甲明知某公司在正常经营的同时也从事黑恶犯罪活动，仍然受雇工作，但甲在该公司从事的只是单纯的服务性、劳务性工作，既没有参与实施违法犯罪活动，也没有领取额外报酬，对甲不应认定为黑社会性质组织成员。对于类似甲的行为，如果不节制处罚范围而对"参加"采取扩大理解，很可能因为甲主观上明知该公司涉黑恶犯罪，客观上其提供的服务性、劳务性工作对黑恶犯罪的实施起到了一定帮助和便利，从而认定甲构成参加黑社会性质组织罪。但这种做法难以被认为是妥当的。从行为的社会危害性及其程度看，相对于黑恶势力的组织者、领导者和骨干成员的行为，参加行为特别是积极参加之外的"一般性参加行为"的社会危害性及其处罚必要性要低得多，限定其处罚范围，是罪责刑相适应原则的基本要求。单纯从事服务性、劳务性工作的行为，在性质上属于边缘性行为，与黑恶犯罪实施及其造成的法益侵害之间的关联性不强，将其认定为黑社会性质组织违法犯罪的"参加"行为，明显会不当扩大处罚范围。2017年最高人民法院、最高人民检察院《关于办理组织、强迫、引诱、容留、介绍卖淫刑事案件适用法律若干问题的解释》规定："在具有营业执照的会所、洗浴中心等经营场所担任保洁员、收银员、保安员等，从事一般服务性、劳务性工作，仅领取正常薪酬，且无前款所列协助组织卖淫行为的，不认定为协助组织卖淫罪。"尽管该解释是针对卖淫刑事案件规定的，但其所蕴含的在涉案人数众多的案件中如何合理确定处罚范围的思路，值得借鉴。涉黑恶犯罪是一个兼具法律和政治双重否定性评价的概念，相对于普通犯罪，其处罚范围更应严格，将上述行为排除在涉黑恶犯罪之外，不仅有助于减少社会对抗，也更符合宽严相济刑事政策的要求。

第九章 毒品犯罪中的共犯认定

由于毒品犯罪的特殊性，共同犯罪在毒品犯罪中往往占有很高的比例。如何认定毒品共同犯罪并区分各犯罪人在共同犯罪中的地位和作用，一直是司法实践中的难点问题。本章将对毒品共同犯罪认定中的几个比较突出的问题进行分析。

一、运输毒品犯罪中共犯与同时犯的区分

现实中，制造出的毒品要流入社会，必须经过运输环节，运输毒品犯罪成为一种高发犯罪。在运输毒品案件中，较为常见的情形是公安人员在同一交通工具内查获多个行为人均携带毒品，证据显示这些行为人相互认识，运输的起始地相同，目的地大方向也一样，但行为人均辩称系各自而非共同运输毒品。在这种情形中，应根据共同犯罪的成立条件认定行为人究竟是共同犯罪关系还是同时犯。

[案例9-1] 吕某军、曾某龙运输毒品案[①]

2005年6月5日0时许，吕某军、曾某龙各自随身携带海洛因，从云南曲靖火车站乘上昆明开往北京西的T62次旅客列车，准备到湖南娄底。当日中午1时许，列车运行到贵阳至凯里区间时，二人被该次列车乘警查获，乘警分别从吕某军所穿的皮鞋内和所系的皮带内缴获了海洛因46.6克，从曾某龙所穿的皮鞋内缴获了海洛因41.2克（均由公安机关依法处理）。

湖南省长沙铁路运输法院经审理后认为：被告人吕某军、曾某龙无视国家法律，明知是毒品而采用携带的方法乘坐旅客列车进行长途运输，其行为已分别构成运输毒品罪。公诉机关指控二被告人所犯罪名成立，但关于二被告人系共同犯罪的指控，经查，公诉机关提供的证据只能证实二被告人分别

---

① 最高人民法院刑事审判一、二、三、四、五庭. 中国刑事审判指导案例：第5卷. 北京：法律出版社，2017：356-358.

携带毒品乘坐旅客列车进行长途运输，在途中被查获的事实，并不能证实二被告人有共同运输毒品的主观故意和客观行为，因此该项指控不能成立。二被告人关于两人系分别运输毒品，不是共同犯罪的辩解意见，经查与本案事实相符，于法有据，予以采纳。判决被告人吕某军犯运输毒品罪，判处有期徒刑10年，剥夺政治权利3年，并处罚金人民币5 000元；被告人曾某龙犯运输毒品罪，判处有期徒刑10年，剥夺政治权利3年，并处罚金人民币5 000元。

一审宣判后，二被告人没有提起上诉，公诉机关亦未抗诉，判决发生法律效力。

本案中，二被告人从云南曲靖火车站乘上昆明开往北京的T62次旅客列车前往湖南娄底市，途中被乘警查获，从二被告人身上缴获了数量不等的毒品海洛因。经查，二被告人相互认识，毒品系被告人吕某军出资购买，但二被告人约定毒品归各自所有，被告人曾某龙承诺回娄底后即将吕某军为其垫付的购买毒品的钱予以归还。检察院指控二被告人构成运输毒品罪的共同犯罪，但法院认为该指控不成立。笔者认为法院的认定是合理的。首先，二被告人缺乏运输毒品的共同故意。二被告人虽然主观上都有运输毒品的故意，但并未就犯罪手段、相互分工、事后分赃等事宜进行策划，主观上没有进行沟通和联络，缺乏共同犯罪故意所要求的意思联络。二被告人主观上运输毒品的故意仅是相对于各自运输毒品的行为而言的，相互之间并不认为是在与对方相互配合共同实施犯罪行为，因此二被告人主观上运输毒品的故意对判断是否构成共同犯罪并无意义。至于被告人吕某军为被告人曾某龙垫资购买毒品，只是二被告人之间的一种资金借贷行为，并不表明二被告人形成了共同犯罪的故意。其次，二被告人不具有共同运输毒品的行为。所谓共同犯罪行为，指各共同犯罪行为人的行为都指向同一犯罪事实，彼此联系，互相配合，各行为与犯罪结果之间均存在因果关系。犯罪目标的同一性及在实施犯罪过程中相互配合是共同犯罪的重要特征。本案中，二被告人的运输行为所指向的目标为各自携带的毒品，同时，根据二被告人的供述，在毒品运至湖南娄底后二被告人将各自携带毒品回家，犯罪目标不具有同一性。此外，也没有证据证实二被告人在运毒过程中实施了相互掩护、协作等配合行为，车费及路上的其他花费也是各自负责。所以，二被告人的行为缺乏内在联系，没有形成统一的犯罪活动整体，各被告人的犯罪行为对社会造成的危害结果与对方的行为并不存在因果关系。二被告人系运输毒品犯罪的同时犯。所谓同时犯，指数个行为人没有共同实行犯罪的意思联络，同时或在近乎同时的前后，对同一目标实施同一犯罪，或在同一场所实施同一性质的犯罪。同时犯的数个行为人主观上只有自身的故意，相互间没有意思联络，客观上没有相互配合，因此，即使同时犯的行为人相互知道对方在实施同一性质的犯罪行为，由于没有共同的犯意和行为，也只成立单独的犯罪。本案中，二被告人乘坐同一趟旅客列车运输毒品，符合同时犯特征，系运输毒品犯罪的同时犯。

二、代购毒品行为的定性

代购毒品，是指受他人委托，替他人购买毒品的行为。虽然我国刑法不处罚单纯购买毒品的行为，行为人与他人之间不会就购买毒品行为本身成立共同犯罪，但仍有可能成立其他毒品共同犯罪。对此，2008 年《全国部分法院审理毒品犯罪案件工作座谈会纪要》（以下简称《2008 年纪要》）规定："有证据证明行为人不以牟利为目的，为他人代购仅用于吸食的毒品，毒品数量超过刑法第三百四十八条规定的最低数量标准的，对托购者、代购者应以非法持有毒品罪定罪。代购者从中牟利，变相加价贩卖毒品的，对代购者应以贩卖毒品罪定罪。明知他人实施毒品犯罪而为其居间介绍、代购代卖的，无论是否牟利，都应以相关毒品犯罪的共犯论处。"《2015 年纪要》规定："行为人为吸毒者代购毒品，在运输过程中被查获，没有证据证明托购者、代购者是为了实施贩卖毒品等其他犯罪，毒品数量达到较大以上的，对托购者、代购者以运输毒品罪的共犯论处。行为人为他人代购仅用于吸食的毒品，在交通、食宿等必要开销之外收取'介绍费'、'劳务费'，或者以贩卖为目的收取部分毒品作为酬劳的，应视为从中牟利，属于变相加价贩卖毒品，以贩卖毒品罪定罪处罚。"

结合以上两个会议纪要，司法实践中在认定代购毒品行为的性质时，应区别以下不同情形分别处理：

（1）行为人为吸毒者代购毒品被查获，没有证据证明托购者、代购者是为了实施贩卖毒品等其他犯罪，毒品数量既没有达到《刑法》第 348 条非法持有毒品罪的最低数量标准的，托购行为、代购行为均不构成犯罪。

（2）行为人为吸毒者代购毒品被查获，没有证据证明托购者、代购者是为了实施贩卖毒品等其他犯罪，毒品数量超过《刑法》第 348 非法持有毒品罪的最低数量标准的，对托购者、代购者以非法持有毒品罪的共犯论处；行为人是在运输过程中被查获，且毒品数量达到较大以上的，对托购者、代购者应以运输毒品罪的共犯论处。

（3）行为人为他人代购仅用于吸食的毒品，在交通、食宿等必要开销之外收取"介绍费"或"劳务费"，或者以贩卖为目的收取部分毒品作为酬劳的，应视为行为人从中牟利，属于变相加价贩卖毒品，应以贩卖毒品罪定罪处罚。

（4）行为人明知他人实施毒品犯罪（如走私、贩卖、运输、制造毒品等犯罪）而为其代购代卖的，无论是否牟利，都应以相关毒品犯罪的共犯论处。

三、居间介绍买卖毒品行为的定性

居间介绍买卖毒品，是指行为人为毒品交易双方提供交易信息，介绍交易对象，协调交易价格、数量，或者提供其他帮助，促成毒品交易的行为。具体包括为贩毒者介绍联络购毒者，为购毒者介绍联络贩毒者，以及同时为毒品买卖双方牵线搭桥促成毒品交易。

居间介绍买卖毒品行为是为毒品买卖双方进行毒品交易提供帮助的行为，行为人自己并非毒品交易的主体，从而使居间介绍买卖毒品区别于居中倒卖毒品行为。《2015年纪要》指出："办理贩卖毒品案件，应当准确认定居间介绍买卖毒品行为，并与居中倒卖毒品行为相区别。居间介绍者在毒品交易中处于中间人地位，发挥介绍联络作用，通常与交易一方构成共同犯罪，但不以牟利为要件；居中倒卖者属于毒品交易主体，与前后环节的交易对象是上下家关系，直接参与毒品交易并从中获利。"单纯从概念角度来看，上述两类行为似乎很容易区分，但由于毒品犯罪的表现形式比较复杂，上述两类行为在实际认定中往往容易发生混淆。尤其是一些居中倒卖毒品的被告人，到案后往往辩称自己是居间介绍者，不是购毒者或者贩毒者，试图以此减轻罪责，给司法上的准确认定带来一定困难。区分居间介绍买卖毒品行为与居中倒卖毒品行为，不但关系到对案件事实的准确认定，也影响到对被告人犯罪地位的恰当区分。具体来看，居间介绍买卖毒品行为与居中倒卖毒品行为的区别主要在于：（1）在毒品交易中的地位作用不同。居间介绍者不是毒品交易的一方主体，在交易中处于中间人地位，对促成毒品交易起帮助作用。居中倒卖者虽然处于毒品交易链条的中间环节，但在每一个具体的交易环节中都是一方交易主体，在上一交易环节其扮演下家的角色，在下一交易环节其又扮演上家的角色，对交易的发起和达成起决定作用。（2）是否成立共同犯罪不同。居间介绍者对毒品交易主体的买卖毒品行为起帮助作用，在处理上往往被认定为交易一方的共犯。居中倒卖者与前后环节的毒品交易主体不是共犯关系，而是上下家关系，对于上家而言是下家，对于下家而言是上家。（3）有无获利及获利方式不同。居间介绍者不以牟利为要件，获得的报酬也不是通过吃差价来实现的，而是来自交易一方或者双方支付的酬劳。居中倒卖者必然要从毒品交易中获利，而且是通过低价买进、高价卖出吃差价来实现牟利的。

居间介绍买卖毒品的行为本质上属于共同犯罪中的帮助行为，故对其定性应以共同犯罪原理为基础。《2015年纪要》规定："居间介绍者受贩毒者委托，为其介绍联络购毒者的，与贩毒者构成贩卖毒品罪的共同犯罪；明知购毒者以贩卖为目的购买毒品，受委托为其介绍联络贩毒者的，与购毒者构成贩卖毒品罪的共同犯罪；受以吸食为目的的购毒者委托，为其介绍联络贩毒者，毒品数量达到刑法第三百四十八条规定的最低数量标准的，一般与购毒者构成非法持有毒品罪的共同犯罪；同时与贩毒者、购毒者共谋，联络促成双方交易的，通常认定与贩毒者构成贩卖毒品罪的共同犯罪。居间介绍者实施为毒品交易主体提供交易信息、介绍交易对象等帮助行为，对促成交易起次要、辅助作用的，应当认定为从犯；对于以居间介绍者的身份介入毒品交易，但在交易中超出居间介绍者的地位，对交易的发起和达成起重要作用的被告人，可以认定为主犯。"

对于以上规定，主要可以从以下两个方面来理解：第一，居间介绍买卖毒品必然要在买卖双方之间牵线搭桥，原则上，居间介绍者受哪一方交易主体委托，与哪一方存在犯罪共谋，并有更加积极、密切的联络交易行为，就认定其与哪一方构成共同犯罪：（1）居间介绍者受贩毒者委托，为其介绍联络购毒者的，与贩毒者构成贩卖毒品罪的共同犯罪。居间介绍者明知购毒者以贩卖为目的购买毒品，受委托为其介绍联络贩毒者的，与购毒者构成贩卖毒品罪的共同犯罪。（2）居间介绍者受以吸食毒品为目的的购毒者委托，为购毒者介绍贩毒者的，不能因为其行为客观上促进了贩毒者的贩卖行为而简单地将其认定为贩毒者的共犯，一般仍要将其认定为购毒者的共犯。购毒者持有的毒品数量达到较大以上的，居间介绍者与购毒者构成非法持有毒品罪的共犯。（3）同时受贩毒者、购毒者双方委托为其联络、促成交易，与双方关系都非常密切的，为了便于司法认定和处理，一般将其认定为与贩毒者构成共同犯罪。第二，居间介绍买卖毒品者的主从犯的认定。居间介绍者不是毒品交易的一方主体，其对能否达成交易没有决定权，在共同犯罪中处于帮助犯地位，通常应当被认定为从犯。但行为人对毒品交易的发起和达成起到重要作用，已经超出居间介绍者的地位的，如教唆他人实施贩卖毒品犯罪的，或者直接介入、积极促成交易，成为起主要作用的共同实行犯的，实际上已不属于居间介绍者，对其可以认定为主犯。

［案例9-2］陈某有、庄某思贩卖毒品案①

2013年7月4日，公安特情人员罗某生经被告人庄某思介绍与被告人陈

---

① 最高人民法院刑事审判第一、二、三、四、五庭. 刑事审判参考：总第108集. 北京：法律出版社，2017：35-38.

某有商议购买毒品事宜。经双方商定，陈某有以 22 万元的价格贩卖 3 000 克冰毒给罗某生介绍的买家。7 月 5 日凌晨 2 时许，陈某有、庄某思与罗某生会合，到广东省广州市天河区天河公园附近等候他人送来毒品。凌晨 7 时许，经陈某有联系，不法分子开车前来交给陈某有一袋毒品。随后，罗某生、庄某思、陈某有一同前往广州市黄埔大道西 210 号海涛酒店。9 时许，三人到达酒店门口，之后庄某思在车上等候，陈某有手持装有毒品的塑料袋和罗某生到酒店 604 房与罗某生介绍的买家进行交易。陈某有与买家交接毒品、点验货款时，被事先埋伏的公安人员当场抓获。公安人员从陈某有带来的塑料袋中缴获冰毒 3 包，净重 2 479 克。同时，其他事先埋伏的公安人员在酒店门前将庄某思抓获。

广东省广州市中级人民法院审理后认为，被告人陈某有、庄某思结伙贩卖毒品甲基苯丙胺，数量大，其行为均已构成贩卖毒品罪。在共同犯罪中，被告人陈某有是主犯，应当按照其所参与的全部犯罪处罚；被告人庄某思起次要作用，是从犯，依法可予以减轻处罚。判决被告人陈某有犯贩卖毒品罪，判处死刑，缓期二年执行，剥夺政治权利终身，并处没收个人全部财产；判决被告人庄某思犯贩卖毒品罪，判处有期徒刑 13 年，并处罚金 5 万元。

一审宣判后，被告人陈某有、庄某思均提起上诉。陈某有及其辩护人提出，陈某有没有与买家进行一手交钱一手交货的交易；本案是引诱犯罪，陈某有没有贩毒的主观故意，不构成贩卖毒品罪。庄某思提出，原判量刑过重。

广东省高级人民法院经审理认为：被告人陈某有、庄某思结伙贩卖甲基苯丙胺，数量大，其行为均已构成贩卖毒品罪。本案确系在公安机关特情人员介入之下侦破，但陈某有在公安机关安排的线人提出购买毒品后，为牟利而联系毒品货源，并携带毒品到预先商定好的交易现场，其主观上具有贩卖毒品的故意。陈某有经庄某思介绍认识罗某生以后，三人协商毒品的交易数量、价格以及交易方式等，陈某有还联系毒品来源并携带毒品到现场，在共同犯罪中起主要作用，系主犯，应当按照其所参与的全部犯罪处罚。庄某思介绍罗某生与陈某有交易毒品，并参与毒品交易的整个过程，在共同犯罪中起次要作用，系从犯，可以减轻处罚。鉴于本案是在公安机关的监控下实施的毒品交易，社会危害较小，对各被告人可酌情从轻处罚。原审判决认定的事实清楚，证据确实、充分，定罪准确，量刑适当，审判程序合法。遂据此，裁定驳回上诉，维持原判，并核准对陈某有的死缓判决。

对于本案的处理，首先涉及的是被告人庄某思和陈某有的行为性质问题，即被告人分别实施的是居间介绍买卖毒品行为还是居中倒卖毒品行为。公安特情人员罗某生以毒品买家代理人的身份出现，其首先联系的是被告人庄某思，还将准备用于交易的现金、银行取款回执的照片发送给庄某思。从形式上看，庄某思似乎是罗某生的直接交易对象。但本案证据证实，真正与罗某生交易的是被告人陈某有。在庄某思介绍罗某生与陈某有认识后，陈某有、罗某生见面商谈交易细节，虽有庄某思的介入，但确定交易毒品的种类、数量、价格的仍是陈某有、罗某生二人。陈某有、罗某生也均明知交易的对象并非庄某思。公安机关提取的手机短信息显示，庄某思并不从本次交易中赚取差价，而是想通过介绍交易获得 5 000 元的好处费。显然，庄某思并不是本次毒品交易中独立的一方主体，而是陈某有、罗某生之间的居间介绍人。

被告人陈某有在与罗某生确定交易毒品时，尚没有直接控制用于交易的毒品。陈某有在与罗某生交易的当日凌晨，他人才将该批毒品送至陈某有处。陈某有与他人交接毒品的情节，陈某有、庄某思、罗某生均予证实。从表面上看，陈某有似乎仅是交易的中间人，而不是交易的一方主体。因此，陈某有是独立的毒品交易主体，还是上下家之间的中介人，是本案另一个审查认定的重点。在案证据显示，陈某有虽然没有详细供述毒品来源，但其曾供认联系毒品提供者的情节，供认过毒品提供者同意赊账向其提供毒品，确定交易金额为 21 万元。结合陈某有以自己的名义与罗某生进行交易，且其向罗某生贩卖毒品的价格高于其所供述的向毒品提供者购买毒品的金额，能认定陈某有是毒品交易链中单独的一环，其获利方式是通过在上下家之间转卖毒品获得差价。故陈某有在毒品交易中具有独立主体地位，应认定其在本案中居中倒卖毒品。

在确定被告人庄某思是居间介绍者之后，接下来需要解决的问题是：其与哪一方主体构成共同犯罪？被告人庄某思与陈某有系同乡朋友关系，此前庄某思就知道陈某有贩卖甲基苯丙胺；而庄某思与罗某生经他人介绍，认识不久。虽然庄某思是在罗某生提出购买毒品的要求后，才介绍陈某有与罗某生联系，似乎是为罗某生介绍贩毒者。但是，在案证据证实，庄某思与陈某有关系密切，庄某思不仅受罗某生所托向其介绍了陈某有，而且直接在罗某生与陈某有之间就交易的核心内容联络沟通，推动双方达成金额 22 万元的交易。此外，庄某思还陪同陈某有从上家处接收毒品，并与陈某有共同前往交易地点。显然，庄某思与陈某有之间具有密切的犯意联络，形成了贩卖毒品的共同故意，并一起实施了贩卖毒品的共同行为，两人也因此构成贩卖毒品的共同犯罪。这一认定符合《2015 年纪要》中"同时与贩毒者、购毒者共谋，联络促成双方交易的，通常认定与贩毒者构成贩卖毒品罪的共同犯罪"的精神。

最后，被告人庄某思的作用主要体现在为双方牵线介绍，虽然庄某思也介入了交易具体过程之中，但其作用在根本上仍属于帮助性质，故本案将其认定为从犯，以减轻处罚。被告人陈某有作为一方独立的交易主体，对交易达成起主要作用，应被认定为主犯。

四、毒品共同犯罪中毒品数量的计算

毒品犯罪的危害性大小，在很大程度上取决于毒品数量的多少，我国刑法也因此对走私、贩卖、运输、制造毒品罪根据毒品数量的多少规定了三个不同的法定刑幅度。在共同犯罪案件中，能否准确认定各被告人应当负责的毒品数量，将会直接影响对其的处罚。在大部分毒品共同犯罪案件中，一般并不难认定各被告人的毒品数量。例如，毒品犯罪集团的首要分子应当对该集团进行的毒品犯罪活动所涉的全部毒品数量负责；一般毒品共同犯罪中的主犯，应当对其参与或组织、指挥的毒品犯罪活动所涉的毒品数量负责，从犯应当对其参与的毒品犯罪活动所涉的毒品数量负责。但由于毒品犯罪形式复杂，毒品交易多种多样，有时也会产生毒品犯罪数量认定上的问题。

［案例9-3］车某、周某新等贩卖、运输毒品案①

2015年8月初，周某龙（已病故）邀集被告人周某新、陈某儿一起贩卖甲基苯丙胺片剂（俗称"麻古"）。被告人周某新提出购买11板甲基苯丙胺片剂，被告人陈某儿提出购买9板甲基苯丙胺片剂。同年8月13日，周某龙、周某新二人来到云南省景洪市，周某龙找到被告人车某要求其帮忙联系购买甲基苯丙胺片剂，车某联系到缅甸上家"李某"。此外，周某龙和朱某找到被告人李某云并约定以每板甲基苯丙胺片剂1万元付运费，要其帮忙联系车子运回江西。之后，李某云找到被告人朱某鹤，告诉他有40包甲基苯丙胺片剂要运到江西，并与朱某鹤谈好运费是每包7 000元。同年8月17日左右，缅甸上家准备好62板甲基苯丙胺片剂，车某开车同周某新一起从"李某"的马仔处接货后便联系李某云。李某云带车某和周某新开车来到景洪市一停车场，周某新和李某云二人将两蛇皮袋毒品搬放到朱某鹤货车的工具箱内，然后李某云电话告知朱某鹤。在此之前，朱某告知李某云62包毒品已到景洪市，其中周某新有45包，其他17包由另一男子负责。8月18日左右，朱某鹤装运一车香蕉送往江西萍乡。途中，朱某鹤将上述两蛇皮袋甲基苯丙胺片剂从工具箱内搬到挂车厢内并用拖运的香蕉掩盖。8月21日凌晨，周某新、陈某儿二人带着事先准备好的31万元运费与李某云一起开车从新干赶往萍乡。同日凌晨，朱某鹤货车到达萍乡境内。其间，李某云要求周某新和陈某儿将45板甲基苯丙胺片剂剩余的11万元运费付清，于是周某新叫朋友将11万元运费

————————

①　参见江西省高级人民法院（2016）赣刑终267号刑事判决书。

余款汇到由李某云提供的朱某鹤的账户上。到达萍乡后,周某新上了朱某鹤的货车,李某云则开车与陈某儿一同回新干。当日上午,公安民警在赣粤高速峡江路段将朱某鹤、周某新抓获,同时查获货车上的62板甲基苯丙胺片剂。经鉴定,缴获的62板疑似毒品中,检出甲基苯丙胺成分,净重34 612.4克,纯度在13.94%～14.48%之间。

江西省吉安市人民法院审理后认为:被告人车某居间介绍他人购买毒品甲基苯丙胺片剂净重34612.4克并从中牟利,被告人周某新购买毒品甲基苯丙胺片剂净重6140.9克准备用于贩卖,被告人陈某儿购买毒品甲基苯丙胺片剂净重5024.4克准备用于贩卖,三被告人的行为均已构成贩卖毒品罪,属共同犯罪。被告人李某云、朱某鹤明知甲基苯丙胺片剂系毒品,仍帮助运输甲基苯丙胺片剂34612.4克,从中赚取高额运费,其行为均已构成运输毒品罪,属共同犯罪。

一审宣判后,各被告人均不服,提起上诉。

江西省高级人民法院审理后认为:上诉人车某明知他人贩卖毒品而予以居间介绍,其行为构成贩卖毒品罪。上诉人周某新违反国家毒品管理法律法规,贩卖毒品,还明知是毒品甲基苯丙胺片剂而予以运输,其行为已构成贩卖、运输毒品罪。上诉人陈某儿违反国家毒品管理法律法规,贩卖毒品,其行为已构成贩卖毒品罪。上诉人李某云、朱某鹤违反国家毒品管制法律,明知是毒品甲基苯丙胺片剂,为获取高额报酬而予以运输,其行为已构成运输毒品罪。上诉人车某贩卖毒品甲基苯丙胺片剂34 612.4克,贩卖毒品数量大,上诉人周某新贩卖甲基苯丙胺片剂25 121.9克、运输甲基苯丙胺片剂34 612.4克,贩卖、运输毒品数量大,上诉人陈某儿贩卖甲基苯丙胺片剂25 121.9克,贩卖毒品数量大,李某云、朱某鹤运输甲基苯丙胺片剂34 612.4克,运输毒品数量大,均应依法惩处。

本案中,被告人车某贩卖毒品,被告人李某云、朱某鹤运输毒品,且毒品数量均为麻古34 612.4克(62板),这是没有问题的。但对被告人周某新、陈某儿贩卖毒品的犯罪数量如何计算,一、二审法院则存在不同意见。一审法院认定被告人周某新贩卖毒品麻古6 140.9克(11板),被告人陈某儿贩卖毒品麻古5 024.4克(9板),均按照二被告人各自意向购买的数量计算。显然,这样的认定与共同犯罪的基本原理不符。周某龙、周某新、陈某儿构成贩卖毒品的共同犯罪,应当对共同犯罪的毒品总量负责,而不是仅对自己意向购买的毒品数量负责。周某新、陈某儿并不知道周某龙购买了62板麻古,他们没有贩卖62板麻古的主观故意,不能在62板的范围内成立共同犯罪,但他们贩卖45板麻古的故意是非常明显的。虽然45板超出他们原本意向购买的数量,但并不违背他们的犯罪意图,也能得到其犯罪行为的证实,因此,应当在45板的范围内成立共同犯罪。因此，应当认定周某新、陈某儿毒品犯罪数量各为麻古25 121.9克（45板），二审法院认同这一观点，依法纠正了一审法院的错误。退一步说，即使不认定45板，至少也应当认定两人的毒品数量各为20板（11板＋9板），因为两人至少在20板的范围内成立共同犯罪，应当对此20板的毒品共同负责。这就同在贪污共同犯罪中，被告人应当对共同贪污总金额负责，而不是只对自己分得的那部分赃款负责，道理是一样的。本案一审判决认定被告人周某新、陈某儿对自己意图购买的毒品数量各负其责，明显违背共同犯罪"部分行为、全部责任"的基本法理，错误计算了毒品犯罪数量，放纵了犯罪。

司法实践中类似情况时有出现，比如被告人合谋以贩卖故意共同前往购买毒品，事先约定各自需要的数量，返回途中被查获的，应当认定查获总量为各被告人的犯罪数量，而不是各自需要的数量；被告人单独前往购毒，同时为其他贩毒者代购毒品的，应当认定其自己所购毒品及为他人代购毒品总量为其犯罪数量，而不是其自己购买的数量；各被告人经手贩毒数量不一，但均来自同一宗毒品的，在成立共同犯罪的前提下，应当认定该宗毒品总量为各被告人犯罪数量，而不是各人经手的贩卖数量；被告人各自购买毒品后共同驾车返回被查获的，只要各被告人对彼此的购毒事实明知，应当认定购毒总量为各被告人运输毒品的犯罪数量，而不是各人购买的数量；被告人购毒后雇请司机，共同运输毒品到另一地贩卖，贩卖后在车内查获剩余部分的，对司机应当认定购毒总量为其运输毒品的犯罪数量，而不是在车内查获的数量；被告人合谋制造毒品，共同出资、购买原料、聘请技师、招募工人，各人负责在不同的制毒点生产的，应当认定各制毒点的制毒总量为各被告人的犯罪数量，而不是各人负责的制毒点的生产数量。

五、毒品共同犯罪各被告人罪责大小的认定

毒品共同犯罪案件往往有多人参与，从起意贩毒、纠集人员，到筹集毒资、联系毒品上家、商谈交易数量和价格、确定交易地点，再到支付毒资、接取毒品、运送毒品、保管毒品、销售毒品、收取毒赃、掌管账目、利润分成，涉及众多环节。各共同犯罪人的参与程度以及所实施的具体行为也多种多样，有的参与部分环节，有的全程参与，有的幕后指挥，有的直接实施，等等。因此，准确区分各共同犯罪人，尤其是多名主犯在共同犯罪中所处地位和所起作用，从而准确认定各被告人的罪责大小，也是实践中比较疑难、复杂的问题。对此，应当结合毒品犯罪的特点，从预谋、出资、分配利润、

购买和出售毒品等多个角度准确区分各被告人的作用大小。

[案例 9-4] 黄某全、韦某全、韦某坚贩卖毒品案①

2002年12月至2003年2月，被告人韦某全、韦某坚先后3次从福建省石狮市乘车到广东省普宁市，在普宁市一家茶馆、兰花大酒店1106号客房，经韦某坚检验海洛因质量后，韦某全以每克人民币150元至200元的价格，向被告人黄某全共购买海洛因570克。在二被告人携带购买的海洛因返回石狮市后，韦某全单独或通过他人将购买的海洛因贩卖给吸毒人员。

2003年3月1日，被告人韦某全、韦某坚再次到广东省普宁市，在普宁市兰花大酒店815号客房，由韦某坚检验海洛因质量后，韦某全以每克150元的价格，向被告人黄某全购买海洛因250克。在二被告人携带购买的海洛因返回石狮市途中，韦某坚利用自己保管毒品之机，藏匿其中的海洛因63克。回到石狮市后，韦某全到魏某河的租住处，以每克人民币280元的价格，向魏某河、沈某丰出售海洛因10克。韦某坚将藏匿的63克海洛因寄存于魏某河处。同年3月2日，公安机关从韦某全的租住处查获尚未贩卖的海洛因共计430克。同年3月4日，被告人韦某全协助公安机关到广东省普宁市抓获被告人黄某全。

福建省泉州市中级人民法院审理后认为，被告人黄某全贩卖海洛因820克，被告人韦某全、韦某坚贩卖、运输海洛因820克，被告人黄某全的行为构成贩卖毒品罪，被告人韦某全、韦某坚的行为构成贩卖、运输毒品罪。公诉机关指控各被告人的犯罪成立，但指控黄某全、韦某全、韦某坚贩卖海洛因共计845克的数量不准确，应予以纠正。被告人韦某全归案后，协助公安机关抓获被告人黄某全，具有重大立功表现。判决被告人黄某全犯贩卖毒品罪，判处死刑，剥夺政治权利终身，并处没收个人全部财产；判决被告人韦某坚犯贩卖、运输毒品罪，判处死刑，剥夺政治权利终身，并处没收个人全部财产；判决被告人韦某全犯贩卖、运输毒品罪，判处死刑，缓期二年执行，剥夺政治权利终身，并处没收个人全部财产。

一审宣判后，黄某全不服，以原判认定的事实不清、证据不足为由，向福建省高级人民法院提起上诉；韦某坚不服，以其行为只构成运输毒品罪、在共同犯罪中系从犯为由，亦提起上诉；韦某全服判，不上诉。

福建省高级人民法院经二审审理认为：上诉人黄某全、韦某坚，原审被告人韦某全为牟利，明知海洛因是毒品而分别非法买卖或运输，其中，黄某全的行为构成贩卖毒品罪，韦某全、韦某坚的行为构成贩卖、运输毒品罪。

① 最高人民法院刑事审判一、二、三、四、五庭. 中国刑事审判指导案例：第5卷. 北京：法律出版社，2017：343-344.

原判事实清楚，证据确实、充分，定罪准确，量刑适当。审判程序合法。裁定驳回上诉，维持原判。

最高人民法院经复核认为：被告人韦某坚受毒品货主邀约参与贩毒，在共同犯罪中的地位和作用较小，对其判处死刑，可不立即执行。依法核准一、二审法院对被告人黄某全的死刑裁判；撤销一、二审法院对被告人韦某坚的死刑裁判，以贩卖、运输毒品罪改判被告人韦某坚死刑，缓期二年执行，剥夺政治权利终身，并处没收个人全部财产。

本案中，被告人韦某坚供述，为了免费吸食毒品和不用还欠韦某全的2 000余元债务，应韦某全的邀约为其检验毒品质量，并携带从广东购买的毒品与韦某全一起返回福建。从一、二审认定的事实看，被告人黄某全是毒品的卖主，被告人韦某全是毒品的买主，被告人韦某坚只是为韦某全检验毒品质量，并携带购买的海洛因与韦某全一起返回福建省石狮市。韦某坚既不是贩毒犯意的提起者，也不是出资者和毒品的所有者，在共同犯罪中不处于主犯的地位，在购买毒品的犯罪过程中起的是次要和辅助作用，应被认定为从犯。韦某坚虽然是受韦某全的邀约而为其运输毒品，但他明知是毒品而为韦某全检验毒品质量，并参与运输毒品，且韦某全4次购买的毒品都是由韦某坚携带运回福建的。因此，韦某坚在运输毒品的过程中起的作用较大，一、二审法院不认定其为从犯是正确的。虽然被告人韦某坚在共同犯罪的运输毒品过程中起主要作用，且运输毒品数量大，应依法惩处，但考虑到被告人韦某坚不是毒品货主，只是应买主韦某全的邀约为其检验毒品质量，在韦某全的指使下携带从广东购买的毒品与韦某全一起返回福建，归案后认罪态度较好，对其判处死刑，可不立即执行。故最高人民法院以贩卖、运输毒品罪改判被告人韦某坚死刑，缓期二年执行，剥夺政治权利终身，并处没收个人全部财产。

[案例9-5] 高某雷等贩卖、运输毒品，介绍卖淫案①

2014年11月中旬，被告人高某雷与杨某练、曾某英经商议决定在浙江省温州市鹿城区贩毒，由杨某练负责向毒品上家姜某静购买毒品，高某雷负责销售毒品，曾某英负责提供"冰妹"陪吸毒者吸毒和发生性关系。11月21日，杨某练前往江西省南昌市向姜某静购得甲基苯丙胺（冰毒）970克、甲基苯丙胺片剂（俗称"麻古"）200粒，运回温州市后藏匿于浙商证券有限责任公司营业部的保安室内。后高某雷陆续将毒品卖给他人，剩余的84.08克甲基苯丙胺、13克甲基苯丙胺片剂后被公安人员查获。其间，曾某英先后6次

① 最高人民法院刑事审判第一、二、三、四、五庭. 刑事审判参考：总第115集. 北京：法律出版社，2019：23-25.

介绍付某某（女，未成年）等人陪吸毒者吸毒并与之发生性关系。后经曾某英请求，杨某练、高某雷同意曾某英退出合伙。同年 12 月 2 日，杨某练、高某雷一起乘坐曹某驾驶的汽车前往南昌市向姜某静购买毒品。次日，杨某练和姜某静在南昌市广州路华东建材市场附近广场公厕旁进行毒品交易。交易完成后，杨某练、高某雷乘坐上述车辆返回温州，在温州市温州西高速公路收费站处被公安人员抓获，当场查获 3 大包毒品疑似物及 104 颗毒品疑似物。经鉴定，该 3 大包毒品疑似物重 2 497.98 克，均检出甲基苯丙胺，其中 100 044 克甲基苯丙胺的含量为 79.0％，499.50 克甲基苯丙胺的含量为 80.5％，998.04 克甲基苯丙胺的含量为 79.4％；104 颗毒品疑似物重 9.73 克，检出甲基苯丙胺及咖啡因成分。

浙江省温州市中级人民法院经审理认为，被告人高某雷、杨某练、曾某英违反国家毒品管制法规，贩卖、运输毒品，其行为均已构成贩卖、运输毒品罪；高某雷、杨某练、曾某英多次介绍他人卖淫，其中介绍未成年人卖淫 4 次，情节严重，其行为又均已构成介绍卖淫罪。高某雷在公安机关任协警期间与杨某练、曾某英相识，案发时虽已辞职离开公安机关，但未将该情况告知杨、曾，杨、曾供述约定分成之时已考虑高某雷的身份。此外，高某雷负责销售毒品，行为积极，大量毒品经其手流入社会，故高某雷与杨某练的地位、作用基本相当。虽然高某雷归案后能够如实供述主要犯罪事实，但不足以对其从轻处罚。杨某练曾因故意犯罪被判处有期徒刑以上刑罚，在刑满释放后 5 年内又故意犯罪，系累犯，应依法从重处罚。杨某练归案后协助公安机关抓获毒品上家姜某静，有重大立功表现，且能够如实供述主要犯罪事实，可以从轻处罚。判决被告人高某雷犯贩卖、运输毒品罪，判处死刑，剥夺政治权利终身，并处没收个人全部财产；犯介绍卖淫罪，判处有期徒刑 5 年，并处罚金人民币 3 000 元，决定执行死刑，剥夺政治权利终身，并处没收个人全部财产。判决被告人杨某练犯贩卖、运输毒品罪，判处死刑，缓期二年执行，剥夺政治权利终身，并处没收个人全部财产；犯介绍卖淫罪，判处有期徒刑 5 年，并处罚金人民币 3 000 元；决定执行死刑，缓期二年执行，剥夺政治权利终身，并处没收个人全部财产。

一审宣判后，被告人高某雷上诉称：原判认定其在共同犯罪中的分工、分成、贩毒数量等事实有误，其销售毒品数量应在 500 克以内，在共同犯罪中所起作用较杨某练要小，本案所涉毒品大部分未流入社会，应对其从轻处罚。其辩护人提出，杨某练在共同犯罪中所起的作用比高某雷的大；第一次贩卖的毒品含量没有经过鉴定，含量应该推定为非常低；高某雷曾担任过协警的事实，不影响其在共同犯罪中的地位；原审量刑不平衡，应依法改判。被告人杨某练未提起上诉。

浙江省高级人民法院经二审审理认为，被告人高某雷等人的行为均已构成贩卖、运输毒品罪，介绍卖淫罪。高某雷及其辩护人所提高某雷贩卖毒品数量应在 500 克以内、在共同犯罪中作用相较杨某练小的上诉理由及辩护意见，与查明的事实不符，不予采信。虽然第一次购进的毒品没有含量鉴定，但第二次购得的毒品含量达到 80%，且两次购进的毒品均来源于上家姜某静。出庭检察员基于毒品来源及销售速度，提出第一批毒品质量较好，没有鉴定不影响本案定罪量刑的意见可以成立。原判定罪准确，量刑适当，审判程序合法。裁定驳回上诉，维持原判。对高某雷的死刑判决依法报请最高人民法院核准。

最高人民法院经复核认为，被告人高某雷伙同他人非法购买、销售毒品甲基苯丙胺和甲基苯丙胺片剂，并使用交通工具运送，其行为已构成贩卖、运输毒品罪。高某雷伙同他人介绍妇女卖淫，其行为又构成介绍卖淫罪。在共同犯罪中，高某雷起主要作用，系主犯，应按照其所参与的全部犯罪处罚。高某雷贩卖、运输毒品数量大，罪行严重，高某雷还结伙多次介绍卖淫、介绍未成年人卖淫，情节严重，应依法惩处。鉴于高某雷在共同贩卖、运输毒品犯罪中所起作用略小于同案被告人杨某练，归案后始终如实供述犯罪，能够认罪、悔罪，且涉案毒品大部分已被查获，未进一步流入社会造成更严重危害，依法可不判处其死刑立即执行。高某雷的辩护律师所提的部分意见，有事实和法律依据，予以采纳。第一审判决、第二审裁定认定的事实清楚，证据确实、充分，定罪准确，审判程序合法。裁定不核准高某雷死刑，发回浙江省高级人民法院重新审判。

浙江省高级人民法院经重新审判，判处被告人高某雷死刑，缓期二年执行。

本案中，被告人高某雷和杨某练均积极参与了两宗贩卖、运输毒品犯罪，在共同犯罪中均起主要作用，均系主犯。鉴于涉案甲基苯丙胺总量为 3 000 余克，已达到适用死刑的数量标准，进一步区分二人罪责大小对于准确量刑，尤其是准确适用死刑至关重要。由于高某雷、杨某练、曾某英对部分情节的供述不尽一致，加大了区分的难度，这便需要细致梳理，认真比对。首先，从犯罪预谋阶段来看，虽然根据三人的供述无法准确认定是高某雷还是杨某练最先提议贩毒及贩毒利润到底如何分成，但可以认定高某雷和杨某练积极与曾某英共谋、商定利润分成，以及杨某练负责购进毒品、高某雷负责销售毒品等事实。在此阶段，高某雷和杨某练的地位、作用基本相当。其次，从犯罪实行阶段来看，根据在案证据可以认定，在第一次贩卖、运输毒品过程中，杨某练主动联系毒品上家，提供全部购毒款，亲自前往江西省南昌市购得毒品，将毒品运回浙江省温州市并保管毒品、掌控毒赃，高某雷则按照事先分工销售毒品。在第二次贩卖、运输毒品过程中，杨某练和高某雷分别提供了部分购毒款，一同乘坐曹某驾驶的汽车前往南昌市购毒并运回温州市。其中，杨某练出资最多，还联系毒品上家，雇用曹某驾车，直接与毒品上家交易毒品，高某雷介绍他人出资并与曹某驾车接应前去交易毒品的杨某练。相比较而言，在第一次犯罪中，杨某练所起作用明显大于高某雷；在第二次犯罪中，杨某练所起作用也略大于高某雷的。据此可以认定，高某雷在全案中所起作用相对小于杨某练。一、二审法院以高某雷负责销售毒品且大量毒品经其手流入社会为由，认定其与杨某练地位、作用基本相当，是不够准确的。而这正是最高人民法院不核准高某雷死刑的主要理由。本案的裁判要旨是：在毒品共同犯罪中，要从预谋、出资、分配利润、购买和出售毒品等多个角度准确区分各被告人的作用大小。

第十章 网络犯罪中的共犯认定

一、当前网络共同犯罪认定中存在的主要问题

当下中国社会已全面进入信息网络时代，在信息网络重塑现代生活的同时，网络犯罪亦如影随形，以信息网络为手段或以信息网络为对象的共同犯罪也集中爆发。较之传统犯罪，网络犯罪呈现出犯罪主体匿名性和离散性、犯罪方式虚拟性和隐蔽性、犯罪结果泛化性和扩散性的特征。这些特征在共同犯罪场合又被无限放大，从而使网络共同犯罪呈现出与传统共同犯罪明显不同的特性，其中最突出的是帮助行为的性质发生了重大变化，具体来说包括两个方面：第一，帮助行为的危害性明显增强。网络空间是一个"技术为王"的空间，无论是以网络为手段还是以网络为对象的犯罪，均离不开网络技术的运用。网络空间的技术性决定了帮助行为的重要性，帮助行为成为突破网络犯罪技术阻碍的关键因素。而且，与传统共同犯罪中的帮助行为不同，网络共同犯罪的帮助行为表现出明显的"一对多"特征，一个帮助行为可以通过网络持续地为多个甚至无数个主体实施违法犯罪行为提供帮助，可以给大范围的潜在犯罪人提供实施犯罪的技术支持，给法益带来的危险和损害显然是传统共同犯罪中的帮助行为所难以企及的。第二，帮助行为的独立性明显增强。这主要表现在相较于传统共同犯罪，网络共同犯罪中的帮助者与被帮助者之间的意思联络明显弱化。由于网络空间的虚拟性，帮助者与被帮助者往往都隐藏在各自的虚拟身份之后，网络的资源和信息共享机制，使得网络空间中充斥着大量的有助于实施犯罪的技术、数据和平台，而利用这些技术支持的实行行为人与提供这些技术支持的帮助行为人之间往往互不相识，更没有相互的意思联络。

由于网络共同犯罪的上述特性，司法实务在认定网络共同犯罪时往往会面临以下三个问题：

第一，基于网络帮助行为在共同犯罪中的技术关键性和"一对多"特征，

其危害性明显升高，刑法适当介入以维护网络空间秩序的必要性大大增强。但同时，在大量网络共同犯罪案件中，虽然被帮助者人数众多，但被帮助者的个体行为不构成犯罪，或者难以查实众多被帮助者的行为是否构成犯罪，那么，对帮助者能否以共同犯罪论处？例如，为多人实施诈骗活动提供网络通信技术支持，每个诈骗者的行为单独来看均因没有达到诈骗罪的入罪数额而不构成诈骗罪，但诈骗总数额巨大，能否认定帮助者成立诈骗罪的共同犯罪？

考虑到帮助行为在网络犯罪中的高度危害性，《刑法修正案（九）》（以下简称《刑修九》）增设了两个罪名，即《刑法》第287条之二"帮助信息网络犯罪活动罪"和第287条之一"非法利用信息网络罪"。

第287条之二规定："明知他人利用信息网络实施犯罪，为其犯罪提供互联网接入、服务器托管、网络存储、通讯传输等技术支持，或者提供广告推广、支付结算等帮助，情节严重的，处三年以下有期徒刑或者拘役，并处或者单处罚金。"根据该规定，行为人明知他人利用信息网络实施犯罪而为其提供帮助，只要属于"情节严重"的，就成立帮助信息网络犯罪活动罪，属于"帮助犯的正犯化"[①]。而帮助行为是否属于"情节严重"，并不取决于被帮助者的行为是否达到犯罪程度。最高人民法院、最高人民检察院《关于办理非法利用信息网络、帮助信息网络犯罪活动等刑事案件适用法律若干问题的解释》（以下简称《信息网络犯罪解释》）第12条规定："明知他人利用信息网络实施犯罪，为其犯罪提供帮助，具有下列情形之一的，应当认定为刑法第二百八十七条之二第一款规定的'情节严重'：（一）为三个以上对象提供帮助的；（二）支付结算金额二十万元以上的；（三）以投放广告等方式提供资金五万元以上的；（四）违法所得一万元以上的……（七）其他情节严重的情形。""实施前款规定的行为，确因客观条件限制无法查证被帮助对象是否达到犯罪的程度，但相关数额总计达到前款第二项至第四项规定标准五倍以上，或者造成特别严重后果的，应当以帮助信息网络犯罪活动罪追究行为人的刑事责任。"从该条第2款的规定可以看出，即使无法查证被帮助者的行为是否达到犯罪的程度，但只要帮助对象、支付结算金额、提供资金和违法所得达到第一款规定标准5倍以上或者造成特别严重后果的，也属于情节严重，可以成立本罪。这就是说，本罪实际上包括了被帮助者的行为达到犯罪程度和没有达到犯罪程度两种情形。在第一种情形中，根据共同犯罪基本原理，帮

---

① 尽管对该罪是否属于帮助犯的正犯化引起了学界的激烈争论，部分学者认为该罪并不是帮助犯的正犯化，而只是帮助犯的量刑规则，但大部分学者即便对是否有必要增设该罪持否定态度，也多承认其是网络帮助行为正犯化的立法典范。笔者也认为，无论从该罪的立法初衷还是从法条表述来看，该罪均应属于对帮助行为的正犯化。

助者还同时成立被帮助者所触犯罪名的共犯，属于本罪的正犯和被帮助者所触犯罪名的帮助犯的想象竞合，应从一重罪论处。对此，《刑法》第 287 条之二第 3 款也规定："有前两款行为，同时构成其他犯罪的，依照处罚较重的规定定罪处罚"。问题是，在第二种情形中，帮助者的行为是否还同时成立被帮助者可能触犯的罪名的共犯？立法规定本罪，是否意味着对此作出了否定回答？这仍然有待澄清。

　　《刑法》第 287 条之一规定："利用信息网络实施下列行为之一，情节严重的，处三年以下有期徒刑或者拘役，并处或者单处罚金：（一）设立用于实施诈骗、传授犯罪方法、制作或者销售违禁物品、管制物品等违法犯罪活动的网站、通讯群组的；（二）发布有关制作或者销售毒品、枪支、淫秽物品等违禁物品，管制物品或者其他违法犯罪信息的；（三）为实施诈骗等违法犯罪活动发布信息的。"从该条规定所列举的三种行为方式可以看出，非法利用信息网络罪实际上是为进一步实施诈骗，传授犯罪方法，制作或销售违禁物品、管制物品等犯罪做前期准备的行为，属于其他犯罪的预备行为，所以理论上认为该罪是以"预备行为实行化"的方式前置了刑法介入的节点，有利于实现对部分犯罪行为的提前预防。但同时也应当注意到，上述设立网站、通讯群组以及发布信息的行为也可以是诈骗，传授犯罪方法，制作或销售违禁物品、管制物品等犯罪的帮助行为，当他人利用行为人设立的网站、通讯群组或者发布的违法信息实施犯罪活动时，行为人就属于他人犯罪活动的帮助者。"因此该罪在进行'预备行为实行化'的同时亦暗度陈仓地实现了'帮助犯正犯化'的效果。"① 该罪的三种行为类型分别是"设立用于实施……违法犯罪活动的网站、通讯群组""发布……违法犯罪信息""为实施……违法犯罪活动发布信息"，只要求为"违法犯罪"做准备和提供帮助，而并未限定为"犯罪"。《信息网络犯罪解释》第 7 条也明确规定："刑法第二百八十七条之一规定的'违法犯罪'，包括犯罪行为和属于刑法分则规定的行为类型但尚未构成犯罪的违法行为。"这就是说，当他人利用行为人设立的网站、通讯群组或发布的信息实施违法犯罪活动时，本罪和帮助信息网络犯罪活动罪一样，包括了两种情形：一是他人的行为达到了犯罪程度，二是他人的行为没有达到犯罪程度。在第一种情形中，根据共同犯罪基本原理，如果行为人与他人有共同犯罪故意，还同时成立他人所触犯罪名的共犯，属于本罪的正犯和他人所触犯罪名的帮助犯的想象竞合，应从一重罪论处。对此，《刑法》第 287 条之一第 3 款也规定："有前两款行为，同时构成其他犯罪的，依照处罚较重的规定定罪处罚。"问题同样在于第二种情形中：当他人利用行为人所提供的帮助

① 王霖. 网络犯罪参与行为刑事责任模式的教义学塑造：共犯归责模式的回归. 政治与法律，2016（9）.

实施的行为没有达到犯罪程度时，行为人的行为能否同时成立他人可能触犯的罪名的共犯？立法规定本罪，是否意味着对此作出了否定回答？对此同样需要进一步明确。顺便要指出的是，和帮助信息网络犯罪活动罪的成立以他人实施违法犯罪活动为前提不同，本罪的成立并无此要求。行为人设立用于实施违法犯罪活动的网站、通讯群组或发布违法信息后，未被他人利用来实施违法犯罪活动，或者自己利用这些网站、通讯群组或违法信息实施相关犯罪的，不影响本罪的成立。这些情形和共同犯罪无关，对行为人的行为只需根据刑法和司法解释的规定判断是否属于"情节严重"来认定是否构成本罪即可。此外，在行为人利用自己设立的网站、通讯群组或发布的违法信息实施犯罪的场合，本罪作为预备行为，原则上应被其之后实施的犯罪所吸收，以之后实施的犯罪论处。

第二，在网络共同犯罪中，由于犯罪主体的匿名性和离散性，存在大量帮助者与被帮助者之间互不相识，没有相互的犯意联络，但帮助者对他人利用自己提供的帮助实施犯罪活动又有所认识的情形。在这种情形中，对帮助者能否认定为他人所实施的犯罪的帮助犯？例如，在信息网络中发布关于制造毒品的信息，行为人知道会有人利用其发布的信息实施制造毒品的犯罪，但从未与他人有过联络，如果最终能够查获制造毒品的犯罪分子，能否认定行为人成立制造毒品罪的共同犯罪？

针对上述问题，最高人民法院和最高人民检察院曾通过发布司法解释的方式予以回应。《关于办理赌博刑事案件具体应用法律若干问题的解释》第5条规定："明知他人实施赌博犯罪活动，而为其提供资金、计算机网络、通讯、费用结算等直接帮助的，以赌博罪的共犯论处。"《关于办理诈骗刑事案件具体应用法律若干问题的解释》第7条规定："明知他人实施诈骗犯罪，为其提供信用卡、手机卡、通讯工具、通讯传输通道、网络技术支持、费用结算等帮助的，以共同犯罪论处。"根据以上司法解释，行为人明知他人实施赌博犯罪、诈骗犯罪而提供网络技术支持的，即以赌博罪、诈骗罪的共犯论处，并不要求行为人与他人之间存在相互的犯意联络。但问题是："明知即可认定为共犯"的做法，是否与共同犯罪立法和原理相符？这有待说明。

第三，网络服务提供者作为网络空间的核心主体之一，在为广大网民提供信息网络服务的同时，也往往会在客观上对网络犯罪起到帮助作用。同时，网络服务提供者一般是持续地、长期地提供信息网络服务，因此，对有人利用其提供的信息网络服务进行犯罪活动也往往有所认识。如果最终能够查获利用其提供的信息网络服务进行犯罪活动的犯罪分子，那么，对网络服务提供者能否认定成立相关犯罪的共犯？例如，网站的设立者明知他人利用自己设立的网站传播淫秽物品而不采取任何措施，如果最终能够查获传播淫秽物品的犯罪分子，能否认定网站设立者成立传播淫秽物品罪的共同犯罪？

　　针对网络服务提供者在网络空间中的刑事责任，《刑修九》增设了《刑法》第286条之一"拒不履行信息网络安全管理义务罪"。该条规定："网络服务提供者不履行法律、行政法规规定的信息网络安全管理义务，经监管部门责令采取改正措施而拒不改正，有下列情形之一的，处三年以下有期徒刑、拘役或者管制，并处或者单处罚金：（一）致使违法信息大量传播的；（二）致使用户信息泄露，造成严重后果的；（三）致使刑事案件证据灭失，情节严重的；（四）有其他严重情节的。"该条通过直接给网络服务提供者设定网络安全管理义务的方式对其不履行义务的行为以不作为的正犯进行归责，可谓是刑法面对网络犯罪日益严峻的形势所作的适当回应。但同时应该看到，当他人利用网络服务提供者提供的网络服务进行犯罪活动时，网络服务提供者提供网络服务的行为在客观上为他人实施犯罪起到了帮助作用。网络服务提供者明知他人利用自己提供的网络服务进行犯罪活动，不履行相应的网络安全管理义务，经监管部门责令改正而拒不改正且符合情节严重条件的，纵然可以构成拒不履行信息网络安全管理义务罪，但同时符合帮助信息网络犯罪活动罪的构成特征，甚至还可能成立他人所触犯的罪名的帮助犯。对此，《刑法》第286条之一第3款规定："有前两款行为，同时构成其他犯罪的，依照处罚较重的规定定罪处罚。"可问题是，网络服务提供者是网络空间的缔造者，是网络技术创新的主体，没有网络服务提供者，也就没有了网络空间，那么，如果只要网络服务提供者提供的网络服务在客观上为他人实施犯罪提供了帮助且网络服务提供者对此有明知，就可以追究网络服务提供者的帮助信息网络犯罪活动罪的刑事责任甚至是共犯责任，势必就会导致网络服务提供者面临极高的刑事风险，必将严重压制网络服务提供者提供网络服务的积极性而不利于网络技术的发展和网络空间的构建。如何平衡网络技术发展和打击网络犯罪之间的关系，从而将网络服务提供者可能面临的刑事责任限制在合理的范围内，也是需要澄清的问题。

　　综上所述，基于网络共同犯罪本身的特性和相关立法及司法解释的规定，目前网络共同犯罪认定中主要存在三个方面的问题：一是为众多人实施违法犯罪活动提供网络技术帮助，但被帮助者的个体行为均没有达到犯罪程度，或难以查实被帮助者的行为是否达到犯罪程度，帮助者是否成立帮助犯？这涉及共同犯罪基础理论中的共犯从属性问题。二是为他人实施犯罪活动提供了网络技术帮助，但帮助者与被帮助者之间没有相互的犯意联络的，帮助者是否成立帮助犯？这涉及共同犯罪基础理论中的共同故意的认定问题。三是网络服务提供者在明知他人利用自己所提供的网络服务进行犯罪活动的情况下不采取相应的阻止措施而继续为他人提供网络服务的，网络服务提供者是否成立帮助犯？这涉及中性业务行为的刑事责任边界问题。

二、网络共同犯罪中帮助犯的从属性问题

共犯的从属性，是指教唆犯、帮助犯等狭义共犯的犯罪性从属于正犯的犯罪性，共犯成立犯罪至少要求正犯着手实行了犯罪。主张共犯具有从属性的学说被称为共犯从属性说，与之相对的是共犯独立性说。共犯独立性说主张共犯的独立性，认为共犯的犯罪性在于共犯的行为本身，共犯成立犯罪并不一定要求正犯着手实行犯罪。两者是德日刑法理论针对共犯成立条件和范围所形成的学说。其中，共犯独立性说因不符合刑法客观主义立场和不利于限制共犯的成立范围，不被主流理论所采纳。主流理论在采纳共犯从属性说的同时，内部还存在关于从属程度的争论，进而形成四种学说。（1）最小从属性说：只要正犯的行为符合构成要件，共犯就成立。（2）限制从属性说：在正犯的行为符合构成要件而且违法时，共犯才成立。（3）极端从属性说：在正犯的行为具备构成要件符合性、违法性与有责性时，共犯才成立。（4）夸张从属性说：在正犯的行为除具备构成要件符合性、违法性与有责性之外，还要具备一定的可罚条件时，共犯才成立。众所周知，德日的主流犯罪论体系是三阶层递进式体系，即将所有犯罪成立条件区分为构成要件符合性、违法性和有责性三个阶层，并依次判断行为是否符合这三个阶层。如果均符合，行为有罪；如果其中一个不符合，行为无罪。此外，刑法分则对有些罪名还设置了"客观处罚条件"，以限制犯罪的成立范围。由此可见，关于共犯从属程度的争论，讨论的就是当正犯的行为要符合哪些要件时，共犯才能成立，从最小从属性说、限制从属性说、极端从属性说到夸张从属性说，要求逐步严格。德日刑法学界的争论主要集中在最小从属性说和限制从属性说之间，并以限制从属性说为有力学说。

由于犯罪论体系和共犯理论的差异，我国传统刑法理论并未将共犯从属性作为一个专门问题进行讨论，但从其对共同犯罪成立条件的设定中也可以看出其在教唆犯和帮助犯等狭义共犯成立条件上的基本立场。在共同犯罪中，"二人以上必须是达到刑事责任年龄、具有责任能力的人。一个达到刑事责任年龄的人和一个未达到刑事责任年龄的人，或者一个精神健全有刑事责任能力的人和一个由于精神障碍无刑事责任能力的人共同实施危害行为，不构成共同犯罪。"① 据此，当教唆或者帮助一个不具有刑事责任能力的人实施犯罪

---

① 高铭暄，马克昌. 刑法学. 5版. 北京：北京大学出版社，高等教育出版社，2011：163.

时，因被教唆者或被帮助者不具有责任而不成立共同犯罪，教唆者、帮助者不成立教唆犯或帮助犯。可见，传统理论在共犯成立条件上采取的其实就是德日刑法理论中的极端从属性说。与之不同，现在不少借鉴德日共犯理论来构建我国共犯理论的学者，在共犯的从属性程度上明确主张采取限制从属性说①，并使该说逐渐成为学界的有力学说。

极端从属性说和限制从属性说虽然对共犯的成立是否要求正犯必须有责存在分歧，但共同的一点是，都要求正犯的行为符合构成要件且违法。所谓符合构成要件，是指行为属于刑法分则所规定的某一具体犯罪的行为类型；所谓违法，是指行为具有实质违法性。此处的"违法"不同于一般意义上的"违反法律"，也不是指没有达到犯罪程度的行政违法，而是指行为在属于刑法分则所规定的某一行为类型的基础上，还侵害了该行为类型所要保护的法益且达到了值得刑法处罚的程度。行为符合构成要件或者说属于刑法分则所规定的行为类型，就具有了形式违法性；行为侵害了其所属的行为类型所要保护的法益且达到了值得刑法处罚的程度，才具有了实质违法性。行为符合刑法分则规定的行为类型并不一定实质违法。例如，正当防卫而将不法侵害人杀死，如果不考虑正当防卫，行为人杀死不法侵害人的行为符合故意杀人罪的行为类型，但如果考虑正当防卫，行为人的行为因没有侵害法益而不具有违法性，故不构成犯罪。行为符合构成要件且违法，就是行为同时具备了形式违法性和实质违法性，也就是具备了除责任要件之外的其他所有犯罪成立条件。因此，尽管我国学界对教唆犯、帮助犯等狭义共犯的成立是否要求正犯具有责任存在不同看法，但在要求正犯的行为必须属于刑法分则规定的行为类型且侵害法益达到值得刑法处罚的程度这一点上是存在共识的。

根据以上理论共识，当为他人实施犯罪活动提供网络技术帮助时，如果他人的行为构成犯罪，行为人无疑与之构成共同犯罪，成立相应犯罪的帮助犯；但如果他人的行为虽然属于某种犯罪行为类型，但没有达到该犯罪所要求的实质违法程度，行为人与之不构成共同犯罪，不成立相应犯罪的帮助犯。例如，行为人通过网络为多人实施电信诈骗提供通讯传输通道、网络技术支持等帮助，如果被帮助者虽然实施了诈骗行为，但每个人所骗取的财物均没有达到诈骗罪的入罪数额要求，即每个人的诈骗行为均没有达到诈骗罪的实质违法程度，那么行为人和被帮助者之间就不成立诈骗罪的共同犯罪，行为人不成立诈骗罪的帮助犯。即使多个被帮助者所骗取的财物总额达到了诈骗罪的入罪数额，也不能认定行为人成立诈骗罪的帮助犯。因为这些被帮助者都是孤立的行为主体，他们均是单独地与行为人发生关系，所以在判断行为

---

① 张明楷. 刑法学：上. 5版. 北京：法律出版社，2016：414；黎宏. 刑法学总论. 2版. 北京：法律出版社，2016：261；周光权. 刑法总论. 3版. 北京：中国人民大学出版社，2016：343.

人是否成立帮助犯时，应当分别判断各个被帮助者的行为是否实质违法，而不能对他们的行为进行综合判断。

当行为人为他人实施违法犯罪活动提供网络技术支持等帮助时，如果他人的行为因没有达到实质违法程度而不构成犯罪，行为人与他人之间不成立共同犯罪，行为人不成立相应犯罪的帮助犯。但与此同时，相较于传统帮助行为，网络帮助行为具有明显的"一对多"特征，一个帮助行为可以通过网络持续地为多个甚至无数个主体实施违法犯罪行为提供帮助，可以给大范围的潜在犯罪人提供实施犯罪的技术支持，给法益带来的危险是传统帮助行为所不能相比的。从保护公民权利和社会公共利益、维护信息网络秩序、保障信息网络健康发展的角度来看，对其确有刑事处罚的必要性。既然不能依赖传统共犯责任模式来实现处罚，就只能通过将其在刑法分则中直接规定为独立的犯罪来进行处罚。这正是《刑修九》以"共犯正犯化"的形式增设帮助信息网络犯罪活动罪和非法利用信息网络罪的根本缘由。在此意义上，这两个罪名实际上是网络犯罪法网中的堵截性罪名，当因被帮助者的行为不具有实质违法性而不能对帮助者以共犯论处时，应以这两个罪名来堵塞相应的处罚漏洞。例如，行为人明知他人利用信息网络实施犯罪，为其犯罪提供互联网接入、服务器托管、网络存储、通讯传输等技术支持，如果他人利用信息网络实施的诸如诈骗、非法获取公民个人信息、传播淫秽物品等行为构成犯罪，行为人应与他人构成诈骗、非法获取公民个人信息、传播淫秽物品等罪的共同犯罪，他人是正犯，行为人是帮助犯。同时，行为人还构成帮助信息网络犯罪活动罪，按想象竞合犯从一重罪论处。但是，当他人利用信息网络实施的违法行为没有达到相应犯罪的入罪条件从而不具有实质违法性时，行为人与之就不成立相应犯罪的共同犯罪。此时，如果行为人的帮助行为本身属于"情节严重"，可以帮助信息网络犯罪活动罪论处。

虽然帮助信息网络犯罪活动罪的成立以行为人"明知他人利用信息网络实施犯罪"为前提，但不应理解为以他人利用信息网络实施的行为达到了犯罪程度为前提。这是因为，如果他人利用信息网络实施的行为达到了犯罪程度，那么行为人就与他人成立该犯罪的共同犯罪，对行为人可以该犯罪的帮助犯论处，并不存在处罚漏洞。只有当他人的行为没有达到犯罪程度时，才无法借助传统共犯责任模式处罚行为人，从而形成处罚漏洞，才有必要增设本罪来填补该漏洞。所以，从立法增设本罪的目的是严密刑事法网、堵塞处罚漏洞的角度来看，本罪的成立虽然要求行为人明知他人利用信息网络实施犯罪而提供相应帮助，但不要求他人利用信息网络实施的行为客观上构成犯罪。如前所述，最高人民法院、最高人民检察院《信息网络犯罪解释》也持此观点。

或许有人会认为，虽然刑法增设了帮助信息网络犯罪活动罪，但这并不代表在被帮助者的行为没有达到犯罪程度时否认帮助者也可以构成帮助犯，或者说刑法增设本罪并非为了堵塞处罚漏洞，而只是为了加重对网络犯罪帮助犯的处罚。因为，帮助犯一般会被认定为从犯，《刑法》第27条对从犯所规定的处罚原则是"从轻、减轻处罚或者免除处罚"，而帮助信息网络犯罪活动罪的法定刑为"三年以下有期徒刑或者拘役，并处或者单处罚金"，这一法定刑虽然较轻，但排除了免除处罚的可能性。不仅如此，《刑法》第287条之二第3款还规定："有前两款行为，同时构成其他犯罪的，依照处罚较重的规定定罪处罚。"这就使得某一帮助行为在同时成立其他犯罪的帮助犯和帮助信息网络犯罪活动罪的正犯时，以帮助信息网络犯罪活动罪论处可能会更重。不可否认，刑法增设帮助信息网络犯罪活动罪在一些案件中确实会起到加重对网络犯罪帮助犯处罚的效果，但不能就此认为刑法增设此罪名的目的就是加重对网络犯罪帮助犯的处罚。刑法分则增设罪名，必然是为了处罚某一类尚未被规定为犯罪的行为，如果仅仅是为了加重对既有犯罪的处罚，可以通过修改个罪的法定刑或者总则的处罚原则来实现。增设帮助信息网络犯罪活动罪会在一些案件中起到加重对帮助犯处罚的效果，但这一效果只是刑法增设帮助信息网络犯罪活动罪所带来的附随效果，且只在帮助者同时构成其他犯罪的帮助犯和帮助信息网络犯罪活动罪的正犯时才会显现。至于帮助者在构成帮助信息网络犯罪活动罪的正犯的同时是否还构成其他犯罪的帮助犯，仍然要按照共同犯罪的基本原理进行判断。如果认为刑法增设帮助信息网络犯罪活动罪并没有在被帮助者的行为没有达到犯罪程度时否认帮助者可以构成帮助犯，又如何解释要求成立本罪以"情节严重"为条件？成立帮助犯，并不要求帮助行为本身"情节严重"，只要帮助行为促进了他人犯罪的实施，帮助者有帮助故意，且被帮助者着手实施了犯罪，就可以成立帮助犯。而刑法之所以要求成立帮助信息网络犯罪活动罪须以"情节严重"为条件，就是因为在很多案件中，尽管帮助行为具有极大的危害性和应罚性，但由于被帮助者着手实施的行为并未达到犯罪的程度，按照共同犯罪基本原理无法对帮助者以帮助犯论处，此时，便只能对帮助行为本身进行处罚，但同时为了限制处罚范围，要求帮助行为本身必须"情节严重"。

再看非法利用信息网络罪。如前已述，该罪既是"预备行为的实行化"，同时是"帮助犯的正犯化"。本罪的设立网站、通讯群组和发布违法信息的行为既是为进一步实施犯罪做准备的预备行为，也可以是为他人实施犯罪提供帮助的行为。当行为人明知他人实施诈骗等犯罪而为其设立网站、通讯群组或发布信息时，如果他人实施的诈骗等行为构成犯罪，那么行为人就会与他人构成诈骗等犯罪的共同犯罪，他人是正犯，行为人是帮助犯；但如果他人实施的诈骗等行为没有达到犯罪的程度，行为人与他人就不构成共同犯罪，此时，行为人的帮助行为本身符合"情节严重"条件的，可以非法利用信息网络罪追究其刑事责任。因为该罪的三种行为类型分别是"设立用于实施……违法犯罪活动的网站、通讯群组""发布……违法犯罪信息""为实施……违法犯罪活动发布信息"，只要求行为人为"违法犯罪"做准备和提供帮助，而并未将其行为的限定为"犯罪"。

［案例 10-1］林某帮助信息网络犯罪活动案①

2018 年 7 月，郑某义与杨某游合伙成立零洋公司，先后召集肖某男、蓝某苗、林某美、林某菁、张某、张某红、罗某林、蔡某、刘某常及被告人林某在厦门市湖里区信城国际大厦 1303 室及湖里区中众合大厦 501 室从事网络推广业务。被告人林某明知他人利用其在百度、360、UC、搜狗等搜索引擎推广的广告从事赌博、诈骗等违法犯罪行为，为谋取经济利益，仍伙同公司其他人员帮助他人在网络上推广含有赌博网站经营者、虚假定位服务提供者微信号的网页，进而帮助他人通过添加微信的方式发送赌博网站链接、赌博 App 下载链接或虚构能够提供定位服务的事实进行赌博、诈骗等违法犯罪活动。被告人林某自 2018 年 8 月入职零洋公司以来，通过推广赌博网站获利 515 元；通过推广虚假定位服务网页，致使多名被害人被骗取钱款。

安徽省明光市人民法院审理后认为，被告人林某明知他人利用信息网络实施犯罪，仍伙同公司其他人员为他人犯罪提供广告推广帮助，情节严重，其行为已构成帮助信息网络犯罪活动罪。在共同犯罪中，被告人林某起次要、辅助作用，系从犯，依法应当从轻处罚。

本案中，虽然能够查明被告人林某明知他人利用信息网络实施赌博、诈骗等犯罪，仍与同伙为他人提供广告推广帮助，但因不能查明他人实施的赌博、诈骗行为是否达到犯罪程度，故不能认定被告人林某构成赌博罪、诈骗罪的共同犯罪，只能根据其帮助行为本身情节严重认定其构成帮助信息网络犯罪活动罪。

［案例 10-2］于某诈骗案②

被告人于某于 2016 年 5、6 月通过他人在百度糯米网开设名为"某茶庄"的虚拟店铺，用于信用卡套现和花呗套现。2016 年 6 月 25 日，被告人于某用其手机号帮助诈骗人员"泡泡"在其"某茶庄"店铺下单制作一笔 9 999 元的付款链接并将该链接发给诈骗人员"泡泡"，使被害人窦某被骗 9 999 元。被

---

① 安徽省明光市人民法院（2019）皖 1182 刑初 212 号刑事判决书.
② 河南省临颍县人民法院（2018）豫 1122 刑初 226 号刑事判决书.

告人于某自 2016 年 6 月 25 日起至其店铺"某茶庄"关闭之日止，多次让诈骗人员在其店铺获取支付链接，为诈骗人员提供资金支付结算账户，从中获取 8%～10% 的好处费，该虚假店铺的交易额共计 85 231.35 元。

河南省临颍县人民法院审理后认为，被告人于某以非法占有为目的，明知他人实施电信网络诈骗，仍为诈骗人员提供资金支付结算账户，骗取被害人窦某等人财物 85 231.35 元，数额巨大，其行为与其他诈骗人员的行为共同构成诈骗罪，应当以诈骗罪追究其刑事责任。关于被告人于某自 2016 年 6 月 25 日明知"泡泡""壹号"等人下单的钱是诈骗得来的之后仍让诈骗人员在其店铺获取支付链接，为诈骗人员提供资金支付结算账户，并从中抽取 8%～10% 的好处费，致使被害人被骗取 75 232.35 元（85 231.35 元—9 999 元），应当认定为帮助信息网络犯罪活动罪还是诈骗罪的问题，法院认为，根据《刑法》第 287 条之二第 1 款的规定：明知他人利用信息网络实施犯罪，为其犯罪提供互联网接入、服务器托管、网络存储、通讯传输等技术支持，或者提供广告推广、支付结算等帮助，情节严重的，构成帮助信息网络犯罪活动罪，处 3 年以下有期徒刑或者拘役，并处或者单处罚金；第 3 款规定：有前两款行为，同时构成其他犯罪的，依照处罚较重的规定定罪处罚。最高人民法院、最高人民检察院《关于办理诈骗刑事案件具体应用法律若干问题的解释》第 7 条规定：明知他人实施诈骗犯罪，为其提供信用卡、手机卡、通讯工具、通讯传输通道、网络技术支持、费用结算等帮助的，以共同犯罪论处。因此，被告人于某自 2016 年 6 月 25 日明知"泡泡""壹号"等人下单的钱是诈骗得来的之后仍让诈骗人员在其店铺获取支付链接，为诈骗人员提供资金支付结算账户，并从中抽取 8%～10% 的好处费，致使被害人被骗取 75 232.35 元的行为，应当以诈骗罪定罪处罚。

本案中，被告人于某明知他人实施电信网络诈骗，仍为诈骗人员提供资金支付结算账户，属于帮助他人实施信息网络犯罪，构成帮助信息网络犯罪活动罪；同时，在能够证明诈骗人员骗取被害人财物数额巨大，构成诈骗罪的情况下，被告人于某也构成诈骗罪的帮助犯。故法院根据《刑法》第 287 条之二第 3 款的规定对被告人于某以诈骗罪定罪处罚是正确的。

但笔者通过在中国裁判文书网上的检索发现，在《刑修九》增设帮助信息网络犯罪活动罪之后，不少法院将本罪理解为特别法而直接排除共犯适用，无论行为人在构成本罪的同时是否还构成其他犯罪的共犯，均径直适用本罪名。如在万某等诈骗、帮助信息网络案中，法院认为："被告人万某、鲜某、赵某以非法占有为目的，采用欺骗手段，骗取他人财物，数额较大，其行为均已构成诈骗罪，且是共同犯罪。被告人杨某明知他人利用网络实施犯罪，为其犯罪提供互联网接入等技术支持，提供广告推广帮助行为，情节严重，其行为已构成帮助信息网络犯罪活动罪。被告人万某、鲜某、赵某在共同犯罪中均起主要作用，均是主犯，应当按照其所参与的全部犯罪处罚。"① 但事实上，在能够查明被告人万某、鲜某、赵某的行为已构成诈骗罪的情况下，被告人杨某显然也应成立诈骗罪的帮助犯，但法院直接排除了对杨某诈骗罪共犯的认定。再如有判决认为："被告人朱某康、陈某彬、翁某奇以非法占有为目的，以虚构事实、隐瞒真相的方法骗取他人财物，其中被告人朱某康、陈某彬诈骗数额巨大，被告人翁某奇诈骗数额较大，其行为均已构成诈骗罪。被告人吴程某明知朱某康等人利用信息网络实施犯罪，仍为朱某康等人提供广告推广等帮助，情节严重，其行为已构成帮助信息网络犯罪活动罪。"② 这种实务中的做法存在的问题是，架空了本罪第 3 款"有前两款行为，同时构成其他犯罪的，依照处罚较重的规定定罪处罚"规定的从一重断的处理机制，并导致对行为人的处罚在有些情况下不当轻缓。这显然是与立法意图背道而驰的。

综上，根据目前我国学界在共犯从属性问题上的理论共识，在网络共同犯罪中，当被帮助者的行为属于刑法分则规定的行为类型且达到犯罪程度时，帮助者与被帮助者成立共同犯罪，帮助者同时成立被帮助者所触犯罪名的帮助犯和相应正犯化罪名的正犯，应按想象竞合犯从一重罪论处。当被帮助者的行为虽然属于刑法分则规定的行为类型但没有达到犯罪程度时，帮助者与被帮助者不成立共同犯罪，对帮助者的行为只能根据"情节严重"与否来认定是否成立相应的正犯化罪名。

三、网络共同犯罪中帮助犯的共同故意问题

根据我国《刑法》第 25 条的规定，共同犯罪的成立要求各共犯人之间具有共同的犯罪故意。共同犯罪故意的具体内容包括以下三个方面：各共犯人都是故意犯罪，各共犯人的故意内容具有共同性，共犯人之间具有犯意联络。

在网络共同犯罪中，由于犯罪主体的匿名性和隐秘性，行为人在为他人实施犯罪提供网络技术帮助时，往往并不确切地知道究竟是谁利用了自己的帮助实施犯罪，和被帮助者之间更不具有相互的犯意联络。但与此同时，帮助者要么是提供专门用于实施犯罪的网络技术支持的，要么是长期提供某种网络技术服务的，对有人利用其提供的网络技术帮助实施犯罪又往往是明知的。那么，在能够查实被帮助者的行为构成犯罪的情况下，能否认定帮助者

---

① 江苏省扬州市邗江区人民法院（2017）苏 1003 刑初 548 号刑事判决书.
② 浙江省金华市中级人民法院（2017）浙 07 刑终 800 号刑事判决书.

与被帮助者之间具有共同犯罪故意从而成立共同犯罪？

　　如前所述，相关司法解释对此予以肯定回答。根据这些司法解释，明知他人实施赌博犯罪活动，而为其提供计算机网络、通信等直接帮助的，以赌博罪的共犯论处；明知他人实施诈骗犯罪，为其提供通讯传输通道、网络技术支持等帮助的，以共同犯罪论处。明知他人实施犯罪而提供相应帮助的，行为人的帮助故意能够得到肯定，问题在于，仅有帮助故意而没有与被帮助者进行相互的犯意沟通的，能否认定具有共同犯罪故意？如前所述，共同犯罪故意在具体内涵上要求共犯人之间具有犯意联络，这种犯意联络是否必须是相互的？这涉及的就是是否承认片面共犯的问题。

　　对于是否应该承认片面共犯，中外刑法理论上一直存在争论。在承认片面共犯的观点中，对片面共犯的成立范围也存在分歧：有的承认片面共同正犯、片面教唆犯和片面帮助犯，有的承认片面教唆犯和片面帮助犯但否认片面共同正犯，有的仅承认片面帮助犯。但不管怎样，承认片面帮助犯，在国外和我国刑法理论中均是主流观点。在我国，不仅理论主流观点肯定片面帮助犯，司法实务和立法也同样持肯定观点。在司法层面，除前述司法解释之外，还有其他司法解释也认可帮助者明知即可成立共犯。例如，最高人民法院、最高人民检察院《关于办理侵犯知识产权刑事案件具体应用法律若干问题的解释》第 16 条规定："明知他人实施侵犯知识产权犯罪，而为其提供贷款、资金、账号、发票、证明、许可证件，或者提供生产、经营场所或运输、储存、代理进出口等便利条件、帮助的，以侵犯知识产权犯罪的共犯论处。"此外，也有不少司法判例对片面帮助犯持肯定观点。在立法层面，《刑法》第350 条第 2 款规定："明知他人制造毒品而为其生产、买卖、运输前款规定的物品的，以制造毒品罪的共犯论处。"根据该规定，明知他人制造毒品而为其生产、买卖、运输用于制造毒品的原料、配剂的，即使没有通谋，也构成制造毒品罪的共同犯罪。这里的生产、买卖、运输用于制造毒品的原料、配剂的行为，对于制造毒品而言，显然属于帮助行为，故此规定实际上也是承认了片面帮助犯。可见，无论从我国立法、司法的立场还是学理的立场来看，在故意为他人犯罪提供帮助的场合，即使帮助者和被帮助者之间没有相互的犯意联络，如果被帮助者的行为构成犯罪，对帮助者可以帮助犯论处。

　　既然承认片面帮助犯，那么在网络共同犯罪中，即使帮助者和被帮助者之间没有相互的犯意联络，甚至帮助者不确切知道自己究竟帮助了谁实施犯罪，但只要能够查证帮助者具有帮助故意且被帮助者的行为达到了犯罪程度，帮助者就可以成立帮助犯。有立法机关工作人员在说明帮助信息网络犯罪活动罪的立法理由时曾指出："以'钓鱼网站'诈骗为例，从域名注册和服务器的租用、网站的制作与推广、盗取他人账户信息、销售盗取的信息、实施诈骗、冒名办理银行卡、赃款提取等，每个环节都是不同群体的人员实施，之间往往不相识……如按照共犯处理，一般需要查明帮助者的共同犯罪故意，但网络犯罪不同环节人员之间往往互不相识，没有明确的犯意联络……经研究，在通过的《刑修九》中增加了本条规定，以更准确、有效地打击各种网络犯罪帮助行为，保护公民人身权利、财产权利和社会公共利益，维护信息网络秩序，保障信息网络健康发展。"① 但是，如果承认片面帮助犯，网络犯罪不同环节人员之间互不相识、没有相互的犯意联络，就不是否认成立共同犯罪的理由，只要帮助者明知自己在为他人实施犯罪提供帮助就具有帮助故意，就可以成立帮助犯。以上说明实际上是以否认片面帮助犯为理论前提来解释帮助信息网络犯罪活动罪的立法理由的。如果承认片面帮助犯，那么即使网络犯罪中的帮助者和被帮助者互不相识、没有相互的犯意联络，对帮助者仍然可以被帮助者所实施的犯罪的帮助犯论处，并不存在处罚漏洞。而如前所述，承认片面帮助犯，已是我国刑事立法、司法和理论的共识。因此，应该认为，立法增设帮助信息网络犯罪活动罪等正犯化罪名，并不是因为在帮助者和被帮助者之间没有相互犯意联络时会存在处罚漏洞。如上文所述，立法增设这些罪名的主要理由在于，当被帮助者的行为没有达到犯罪程度时，为处罚情节严重的帮助行为提供规范依据。

［案例 10-3］ 王某正诈骗案②

　　被告人王某正于 2014 年年底在网上联系到一个叫"大王"的人（身份不明），并从其处转租彩铃业务语音平台（以下简称"平台"）赚取差价。大部分从王某正处租赁平台的客户是利用平台录制语音广告，从事违法犯罪活动。为逃避侦查，王某正到北京购买了手机，并用他人身份证购买、注册了手机卡，在网上发布平台租赁广告，使用他人银行卡收取租金。客户登录租用到的平台账户后，便可以录制、存储广告，通过拨打电话（已经设置自动接入平台）就可以听到广告内容。王某正通过租赁平台从中获利，每个平台账户每月赚取 100 元。为确保平台租赁业务正常进行，王某正对语音平台会进行管理、维护。在"4·20"电信诈骗专案行动中抓捕的郑某、汤某都是在从被告人王某正处租赁的平台上从事"重金求子"电信诈骗活动。其中郑某从王某正处租用了 15 个平台账户录制"重金求子"广告用于电信诈骗活动（诈骗金额共计 13.89 万元）；汤某从王某正处租用了 3 个平台账户录制"重金求

---

　　① 郎胜. 中华人民共和国刑法释义. 北京：法律出版社，2015：505-506. 相同内容参见王爱立. 中华人民共和国刑法解读. 北京：中国法制出版社，2015：695-696；臧铁伟. 中华人民共和国刑法修正案（九）解读. 北京：中国法制出版社，2015：206-280。
　　② 参见江西省余干县人民法院（2017）赣 1127 刑初 271 号刑事判决书。

子"广告用于电信诈骗活动（诈骗金额共计 51.69 万元）。王某正通过对平台管理、网络搜索、客户告知等途径得知了客户在利用平台实施诈骗活动，但为了营利，王某正没有及时审查、清理、终止租赁业务，而是放任自己的行为，继续向他们提供租赁业务，导致不断有被害人上当受骗的危害结果发生，并直至案发。

在庭审中，辩护人认为被告人王某正的行为不符合诈骗罪的构成要件，也不属于诈骗罪的共犯，其行为应构成帮助信息网络犯罪活动罪，理由是：（1）被告人王某正主观上没有诈骗的直接故意，与郑某等人没有相同的犯罪意思表示，相互之间也没有意思联络，不具备共同犯罪的主观条件。（2）被告人王某正客观上没有实行诈骗行为，其未参与"重金求子"的诈骗活动，更没有诈骗获取被害人的公私财物，只是收取了郑某、汤某的租金。（3）被告人王某正意识到有人购买其语音账号平台可能是用于实行诈骗行为后，仍继续出租平台，即明知他人利用信息网络实施犯罪，为其犯罪提供互联网接入、服务器托管、网络存储、通讯传输等技术支持，或者提供广告推广、支付结算等帮助，故王某正的行为构成帮助信息网络犯罪活动罪，应当以帮助信息网络犯罪活动罪定罪处罚。

江西省余干县人民法院审理后认为，被告人王某正明知郑某、汤某都是在其租赁的语音平台上实施"重金求子"电信网络诈骗犯罪，仍然向郑某、汤某提供语音平台租赁服务。郑某等人骗取他人财物达 65.58 万元，数额特别巨大，其行为构成诈骗罪，王某正与郑某等系共同犯罪。被告人王某正在共同犯罪过程中，仅提供语音平台租赁业务，起帮助作用，且未参与分赃，属从犯，应当减轻处罚。辩护人提出被告人王某正应当以帮助信息网络犯罪活动罪定罪处罚的辩护意见，经查，被告人王某正明知郑某、汤某都是在其租赁的语音平台上实施"重金求子"电信网络诈骗犯罪，仍然向郑某、汤某提供语音平台租赁服务，根据最高人民法院、最高人民检察院、公安部《关于电信网络诈骗刑事案件适用法律若干问题的意见》第 4 条第 3 款第 5 项的规定，"提供互联网接入、服务器托管、网络存储、通讯传输等技术支持，或者提供支付结算等帮助的"，应当以诈骗罪的共同犯罪论处。

本案中，被告人王某正在明知郑某、汤某是在其租赁的语音平台上实施"重金求子"电信网络诈骗犯罪的情况下，仍然向郑某、汤某提供语音平台租赁服务，致使郑某等人骗取他人财物达 65.58 万元，数额特别巨大。虽然没有证据证明王某正与郑某等人之间具有诈骗的相互意思联络，王某正客观上也只是收取了租金，并未参与诈骗所得的分赃，但法院仍然根据最高人民法院、最高人民检察院、公安部《关于电信网络诈骗刑事案件适用法律若干问题的意见》第 4 条第 3 款第 5 项的规定认定王某正构成诈骗罪的共同犯罪，

否定了辩护人关于王某正不构成诈骗罪的共犯的辩护意见。上述司法解释第 4
条第 3 款规定："明知他人实施电信网络诈骗犯罪，具有下列情形之一的，以
共同犯罪论处，但法律和司法解释另有规定的除外：1. 提供信用卡、资金支
付结算账户、手机卡、通讯工具的；2. 非法获取、出售、提供公民个人信息
的；3. 制作、销售、提供'木马'程序和'钓鱼软件'等恶意程序的；
4. 提供'伪基站'设备或相关服务的；5. 提供互联网接入、服务器托管、
网络存储、通讯传输等技术支持，或者提供支付结算等帮助的；6. 在提供改
号软件、通话线路等技术服务时，发现主叫号码被修改为国内党政机关、司
法机关、公共服务部门号码，或者境外用户改为境内号码，仍提供服务的；
7. 提供资金、场所、交通、生活保障等帮助的；8. 帮助转移诈骗犯罪所得
及其产生的收益，套现、取现的。"显然，该司法解释实际上也是以承认片面
帮助犯为前提作出上述规定的，即不要求帮助者与被帮助者之间具有诈骗的
相互意思联络，只要帮助者明知被帮助者实施电信网络诈骗犯罪而提供相应
帮助的，就可以成立诈骗罪的共犯。本案被告人王某正的行为属于明知他人
实施电信网络诈骗犯罪而为其提供通讯传输技术支持，故法院根据该司法解
释认定王某正构成诈骗罪的共犯是正确的。

　　不过不可否认的是，王某正明知他人实施电信网络诈骗犯罪而为其提供
通讯传输技术支持的行为也完全符合帮助信息网络犯罪活动罪的构成特征，
应同时构成帮助信息网络犯罪活动罪，故辩护人的此辩护理由是成立的。王
某正的行为属于诈骗罪和帮助信息网络犯罪活动罪的想象竞合犯，应根据
《刑法》第 287 条之二第 3 款的规定，依照处罚较重的规定定罪处罚。帮助信
息网络犯罪活动罪的法定最高刑是 3 年有期徒刑，诈骗罪数额特别巨大的法
定刑幅度是 10 年以上有期徒刑或者无期徒刑，两相比较，对王某正显然应以
诈骗罪定罪处罚。可见，尽管法院对王某正以诈骗罪定罪处罚的处理结论是
正确的，但其忽视了王某正的行为同时构成帮助信息网络犯罪活动罪，属于
帮助信息网络犯罪活动罪和诈骗罪的想象竞合犯的事实，从而没有援引《刑
法》第 287 条之二第 3 款的规定作为裁判依据，是存在瑕疵的。笔者经过在
中国裁判文书网上的检索发现，上述问题普遍存在于帮助信息网络犯罪活动
罪、非法利用信息网络罪增设之后的判决中。在行为人的行为同时构成正犯
化罪名和共犯罪名的情况下，不少判决都采取了"二选一"的做法，或者是
根据相关司法解释或共犯原理认定行为人构成共犯罪名，或者是根据《刑法》
第 287 条之一、第 287 条之二认定行为人构成正犯化罪名，而不是认定行为
人成立正犯化罪名和共犯罪名的想象竞合犯。这种实务做法存在的问题是显
而易见的，一是违背了刑法认定犯罪的基本原理，二是架空了正犯化罪名第 3
款"有前两款行为，同时构成其他犯罪的，依照处罚较重的规定定罪处罚"

规定的从一重处断的处理机制。

四、网络服务提供者的刑事责任边界问题

网络服务提供者，包括网络接入服务提供者、网络内容提供者和网络存储服务提供者，是以向广大网民提供网络服务为业务活动的主体。网络用户想要使用互联网，必须要和网络服务提供者发生联系，网络服务提供者在网络用户和互联网之间扮演着沟通桥梁的角色，是网络空间中的核心主体之一。但同时，随着网络的普及，以网络技术为手段或以网络空间为场域的违法犯罪活动也急剧增加，网络服务提供者所提供的网络服务在客观上对这些违法犯罪活动起到了帮助作用，离开网络服务，也就不可能存在以网络技术为手段或以网络空间为场域的违法犯罪活动。而且，网络服务提供者是长期持续地提供网络服务的，往往能够在这一过程中监测到有人在利用其提供的网络服务进行违法犯罪活动，即对有人利用其提供的网络服务进行违法犯罪活动往往是知情的。那么，根据共犯限制从属性说和承认片面帮助犯的立场，在他人利用网络实施犯罪时，网络服务提供者就可能成立相应犯罪的帮助犯。即使利用者的行为没有达到犯罪程度，网络服务提供者也还可能因其提供服务行为本身"情节严重"而构成帮助信息网络犯罪活动罪；经监管部门责令改正而拒不改正且符合情节严重条件的，还可以构成拒不履行信息网络安全管理义务罪；在符合一定条件的情况下，还可能成立上述犯罪的想象竞合。也就是说，如果严格按照共同犯罪的一般原理和对刑法新增罪名的文义解释来认定，网络服务提供者就可能会面临传统共犯责任、"共犯正犯化"责任和不作为正犯责任的高度刑事风险。使网络服务提供者面临极高的刑事责任风险，纵然可以迫使其积极履行网络安全管理义务，从而有利于维护安全健康的网络秩序，但问题是，如此一来，恐怕就再也没有人敢提供网络服务了。因为在目前网络犯罪活动高发的态势下，一旦提供网络服务，就有可能被他人利用来实施犯罪活动，而提供网络服务是一项持续性的业务活动，证明提供者对他人利用自己提供的网络服务进行犯罪活动明知往往是相对容易的，这就意味着只要提供网络服务就会面临刑事风险。这样一来，势必会极大地压制网络服务提供者提供网络服务的积极性，不利于网络技术的发展和网络社会的构建。因此，如何合理界定网络服务提供者的刑事责任边界，为网络服务提供者谋取充足的自由业务活动空间，在网络安全秩序维护和网络服务业务自由保障之间寻求一个妥当的平衡点，是目前理论和实务所面临的一个重要问题。

网络服务提供者向广大网民提供网络接入、网络内容和网络存储服务的过程，是一种日常性的业务活动。所以，网络服务提供者的刑事责任边界问题，实际上就是刑法理论中所探讨的中立帮助行为的罪与非罪问题。对此问题，中外刑法理论和实务均进行了旷日持久的探讨和摸索，理论上也提出了很多教义学层面的判断标准，从而形成了不同的理论。例如，主观说认为，如果帮助者已经明知正犯者将要或正在实施犯罪仍提供帮助，其所谓"中立"的帮助行为即丧失中立性，具有刑事可罚性。该说内部还分为确定的故意说、限定的故意说和区别的故意说等不同学说。客观说认为，中立帮助行为的可罚性应当从客观行为上寻求限制要素，这些要素集中于行为的违法性或因果关系中。该说内部还包括社会相当性说、利益衡量说、溯及既往理论、假定因果关系说、客观归责理论、相当因果关系说等不同学说。综合说认为，中立帮助行为的可罚性需要综合考虑正犯行为的紧迫性、帮助者的法益保护义务、帮助行为对法益侵害的作用、帮助者对正犯行为和结果的确定性认知等要素来认定。① 学界以保护日常活动或业务活动的自由空间为宗旨，从中立帮助行为的主观故意、违法性、因果关系等角度试图提出限制中性业务行为处罚范围的方法和标准，但各个学说仍然存在不同程度的问题。

笔者认为，帮助行为的"中立性"是对行为客观属性的描述，与行为人的主观心态无涉，故应从行为的固有属性出发来限制中立帮助行为的处罚范围。2013 年国家司法考试试卷二第 55 题 C 选项为："乙、丙在五金店门前互殴，店员甲旁观。乙边打边掏钱向甲买一羊角锤。甲递锤时对乙说'你打伤人可与我无关'。乙用该锤将丙打成重伤。卖羊角锤是甲的正常经营行为，甲不构成故意伤害罪的共犯。"司法部公布的答案是该选项错误，即认为卖羊角锤的甲应成立故意伤害罪的帮助犯。甲作为五金店店员，出售羊角锤属于其日常性经营行为，在一般情况下属于合法的业务活动。但具体到本案发生时，乙购买羊角锤是要马上用来伤害丙，那么甲向乙出售羊角锤的这一行为就在客观上明显增高了乙伤害丙的危险性，对乙实施伤害丙的行为及其结果起到了促进作用。如此一来，甲的该次出售行为就在客观上丧失了"中立性"。与此同时，甲对乙购买羊角锤是为了伤害丙是有认识的，具有帮助故意，故甲可以构成故意伤害罪的帮助犯。假设乙在向甲购买羊角锤的时候并不是为了伤害他人，而是为了做木工用，但在购买之后用该羊角锤打伤了他人，由于乙购买羊角锤时并不是要马上用于伤害他人，甲向乙出售羊角锤的行为在客观上并未制造或增高乙实施伤害行为的危险性，即使认为有危险性，这一危险也是在社会容许范围之内的，所以甲向乙出售羊角锤的行为并未丧失其

---

① 朱勇. 帮助行为的处罚根据与中立帮助行为的处罚控制. 中国政法大学学报，2019 (3).

"中立性"，甲不会构成故意伤害罪的帮助犯。以上的对比提示我们，对某一日常性或业务性行为的中立性判断，要放在具体层面进行，应重点审查该行为在实施之时是否制造或明显增高了他人实施犯罪的危险性。他人是否将该行为立即利用来实施犯罪是一个重点考察因素，既不能因这些行为在一般情况下是合法行为而否认其在特定情况下的违法性，也不能因这些行为在实施之后被人利用来实施犯罪而否定其合法性。

在一般情况下，网络服务提供者提供网络服务是为广大网民合法利用信息网络提供技术支持，其可以合理期待网民会合法地利用其网络服务进行网络活动，在其提供网络服务之前或之时一般也并不存在有人已经打算利用其网络服务实施犯罪活动的情形，所以其提供网络服务的行为在客观上并未制造或增高他人实施犯罪活动的危险性。即使认为有这种风险，那也是为构建完善的网络空间而被社会所容许的，所以，即使在其提供网络服务之后被人利用于实施犯罪活动，也不能否认提供网络服务行为本身的中立性。既然提供网络服务行为本身在客观上并未丧失中立性，那么无论网络服务提供者对他人利用自己提供的网络服务实施犯罪是否知情，均因不具有违法性而不应承担刑事责任。只有当网络服务提供者提供网络服务之前就有人打算利用其网络服务实施犯罪活动，如有人正打算利用其建立的网站实施诈骗活动，或者提供的是专门用于实施违法犯罪活动的网络服务，如提供专门用于传播淫秽物品的软件、专门用于非法获取公民个人信息的技术等时，其行为才在客观上制造或明显增高了他人利用其网络服务实施犯罪活动的危险性，从而才丧失了中立性。此时，才可以通过进一步考虑他人的行为是否达到犯罪程度和网络服务提供者是否具有帮助故意来确定其是否成立相应犯罪的帮助犯。同样的道理，只有在以上两种情形中，当他人的行为没有达到犯罪程度时，才可以通过进一步考虑帮助行为本身是否情节严重来确定帮助者是否成立帮助信息网络犯罪活动罪。正因如此，有不少学者主张，对帮助信息网络犯罪活动罪的适用范围不能仅以对法条的文义解释来确定，而应将本罪行为限缩解释为那些专门帮助他人实施信息网络犯罪的行为，或者提供专门供他人用于信息网络犯罪的技术或者手段的行为。① 只有作这样的限缩解释，才能保障网络服务提供者提供网络服务的自由空间，将网络服务提供者的刑事风险控制在合理的范围之内。笔者经过在中国裁判文书网上的检索发现，在网络服务提供者被追究共犯责任或帮助信息网络犯罪活动罪责任的案件中，网络服务提供者的行为基本上均符合上述特征，这也充分体现了司法实务在追究网络服务提供者刑事责任上的克制和谨慎。

---

① 张明楷. 论帮助信息网络犯罪活动罪. 政治与法律，2016（2）；杨彩霞. 多元化网络共犯行为的刑法规制路径体系之重构. 法学家，2019（2）.

[案例 10-4] 武汉某信息科技有限公司、余某文等帮助信息网络犯罪活动案①

　　被告单位武汉某信息科技有限公司成立于 2014 年 12 月，经营范围包括计算机软硬件研发、销售、维护等，被告人余某文担任该公司法定代表人。2017 年 7 月左右，被告人余某文与公司经理被告人魏某勤合谋以公司的名义制作、销售虚假的投资类微盘（手机交易软件），所得利润均分，余某文负责技术及发放工资，魏某勤负责销售。被告人赵某青系销售小组组长，被告人刘某、万某系公司业务员。余某文、魏某勤组织业务员从事网上发布广告、招揽客户、软件推销和操作指导等工作。余某文购得具有后台控制盈亏功能的源代码，根据购买方需求，组织公司技术员，即被告人李某博、徐某从事微盘的制作和运行维护、第三方支付平台的接入等技术工作。具体事实分述如下：（1）2017 年 7 月，经被告人万某网上联系、推荐，被告人魏某勤和欲购买虚假投资类软件的被告人杜某远、杨某磊接洽、商议后，旭文公司以38 000 元的价格向二人出售具有后台控制盈亏功能的微盘"中汇国际"，并接入"钱通宝"平台作为第三方结算支付平台，于 2018 年 1 月收取域名注册费人民币 2 500 元。在微盘使用、运行等过程中，被告人李某博根据旭文公司安排，参与部分技术工作。后杜某远、杨某磊等人利用该微盘实施诈骗，诈骗金额 21 万余元。（2）2017 年 10 月，经被告人赵某青通过网络等联系、推荐，被告人魏某勤和欲购买虚假投资类软件的王某明、邱某浬、张某峰接洽、商议后，王某明等人以 80 000 元左右的价格向旭文公司购买具有后台控制盈亏功能的微盘"鑫义环球""瑞益商品"。在微盘制作、使用、运行等过程中，被告人李某博、徐某根据旭文公司安排，参与部分技术等工作。后王某明等人利用该两套微盘实施诈骗。（3）2017 年 11 月，经被告人刘某网上联系、推荐，被告人魏某勤和欲购买虚假投资类软件的艾某接洽、商议后，旭文公司以 38 000 元左右的价格向艾某等人出售具有后台控制盈亏功能的微盘"金盛环球"，并接入第三方支付平台。被告人刘某通过网络指导艾某操作使用该微盘。在微盘制作、使用、运行等过程中，被告人徐某根据旭文公司安排，参与部分技术工作。后艾某等人利用该微盘实施诈骗活动，诈骗金额 65 万余元。（4）2017 年 12 月，经被告单位旭文公司业务员网上联系、推荐，被告人魏某勤和欲购买虚假投资类软件的刘某成接洽、商议后，旭文公司以 40 000元的价格向刘某成出售虚假投资类微盘"环球国际"。在微盘制作等过程中，被告人李某博根据公司安排，参与部分技术工作。

　　江苏省无锡市锡山区人民法院和无锡市中级人民法院一、二审均认为，被告单位武汉某信息科技有限公司明知他人利用信息网络实施犯罪，为犯罪

---

　　① 参见江苏省无锡市中级人民法院（2019）苏 02 刑终 516 号刑事判决书。

提供技术支持、支付结算等帮助，情节严重，其行为已构成帮助信息网络犯罪活动罪。被告人余某文、魏某勤作为旭文公司直接负责的主管人员，被告人赵某青、刘某、万某、李某博、徐某作为直接责任人员，其行为均已构成帮助信息网络犯罪活动罪。

本案中，被告单位武汉某信息科技有限公司的经营范围包括计算机软硬件研发、销售、维护，属于网络服务提供者，但当被告人余某文与公司经理被告人魏某勤合谋以旭文公司的名义制作、销售用于实施诈骗活动的虚假投资类手机交易软件时，其行为已经丧失了中立性，属于提供专门供他人用于犯罪活动的网络技术支持的行为，且情节严重，应构成帮助信息网络犯罪活动罪。故一、二审法院对此的认定是正确的。只不过，被告单位制作、销售的是专门用于实施诈骗活动的虚假投资类手机交易软件，各被告人对他人购买此软件的目的是实施诈骗活动是明知的，在已经能够查实他人实施的诈骗行为构成犯罪且已经确定诈骗数额的情况下，各被告人同时还应构成诈骗罪的帮助犯，应根据《刑法》第287条之二第3款的规定以较重的犯罪定罪处罚。本案一、二审法院并未对各被告人的行为构成诈骗罪进行认定，同样是采取了上文所指出的在行为人的行为同时构成正犯化罪名和共犯罪名的情况下"二选一"的做法。这种做法不仅在理论层面违背了犯罪认定的基本原理，还在司法层面架空了《刑法》第287条之二第3款的立法规定。在本案中，在已经查实购买软件者利用该软件骗取的数额达到数额特别巨大的情况下，对各被告人仅以帮助信息网络犯罪活动罪论处，显然是使各被告人规避了刑法的重处，有放纵犯罪之嫌。在这一点上，本案一、二审法院的做法是不可取的。

和网络服务提供者的刑事责任相关的还有一个就《刑修九》增设的《刑法》第286条之一"拒不履行信息网络安全管理义务罪"。该条规定："网络服务提供者不履行法律、行政法规规定的信息网络安全管理义务，经监管部门责令采取改正措施而拒不改正，有下列情形之一的，处三年以下有期徒刑、拘役或者管制，并处或者单处罚金：（一）致使违法信息大量传播的；（二）致使用户信息泄露，造成严重后果的；（三）致使刑事案件证据灭失，情节严重的；（四）有其他严重情节的。"该条通过直接给网络服务提供者设定网络安全管理义务的方式对其不履行义务的行为以不作为的正犯进行归责。网络服务提供者作为网络空间的核心主体之一，和普通网民相比，具有更强的网络技术能力和网络监管能力，所以使其承担一定的网络安全管理义务是合理的。但同时也应当承认，网络服务提供者毕竟只是提供网络服务和参与网络活动的主体，不应使其承担过重的网络安全管理义务而担当"网络警察"的角色，否则又会使网络服务提供者因义务过重而失去提供网络服务的积极性，不利于网络技术的发展。如同现实生活中的社会安全管理义务一样，网络安全管理义务应该主要由政府来承担。正因如此，《刑法》第286条之一规定网络服务提供者构成拒不履行信息网络安全管理义务罪以"经监管部门责令采取改正措施"为前提。此外，本罪的适用还受到"造成严重后果"或"情节严重"的限制。可见，本罪的增设虽然给网络服务提供者在刑法层面设定了网络安全管理义务，但同时又对网络服务提供者不履行义务构成犯罪的条件进行了严格限制，从而将网络服务提供者的刑事风险控制在可接受的范围之内。正是由于立法的严格限定，本罪自从被增设后，在司法实务中的适用率极低。

另外，本条第3款规定："有前两款行为，同时构成其他犯罪的，依照处罚较重的规定定罪处罚"。所谓"同时构成其他犯罪"，是指构成其他犯罪的正犯、帮助犯或帮助信息网络犯罪活动罪。构成其他犯罪的帮助犯或帮助信息网络犯罪活动罪的行为，同样应限缩解释为那些专门帮助他人实施信息网络犯罪的行为，或者提供专门供他人用于信息网络犯罪的技术或者手段的行为。

[案例10-5] 何某勤、李某巧开设赌场案①

自2016年2月起，被告人何某勤正式担任金华市盘古信息技术有限公司（以下简称"盘古公司"）总经理；自2015年5月起，被告人李某巧担任盘古公司客服部经理。被告人何某勤、李某巧在经营、管理盘古公司的辰龙游戏平台的过程中，利用该平台的"捕鱼""五子棋"游戏供参赌人员进行赌博活动。"玩家"（参赌人员）在"捕鱼"游戏中，通过以炮打鱼的方式消耗虚拟游戏币，每炮消耗10~9 900个游戏币不等，捕鱼成功则获取2~100倍不等的游戏币返还，然后在"五子棋"游戏中，通过"银商"（从事游戏币网上销售、回购的人员）将游戏币兑换为人民币。其中，从2015年10月至2016年10月，涉案"银商"胡乙、晏某（均已判决）非法牟利人民币约50万元；从2015年12月至2017年1月，涉案"银商"马某、陈某（均已判决）非法牟利人民币10万元；从2016年4月至2017年1月，涉案"银商"范某辰（已判决）非法牟利人民币10万元；从2016年6月6日至2016年11月9日，涉案"银商"熊某、胡甲（均已判决）非法牟利人民币60万元。

在盘古公司经营期间，2015年10月9日，金华市公安局网络警察支队、金华市文化行政综合执法支队、金华市市场监督管理局网络经营监管处（支队）下发"责令限期改正通知书"，责令盘古公司在2015年11月9日前将辰龙游戏平台（域名：c10579.com）在规范管理方面存在的未禁止注册用户账

---

① 参见江西省南昌市东湖区人民法院（2018）赣0102刑初585号刑事判决书。

号使用暗含银商交易的个性签名、提供不同用户账号间虚拟币变相转账的服务等问题改正完毕。

江西省南昌市东湖区人民法院审理后认为，被告人何某勤、李某巧利用互联网游戏平台开设赌场，情节严重，其行为已构成开设赌场罪。被告人何某勤、李某巧在经营、管理盘古公司的辰龙游戏平台的过程中，不履行法律、行政法规规定的信息网络安全管理义务，经监管部门责令采取改正措施而拒不改正，且明知他人利用信息网络实施犯罪，为其犯罪提供技术支持，二被告人的行为同时触犯拒不履行信息网络安全管理义务罪、帮助信息网络犯罪活动罪，择一重罪处罚，对被告人何某勤、李某巧的行为以开设赌场罪定罪处罚。

本案中，被告人何某勤、李某巧在经营、管理盘古公司的辰龙游戏平台的过程中，不履行法律、行政法规规定的信息网络安全管理义务，经监管部门责令采取改正措施而拒不改正，情节严重，构成拒不履行信息网络安全管理义务罪；同时，二被告人明知他人利用信息网络实施赌博违法犯罪活动，为其提供技术支持，情节严重，构成帮助信息网络犯罪活动罪；最后，二被告人将自己经营、管理的盘古公司的辰龙游戏平台的"捕鱼""五子棋"游戏提供给参赌人员进行赌博活动，属于开设赌场，且情节严重，构成开设赌场罪。二被告人的一个行为同时触犯三个罪名，属于想象竞合犯，应根据《刑法》第286条之一第3款、第287条之二第3款从一重罪定罪处罚。法院的判决是正确的。

图书在版编目（CIP）数据

共同犯罪的司法认定 / 沈琪著 . -- 北京：中国人
民大学出版社，2023.10
（中国刑法司法适用疑难问题研究丛书 / 陈兴良，
周光权总主编）
ISBN 978-7-300-32236-0

Ⅰ.①共⋯ Ⅱ.①沈⋯ Ⅲ.①团伙犯罪-认定-研究
-中国 Ⅳ.①D924.114

中国国家版本馆 CIP 数据核字（2023）第 185030 号

中国刑法司法适用疑难问题研究丛书
总主编　陈兴良　周光权
共同犯罪的司法认定
沈　琪　著
Gongtong Fanzui de Sifa Rending

出版发行	中国人民大学出版社				
社　　址	北京中关村大街 31 号		**邮政编码**	100080	
电　　话	010 - 62511242（总编室）		010 - 62511770（质管部）		
	010 - 82501766（邮购部）		010 - 62514148（门市部）		
	010 - 62515195（发行公司）		010 - 62515275（盗版举报）		
网　　址	http://www.crup.com.cn				
经　　销	新华书店				
印　　刷	涿州市星河印刷有限公司				
开　　本	720 mm×1000 mm　1/16		**版　　次**	2023 年 10 月第 1 版	
印　　张	13.75 插页 2		**印　　次**	2023 年 10 月第 1 次印刷	
字　　数	251 000		**定　　价**	68.00 元